JN190739

「小さな平和」を求めて

ポツダム・トルーマンハウスと
ヒロシマ・ナガサキ広場の記録

ふくもと　まさお著

目次

プロローグ…7

第一章　ポツダムに記念碑をつくる…13

ベルリン会談だった…14／ヒロシマ広場が誕生する…18／ナチス・ドイツは原爆実験に成功していた…25
市民として活動する…32／ポツダムが攻撃される…34／原爆体験者であることを隠す…41
ドイツが降伏する…48／原爆体験者が募金活動をはじめる…54／白旗を掲げる…57
募金活動がライフワークとなる…59／ジャガイモを収穫する…66／記念碑を構想する…70
ドイツの降伏が日本の運命を決める…76／広島と長崎の被爆石を記念碑に入れる…82
日本はドイツの軍事技術がほしかった…86／イエローケーキを日本に送る…93

第二章　ポツダム会談と原爆投下…105

ポツダム会談を準備する…106／記念碑への批判記事がでる…112／三首脳がくる…116
平和首長会議を開く…125／ポツダムは占領されていた…127／碑文を修正する…131／ポツダムで生きる…143
記念碑の工事がはじまる…146／日本が破壊される…152／千羽鶴を折る…157
ドレスデンでは文化公演がはじまる…160／被爆石は安全か…166／女性は身を隠して生活する…171
記念碑が完成する…176／戦争の現実を知らなかった…180

第三章　戦後のトルーマンハウス…191

トルーマンハウスが学校の校舎となる…192／研究炉とともに暮らす…198
トルーマンハウスが売却される…202／ヒロシマ広場をヒロシマ・ナガサキ広場に改名する…206
原爆体験者が亡くなる…211／米国大統領が広島を訪問する…213／ポツダムで灯籠流しをはじめる…217
++つまずきの石++…224／石彫家も逝く…227／ポツダムだから可能だった…232

エピローグ…237

戦争体験者が若者に戦争を伝える…238／記念碑は何のためにあるのか…253
若者たちが戦争の過去を継承する…261

あとがき…271

紙の本出版に寄せて…274

本書の内容に係わる簡単な年表…281
外林秀人講演記録…287
参考文献…296
人名さくいん…303

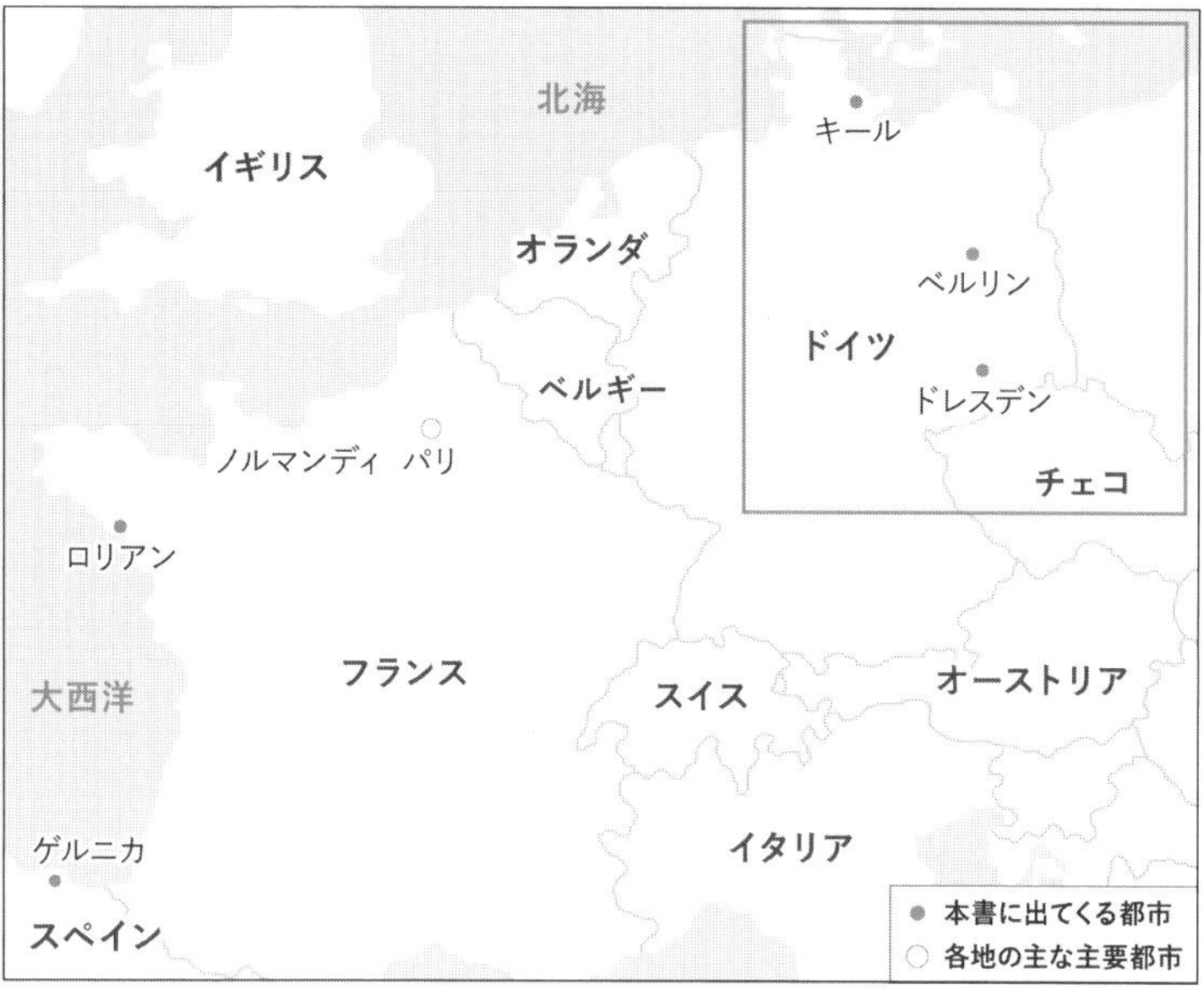

本書に出てくる主な都市・地域
地図1　ヨーロッパ

ヨーロッパ各国の国境線は現在のもの。
上右肩に四角で囲んだ部分は、次ページに拡大してある。

地図2　ドイツ、ポーランド、チョコスロバキア

*）終戦後にポツダム会談において、ドイツとポーランドの国境線がオーデル川とナイセ川のオーデル・ナイセ線と決まるまで、このエリアはドイツ領プロイセン州だった。

**）1918 年から 1992 年の間に存在した。1939 年、ナチス・ドイツはチェコスロバキアを解体させ、チェコとスロバキアを保護国化し、事実上併合した。

（地図1、2のトレース：井本麻衣）

プロローグ

二〇一六年七月のことだった。マルコ・コレンベルクという人物からメールがくる。ヒロシマ・ナガサキ広場では昨年と同じように、七月二五日に何かイベントが企画されているかという。マルコは、ポツダム大学の修士課程で現代史を専攻中。記念碑を修士論文のテーマにしたいと思っている。ぼくはすぐに、何も予定していないと返答した。すると、ヒロシマ・ナガサキ広場の記念碑のことを聞きたいという。広場の横にあるカフェテリアで会おうと返信した。

ぼくは、カフェテリアの前にあるテーブルに座っていた。すると、とても大柄の男性が声をかけてくる。マルコだった。日本人から見ると、とても大人っぽい。学生には見えない。まず、お茶を飲みながら話す。その後に、記念碑を案内しようと思った。

マルコは偶然、ヒロシマ・ナガサキ広場の記念碑を見つけたのだった。トルーマンハウス前の広場が「ヒロシマ・ナガサキ広場」と命名されている。米国トルーマン大統領がポツダム会談時に、トルーマンハウスに滞在したのは知っていた。碑文に、トルーマン大統領がポツダムにいた時、軍の原爆投下命令が出されたとある。それは知らなかった。びっくりさせられた。

広場は、閑散としている。訪れる人もあまりない。これほど大切な記念碑が無名でいいのだろうか。ベルリンのホロコースト記念施設には、毎日たくさんの観光客が訪れる。記念施設が、ブランデンブルク門という観光名所の横にあるからなのか。ヒロシマ・ナガサキ広場のことは、たくさんの人に知ってもらうべきだ。記念碑のことを聞きたい。マルコはすぐに、そう思った。それが、メールを送ってきた動機だった。

ポツダム大学の現代史なら、担当教授はマンフレード・ゲアテマーカー教授だろう。マルコに確かめると、「そうだ」といった。教授は、米国が原爆投下したのは、たくさんの人命を救うためだったと主張する。マルコに、「教授は、米国寄りすぎないかな」といった。するとマルコは、ニヤリとする。大学であるエピソードがあったという。ぼくは、ぜひ聞きたいといった。

現代史の講義が、まもなく終わろうとしていた。ゲアテマーカー教授は何を思ったか、突然、講義の内容とは直接関係のないことをポロリと口から滑らせる。「米国は原爆投下によって、たくさんの米国人の命を救うことに成功したんだ」。それで、講義を終らせるつもりだった。しかし講義は、教授の予想に反して思わぬ方向に展開する。

学生たちがすぐに、米国の原爆投下の根拠について過熱な議論をはじめる。ある学生は、「他国の国民を犠牲にしてまで、自国民の生命を守るのはおかしい」と主張。またある学生は、「そんなことはない。自国民を守るのは当たり前だ」という。「それは人種主義だろう。その根拠は、人種差別以外の何物でもないよ」と、批判も出る。学生たちが、次々に意見を述べる。ディスカッションは熱くなるばかりだった。米国のことだけではない。学生同士が個人的に批判するまでに発展した。マズイことになった。教授は収拾できず、オロオロしている。議論は、四〇分余りも続いた。

ぼくはマルコに、「米国支持派と批判派の割合は、どうだった?」と聞いた。マルコは、「半々くらいだったかな。いや、批判派のほうが少し多かったと思う」と答える。議論は、物別れに終わる。結論はなかった。ぼくは、「ゲアテマーカー教授は旧西ドイツ出身で、確か長い間米国に留学していたはずだけど」と聞いた。マルコは「そうだ。すっかり米国色に染まっているよ」と、皮肉交じりにいう。「(それでも)もちろん、教授とはうまくやっているけどね」と、付け加えるのを忘れなかった。

ぼくは、エピソードを聞いてびっくりさせられた。ゲアテマーカー教授は、ドイツの現代史では権威のある研究者だ。その教授を差し置いて、学生だけで議論する。日本の大学ではありえない。想像できない。マルコにそう話すと、逆にマルコのほうが、日本の大学ではそうなんだ、それは信じられないという表情をした。マルコにとり、学生が自分の意見をいうのは当然のことなのだ。

ぼくは、「誰が生き残り、誰が殺されるのか。そんなの、誰にも選択できないだろう。米国は、それをしたといっているんだ。ポイントは、そこだと思うけどね」といった。原爆投下の問題を、人種差別だけで終わらせたくない。原爆投下は、人の命の問題だった。人の命は尊い。しかし人の運命が、権力者によって決められる。殺すのか、生かすのか。権力者が人の命を天秤にかける。人にとっては、死ぬか、生きるかの問題だ。どちらかしかない。広島と長崎では権力者の判断によって、たくさんの人の命が失われた。そんなことがあっていいのか。おかしくないか。人の命は、ボタン一つで消えてしまってはならない。しかし戦争では、人の生きる権利が無視される。人の尊厳もない。人は、戦争の道具として犠牲になる。そんなことは許されてはならない。

マルコは、ごっくりと唾を呑み込んだ。一瞬、沈黙が流れる。「学生たちも、そう考えていたと思うけど……」と、マルコは自信なさそうに二度ほど繰り返した。声が小さく、よく聞き取れない。

ぼくたちは二時間近く話した。ぼくは別れ際に、「修士論文がうまくいくといいね。成功を祈るよ」といった。マルコと握手をして別れる。

原爆投下が命令された時、米国トルーマン大統領はドイツのポツダムにいた。ポツダム会談に出席する。会談の歴史において、当時の地元市民のことが伝えられることはない。市民はポツダム会談から、完全に閉め出されていた。

ぼくはポツダムにおいて、ドイツ人有志と一緒に原爆投下命令と係わりのあるトルーマンハウスの前に記念碑を建てた。それとともに、当時の市民の生活にも関心を持つようになる。ポツダム会談が開催された時、市民はどう生活していたのか。ポツダム市民は、原爆投下とも、その命令とも関係がない。その時、社会はどうなっていたのか。地元市民のことをもっと知りたい。ぼくは、そう思うようになる。

マルコが関心を持ったのは、記念碑だ。正確には、記念碑の役割といったほうがいいと思う。記念碑は、歴史を伝える。歴史を伝えるとは、過去を「今」に伝えることだ。「今」には、ぼくよりも前の世代の今と、ぼくの時代の今、ぼくの次の世代の今がある。今は、その時生きる人にとって常にある。過去を伝えるのは、永遠に続く行為だといえる。伝える主体は、その時その時の市民。市民一人一人の行為なくして、過去は伝わらない。原爆投下という残虐な過去は市民が伝え、市民が今、二度と繰り返してはならないと思うことが大切だ。その時市民は、どう考え、どう行動するのか。

ぼくがここで取り上げるのは、原爆投下の過去を巡り、ぼくの生活と身の回りで実際に出会った人たちのこと。その人たちが自分の生活において、原爆投下の過去とどう向き合い、過去に対してどう取り組もうとしたのか。それを、原爆投下前から現在までの戦争に係わる歴史と組み合わせてみた。原爆投下を通して、個人の今と過去を結びつけたともいえる。歴史には絶対に残らないだろう個人の記録。ぼくは、自分で観察し、遭遇した市民の行為と活動について語りたい。

一人の行為は、小さなことだと思う。政治的なインパクトもないかもしれない。しかし個人の核兵器に反対する気持ちがたくさん集まれば、強い、大きな力となる。ぼくは、核兵器に反対する市民が一人でも増えてくれればいいと願っている。この本が少しでも、貢献できればと思う。

この本では、敬称を略した。ご容赦願いたい。特に明記していない限り、写真は筆者が撮影した。撮影した人物に記した年齢は、撮影時の年齢である。

第一章　ポツダムに記念碑をつくる

ベルリン会談だった

米英支の三国は、ポツダム宣言によって日本に降伏を求める。ポツダム宣言が発表されたのは、一九四五年七月二六日。その時ドイツのポツダムでは、米英ソの三首脳によってポツダム会談が行われていた。会談は、一九四五年七月一七日から八月二日まで続く。

ポツダム会談の会場は、ツェツィーリエンホーフ宮殿。宮殿では現在、首脳会議の行われたホールや米英ソ三首脳の控え室などを見ることができる。展示ルートの最後には以前、原爆投下に関する小さな展示があった。当時その展示を見ていると係員が近づいてきて、原爆投下がポツダム会談と直接関係があったわけではないといわれたこともある。ぼくは当時まだ、そんなことはないだろうくらいにしか思っていなかった。

宮殿では、コロナ期の二〇二〇年六月から二〇二一年一〇月の間、特別展『一九四五年ポツダム会談、世界の新秩序』が開催された。その後、常設展が新しくなる。一番最初の展示室に入ると、壁一杯に映し出されたツェツィーリエンホーフ宮殿の空撮写真と、原爆で破壊された広島の写真が交互に入れ替わる。ツェツィーリエンホーフ宮殿が広島の破壊をもたらしたかのようだ。展示室内のテキストにも、米国トルーマン大統領がポツダムから原爆投下命令を発令したと、記述されている。会談が、原爆投下と密接な関係があったかのようだ。

日本人には、原爆投下とポツダム宣言が深く結びついている。ポツダム宣言は、日本の降伏を要求する最後通牒。降伏しないと、「日本国本土の完全なる破壊」を警告した。会談と宣言の頭にはそれぞれ、「ポツダム」とある。日本人の中には、ポツダム会談によってポツダム宣言と原爆投下が決まったのかと思っている人も多いと思う。

しかしポツダム宣言と原爆投下は、ポツダム会談において決議されたわけではない。時期が重なっただけだった。ポツダム宣言は、米英支によって署名される。それに対しポツダム会談では、米英ソの間で無条件降伏したドイツの戦後処理について話し合われた。会談において公式に、日本への対応について協議された形跡はない。

ポツダム会談に出席するため、米国トルーマン大統領はポツダムにいた。その時大統領が滞在した邸宅は現在、「トルーマン邸」や「トルーマンハウス」と呼ばれる。邸宅は会談中、「リトルホワイトハウス」といわれた。トルーマン大統領をはじめ、バーンズ国務長官、マーシャル陸軍参謀総長など米国政府と軍の要人がポツダムにいた。米国の権力機構が、ポツダムに移転していたといってもいい。トルーマン大統領は一九四五年七月一五日、邸宅に入る。翌一六日、米国ネバダ州で原爆実験に成功したことが伝えられた。

邸宅は、ポツダム東部にあるグリープニッツ湖の畔りにある。この地区は、ベルリンとポツダムの境界に位置する。新バーベルスベルクといわれ、第二次世界大戦のはじまる前の一九三八年四月、バーベルスベルクと一つになった。一年後、バーベルスベルクはポツダムに統合される。それまで、ポツダムとバーベルスベルクは別の町。バーベルスベルクはベルリンのテルトウ区に属し、ベルリンの一部だった。

トルーマンハウスのある新バーベルスベルク。一九世紀後半から、グリープニッツ湖の畔りにポツダムやベルリンの富豪のために、豪華な邸宅が次々に建ちはじめる。南には、映画制作会社ウーファの大きな撮影スタジオがあった。ウーファは第一次世界大戦後、世界の無声映画の中心となった映画会社。一九三〇年代、ドイツの無声映画を世界中に広める。マレーネ・ディートリヒなどのスター俳優は撮影中、グリープニッツ湖湖畔にあるゲストハウスに宿泊した。ディートリヒは、ドイツの偉大な女優。ナチス時代、米国ハリウッドで活躍する。ヒトラーがドイツに戻るよう誘うが断った。ヨーロッパに派兵された米軍兵士を慰問して、歌い歩く。その時歌った曲が、あの「リリー・マルレーン」だ。

この建物が、当時ウーファのゲストハウスだった
2020 年 1 月撮影

一九三三年、ナチスが政権を握る。新バーベルスベルクに豪邸を有するユダヤ人家族が亡命しはじめる。空き家となった豪邸は次々に、格安で売却された。あるいは、ナチスの機関に押収される。一九四四年七月二〇日、時限爆弾によるヒトラー暗殺未遂事件がある。ドイツ陸軍国内予備軍参謀長クラウス・フォンシュタウフェンベルクらが計画した。その首謀者の一人がヘニング・フォントレスコウ少将。少将家族の邸宅も、この地区に

あった。ヒトラー暗殺計画に使われた時限爆弾は、フォントレスコウ家の邸宅で製造されたといわれる。

この地区は、歴史の宝庫といってもいい。

米国トルーマン大統領がポツダム会談中に滞在した邸宅は、一八九一年から一八九二年にかけて建てられた。建設を依頼したのは、カール・ミュラーグローテ。ベルリンを拠点とするグローテ書店・出版の創立者だ。一九世紀のドイツの代表的作家テオドーア・フォンターネの作品などを手がける。住所は、カイザー通り二番地。邸宅は、三階建ての重厚な建物だった。漆喰の外壁が黄色く塗られている。当時、「エーレンカムプハウス」といわれた。ミュラーグローテ家の夏の別荘だった。ベルリンの文化人や著名人の集まる文化サロンとして使われる。

一九四五年五月八日、ナチス・ドイツが降伏する。新バーベルスベルクは、ソ連管轄下となる。エーレンカムプハウスをはじめ豪邸は、ソ連赤軍に押収された。住民は、三、四時間以内に邸宅から退去するよう命令される。その場にまだ居合わせた女性は、ソ連赤軍兵士から性的暴力を受けたといわれる。豪華な家具や食器、絵画、貴重な蔵書などの家財は、近くの森に捨てられた。豪邸はすぐに、ソ連赤軍によってポツダム会談に出席する首脳や随行者のため、宿舎に改造される。宿舎には、盗聴器が隠されていたと見られる。

米英ソの首脳トルーマンとチャーチャル、スターリンにはそれぞれ、この地区にある豪邸が宿舎としてあてがわれた。チャーチルとスターリンが滞在した邸宅も現在、「チャーチル邸」や「チャーチルハウス」、「スターリン邸」か「スターリンハウス」と呼ばれる。

これまで、ドイツの戦後処理を決めた会談のことを「ポツダム会談」と呼んできた。しかし当時のドイツの新聞では、「ポツダム会談」という表現は使われていない。「ベルリン会談」や「三大国会談」と表記されている。

当時、ナチス・ドイツの首都ベルリンとその周辺地域は、ソ連赤軍に占領されていた。戦禍がひどく、どこもほとんど壊滅状態だった。ベルリンの西に位置するポツダムも一九四五年四月一四日、英国空軍によって無差別的に爆破される。ただ破壊されたのは、市街の中心部だけ。豪邸の並ぶ新バーベルスベルク地区は、ほとんど無傷だった。

独ソ戦に勝ったのはソ連。ドイツの戦後を決める三大国首脳会談は本来、ソ連が占領したナチス・ドイツの首都ベルリンで行うべきだった。それによって、ソ連の勝利と権威を顕示したい。それがソ連の本音だった。しかし破壊されたベルリンに、米英ソの三大国首脳が会談できるような所はない。ベルリンのすぐ横に、ポツダムがある。空爆を逃れた新バーベルスベルクの豪邸は、首脳の宿舎としても適していた。大きな首脳会談を開催する条件が整っている。ポツダムは、ベルリンの代替地だった。公式には会談を、「三大国ベルリン会談」という。「ポツダム会談」とは、後で使われるようになる俗称といってもいい。

ヒロシマ広場が誕生する

ポツダムは、プロイセン王国王が居住する居城都だった。王国の宮殿がいくつも残っている。その中でも、最も新しい宮殿が三大国首脳会談の会場に選ばれた。それが、ツェツィーリエンホーフ宮殿だ。プロイセン王国の皇太子ヴィルヘルム・フォンプロイセンのために建てられた。皇太子妃の名前が「ツェツィーリエ」。宮殿の名称はそこからきている。公式には、一九一八年に完成したとある。ただ皇太子家は、前年からすでに入居していた。建物は、イギリス・スタイルとなっている。

ニールス・ナーバー（当時 41 歳）
2019 年 11 月、緑の党ポツダム支部で撮影

戦後六〇年となる二〇〇五年の夏、ツェツィーリエンホーフ宮殿ではポツダム会談六〇年の催し物が開催される。そこに、ニールス・ナーバーがいた。そこではじめて、原爆投下の最終命令がポツダムから出されたことを知る。たいへん驚いた。この史実は、ドイツではほとんど知られていない。ニールスは、ポツダムの歴史にとって重大なことだと思った。ポツダムが大量殺人を引き起こす命令の発信地だったのは悲しい。ショックだった。これほどの史実が、なぜ知られていないのか。とても不思議に思った。

ニールスは、旧西ドイツ北東部ヴェントラント地方の出身。一九九九年経営学を専攻するため、ポツダム大学に入学した。大学のキャンパスが、トルーマンハウスの近くにある。ヴェントラント地方は、旧東ドイツとの国境沿いに位置する。冷戦の最前線だった。一九七七年、この地方にあるゴアレーベンに放射性廃棄物の中央処理センターを設置する計画が発表された。まず、中間貯蔵施設が建設される。いつの間にか、高レベル放射性廃棄物の最終処分候補地となった。地下でその適性調査が開始される。それ以降、ゴアレーベンでは激しい反対運動が続く。旧西ドイツの反原発運動の象徴的な地域だった。

父親は教師だった。一九六八年の学生運動から強い影響を受けている。ニールスは五歳の時父親と一緒に、米軍による中距離核ミサイル、パーシングⅡの配備に反対する人の鎖デモに参加する。一九八〇年代中頃のことだった。「父親の影響で、こどもの時から政治的だった」と語る。「ぼくの出身を知ったら、わかるだろう。こどもの時から、核兵器はもう二度と使ってはならないと思っていた」と振り返る。ニールスにとり、原発と核兵器の問題に関心を持つのは当然だった。

ポツダムと原爆投下の係わりを知った時、ニールスはこの史実をドイツでもっと広く伝えるべきだと思った。しかし、間違ったことを伝えるわけにはいかない。正確なことを知りたかった。大学の図書館で、適切な文献がないかと探す。中でも、ガー・アルペロビッツの『The Decision to Use the Atomic Bomb and the Architecture of an American Myth』（日本語版：鈴木俊彦・岩本正恵・米山裕子訳『原爆投下決断の内幕——悲劇のヒロシマ・ナガサキ（上・下）』ほるぷ出版、一九五五年）が、一番信頼できると思った。

ポツダム会談のことや、米国が原爆投下を決断するまでの経緯が詳細に記載されている。米国政府がポツダム会談前に、原爆を使用することを決めていたことも知った。米国トルーマン大統領の原爆投下最終命令が一九四五年七月二四日、ポツダムのトルーマンハウスから出されたとある。ニールスは確信した。

それを、同じ緑の党党員ウーヴェ・フレーリヒに話した。ウーヴェはポツダム出身。一九六四年生まれだ。トルーマン大統領がポツダム会談中、トルーマンハウスに滞在したのは知っていた。その邸宅から原爆投下が命令されたとは、想像もしていなかった。

ウーヴェは前年の二〇〇四年、映画「二四時間の情事（ヒロシマ・モナムール）」を見たばかり。ちょうどヒロシマへの関心が膨らんでいた。そこに、ニールスが新しい史実を伝える。ポツダムにすごい歴史がある。とんでもないと思った。この事実は、ほとんど知られていない。しっかり記録されなければならない。ウーヴェはそう思った。

ウーヴェは東西ドイツ統一後、旧東ドイツの民主化運動家たちの集まるグループ「九〇年同盟」に参加していた。九〇年同盟はその後、旧西ドイツの緑の党と合併する。しかし政治には、それほど関心を持っていなかった。性的少数派の平等を支援する文化プロジェクトに係わる程度だった。ただ、幅広いテーマで市民運動をしたいと思っていた。

ドイツ統一後の一九九五年、ウーヴェは大学に入学する。その時、はじめて政治に関心を持った。きっかけは、学生自治会に入ったこと。奨学金が不公平に分配されている。何とかしたい。そのために緑の党に入党した。一九九八年のことだった。ウーヴェは人権問題に関心を持つようになる。「世界はもっと平等で、公平であるべきだ」という。原爆投下の過去にも、人権の問題があると主張する。

ニールスとウーヴェは、トルーマンハウス入り口右横に、ハウスの歴史を記述する小さな記念銘板があることを知った。プラスチックの透明な板に、白い文字で書かれている。背景となる外壁が黄色で、白い文字はちょっと読みにくい。銘板には、米国トルーマン大統領がポツダム会談のため、一九四五年七月一五日から八月二日までの間、邸宅に滞在したとある。原爆投下に係わる記述は、どこにも見当たらない。トルーマン大統領の功績を讃えるだけだった。

二人には、納得できなかった。原爆投下命令という一番大切な史実が抜けている。トルーマンハウスは、ドイツ自由民主党系フリードリヒ・ナウマン財団の本部として利用されている。政治的に米国寄りの財団だ。二人は銘板が、財団によって取り付けられたのだろうと思った。フリードリヒ・ナウマン財団を訪ねる。はじめてトルーマンハウスの中に入った。少し緊張した。二人は財団職員に、トルーマンハウスと原爆投下の係わりについて説明する。財団前の広場を「ヒロシマ広場」と命名したい。協力してもらえないかと要請した。しかし財団は、まったく関心を示さない。銘板を修正するつもりもないといわれた。

このまま放ってはおけない。自分たちで原爆投下の史実を伝える方法を考えたい。二人はそう思った。IPPNW（核戦争防止国際医師会議）ドイツ支部のキサンテ・ホールに相談する。ポツダム市は、平和首長会議に加盟したばかり。平和首長会議のドイツ支部をコーディネートしているのがキサンテだった。

トルーマンハウスの前に、三角形の広場がある。真ん中の古い建物は東ドイツ時代、郵便局として使われていた。もう営業していない。空き家になっている。広場には、名前もなかった。ニールスとウーヴェ、キサンテの三人はこの広場を、「ヒロシマ広場」と命名しようと思い付く。

すぐに、A4の紙を一枚手に取った。頭に「ヒロシマ広場（Hiroshima-Platz）」と入れる。その下に、「原爆投下命令が正面にあるトルーマンハウスから出された」とボールペンで書いた。それをパソコンで清書する。プリントアウトした紙を、ファイル用に使う薄いビニールの袋に入れた。雨で濡れないように保護する。細長い木の棒を買い、トルーマンハウスの真正面に当たる位置に差し込んだ。棒の上部に、銘文の入ったビニール袋を取り付ける。

ヒロシマ広場に立てられた仮の記念棒
上に「ヒロシマ広場（Hiroshima-Platz）」と書かれている
2006 年、ポツダムのヒロシマ広場で撮影

「ヒロシマ広場」が誕生した。二〇〇五年八月六日のことだった。

広場はポツダム市の所有。広場を公式に「ヒロシマ広場」と命名し、史実を伝える銘文を設置するには、市議会の決議が必要となる。ウーヴェとニールスは、銘文案を添えて申請書を作成した。それを緑の党が市議会に提出する。

当時市議会では、左翼党が第一党だった。だが、社民党とキリスト教民主同盟、緑の党、自由民主党が与党として連立。社民党の市長を支える。ウーヴェによると、保守系与党のキリスト教民主同盟内には、ドイツと米国の友好な関係を傷つけるとして「ヒロシマ広場」を設置することに躊躇があった。決議では、同党議員二人が棄権する。野党左翼党は、議員全員が棄権した。ポツダムのような地方都市が、核兵器廃絶という世界の大きな平和問題に係わるのは、ピンとこないというのが理由だった。

二〇〇五年一二月、市議会において賛成多数で、トルーマンハウス前の三角形の広場を「ヒロシマ広場」とすることが決まった。同時に、碑文の入る記念碑を設置することも決まる。決議された碑文は、以下の通りだった。

一九四五年八月六日と八月九日に
広島と長崎に投下された原爆によって
犠牲となった人々を追悼して

連合国によるポツダム会談が
一九四五年七月一七日から八月二日まで行なわれ、
その間、アメリカのハリー・S・トルーマン大統領が
正面にある邸宅「リトルホワイトハウス」に滞在していた
その期間中の一九四五年七月二四日、
アメリカ大統領の原爆投下命令が下される

原爆の破壊力は、数十万人の人々を死に追いやり、
人々に計り知れない苦しみをもたらした

ポツダム市議会で決議されるのを待って、広場に立てた木の棒に「ヒロシマ広場（Hiroshima-Platz）」と書かれた紙と、碑文の書かれた紙を取り付ける。仮の記念棒ができた。

ナチス・ドイツは原爆実験に成功していた

ニールスとウーヴェが原爆投下とポツダムの関係を知った頃、ドイツではセンセーショナルな本が出版された。『ヒトラーの爆弾（Hitlers Bombe）』、ドイツ核実験の秘史』という本だ。著者は、歴史家のライナー・カールシュ。旧東ドイツ出身。ロシア語ができることから、それまで調査されていない旧ソ連の公文書や秘密文書などから、ナチス・ドイツが原爆実験に成功していたと推定した。

ドイツの原爆開発といえば、ノーベル物理学賞を受賞したヴェルナー・ハイゼンベルクの名前が思い浮かぶ。ハイゼンベルクは、「ウランクラブ（Uranverein）」の中心人物。ウランクラブには、一〇〇人弱のドイツ人科学者が参加した。しかしハイゼンベルクらは、原爆の製造に成功していない。ウランクラブについては、これまで英米の歴史家などがたくさん研究してきた。ハイゼンベルクらドイツの物理学者が無能だったから、ナチス・ドイツは原爆を開発できなかったとする説があ

る。資金とマンパワーが不足したからという説もある。あるいは、モラル上開発を躊躇したとする主張もある。ドイツでは、最後のモラル説が主流になっている。

これまで注目されてきたナチス・ドイツの原爆開発は、主にウランクラブによるものだけだった。カールシュは、そこにメスを入れる。それまで入手できなかった旧ソ連の新しい資料を発見。ウランクラブ以外で行われた海軍やナチス親衛隊（SS）、帝国郵政省の原爆開発「ウランプロジェクト」について、その一部を明らかにした。

カールシュが基盤にした新しい資料は、主にソ連赤軍のスパイなどがドイツの原爆実験について報告したものだ。ソ連の初期原爆開発についてまとめた八巻の資料が、手がかりになった。一九三九年から一九五〇年中頃までの文書がまとめられている。その中に、イゴール・クルチャトフがスターリンに宛てた手紙がある。クルチャトフは当時、ソ連核開発計画の科学長を務めていた。手紙は、一九四五年三月三〇日付けだった。

ナチス・ドイツが原爆実験に成功した可能性がある。破壊力は、半径四〇〇メートル程度と小さい。実験によって、戦争捕虜数人が亡くなった。

クルチャトフはこの小型原爆を、ナチス・ドイツが核弾頭としてミサイルに搭載することを計画していると確信した。小さいとはいえ、ミサイルにつけて使うと、たいへん危険な武器になる。クルチャトフはそう警告した。

クルチャトフがスターリンに宛てた秘密文書には、小さく脚注が補記されている。ソ連赤軍スパイがドイツで開発された原爆の構造図を見つけたとある。構造図は、公開されていない。カールシュは、それを入手する。構造図からすると、原爆の構造は爆縮法（Hohlladung）といわれるものだと見られる。まず爆薬を爆発させ、圧力を爆弾内部の空洞に閉じ込めて圧力を上昇させる。ウランは、その圧力で圧縮されて高温となる。その結果、核分裂連鎖反応が起こらなくても、熱核反応（核融合）を引き起こす。

日本の原爆開発に詳しい山崎正勝東京工業大学名誉教授からは、爆縮法は通常、プロトニウム爆弾に使われる起爆方法だとの指摘を受けた。ウラン爆弾に用いるものではない。ここでいうドイツの原爆はウラン爆弾だが、核分裂爆弾とはいえない。機能から見て仮に「爆縮法」としておく。今後ドイツの爆縮法の詳細がわかるにつれ、適切な日本語訳を考えたい。熱核反応を引き起こさせる爆縮法については、一九五〇年代にドイツで特許まで申請されている。

米国が一九五〇年代になってようやく実現できた起爆方法だった。最近のレーザー核融合技術でも、レーザーの高エネルギーを使って核燃料を爆縮する方法が採用されている。ナチス・ドイツが開発したのは、一種の核融合爆弾だった。カールシュは、こう推定する。

カールシュは、入手した構造図をドイツの専門家に見せる。専門家は、この構造なら機能するといった。ウラン濃縮度も、四〇％の低濃度でよかったと見られる。焦点は、実験が実際に行われ、本当に成功したのかどうかだ。それを立証しなければならない。クルチャトフの手紙には、ドイツ南東部テューリンゲン地方で実験されたとしか記述されていない。

旧東ドイツ秘密警察（シュタージ）が原爆実験の行われた現場周辺で、住民の証言を記録していたこともわかった。その他にも、ソ連のスパイの証言もある。ただそれだけでは、実験の成功を示す証拠としては不十分。カールシュは、原爆実験のあった痕跡を立証しようとした。実験が行われたと見られる場所を確定し、土壌サンプルを採取して測定させる。しかし土壌測定では、原爆実験のあったことを証明できない。第二次世界大戦後、各地で原爆実験が行われた。一九八六年のチェルノブイリ原発事故後、ドイツでも放射性物質が飛散している。測定で検出された放射性物質が戦中のものか、あるいはそれ以後のものか。区別できない。

カールシュが想定するように核融合爆弾なら、核融合によって生成された放射性物質が残っていなかったのか。「土壌測定によって放射性物質が核分裂生成物か、核融合生成物かを識別できなかったのか」と、ぼくは聞いた。カールシュは、「それはできなかった」という。

土壌測定は、戦後六〇年経って行われた。測定器の精度によっては、もう検出できない放射性核種があってもおかしくない。一九四四年一〇月に実験のあったと見られるドイツ北東部の島の跡地では、セシウム１３７の値がわずかに高い。一九四五年三月のテューリンゲン地方の実験地では、セシウム１３７とコバルト60の値が高くなっている。一部エリアで、実験地のあるドイツ南東部テューリンゲン州の平均値より二〇倍も高いセシウム１３７が検出された。自然には存在しないはずのプルトニウム２３９も見つかる。

コバルト60は後述するように、一九八〇年代中頃から広島と長崎で無作為に採取された石でも検出された。セシウム１３７は要注意だ。一九八六年のチェルノブイリ原発事故後、主にドイツ南部のバイエルン州に飛来している。ドイツ放射線防護庁の資料によると、バイエルン州北部に隣接するテューリンゲン地方南部においても、一平米あたり最高一万ベクレルも汚染されたところがある。セシウム137の半減期は約三〇年だ。半減期とは、放射性同位体が崩壊して半分が他の核種になる期間のこと。土壌を測定した時は、まだ半減期に達していない。セシウム137の汚染度が高いのは、チェルノブイリ原発事故の影響の可能性もある。ドイツ北東部の実験地のあるリューゲン島には原発事故後、セシウム137は飛来していない。

土壌測定の結果は、自然では考えられない。何らかの人工的な核反応があった可能性を示唆する。しかしカールシュは、土壌を測定したのをナイーブだったと後悔している。土壌測定だけで実験の痕跡を確定するのは不可能だった。放射性物質は時間が経つにつれ、土壌に深く沈んでいく。地面の深いところで試料を採取するほか、精密な検査も必要だった。それが、カールシュの本が厳しく批判される根拠となる。テレビ局と協力して土壌を測定したのも、失態だった。本の単なる宣伝行為だと受け取められる。ナチス・ドイツによる原爆開発の歴史を学術的に解明する。それが、出版の意図だった。しかし本は、単なるセンセーショナルな大衆本だと見なされる。カールシュは、「これだけ批判された（学術）本は、ないのではないか」と語った。

ドイツの物理学界では今も、ハイゼンベルクの弟子たちが君臨している。弟子たちにとり、ハイゼンベルクは故意に原爆開発を遅らせ、ナチス・ドイツに原爆を使わせなかった立役者だ。それに反する資料があってはならない。ハイゼンベルクらの原爆開発に関し、当時の重大な資料がまだ公開されていないことも考えられる。ナチス・ドイツは、原爆開発に成功していてはならない。カールシュへの批判には、そうした背景もあると見られる。

カールシュは、ナチス・ドイツが二回原爆実験を実施したと断定した。一回目が一九四四年一〇月一二日。ドイツ北東部バルト海にあるドイツ最大の島リューゲン島の北西端にある半島で行われる。二回目が一九四五年三月三日。ドイツ南東部テューリンゲン地方で、作曲家バッハの生地アイゼナハの南東に位置するオーアドルーフで実施された。どちらも戦後ソ連占領地域として、東ドイツ領となる。

カールシュは元々、経済史の専門家。ぼくが会った時、旧東ドイツ企業の民営化の歴史について研究していた。ドイツの原爆開発の研究からは、もう一五年も遠ざかっていた。そこにぼくが急に、インタビューを申し入れる。この間、何か新しい資料が出ていないだろうか。カールシュは事前に、ドイツ放射線防護庁でドイツの原爆開発について研究している知人に問い合わせていた。すると、米軍が日本軍技官捕虜を取り調べた調書の写しを、一〇年前にカールシュに渡したといわれる。カールシュはそれを、すっかり忘れていた。

日本の技官は米軍の取り調べに対し、日本の将校からドイツの核物理学者が原爆を製造していると聞いたと報告する。ドイツの原爆は小型で、効果も小さい。カールシュは、日本人技官の証言をナチス・ドイツが原爆実験をしていたことを示す一つの証拠だという。ナチス・ドイツの原爆実験に関しては、証言がいろいろある。しかし、証言を裏付ける文書がまだ見つからない。それでは、学術的に立証されたことにはならない。「文書で十分に裏取りできない。それが問題なのだ」と、カールシュは強調した。

原爆実験は、地上実験だった。テューリンゲン地方では、オーアドルーフにある軍の演習場で実験が行われる。親衛隊が押収した土地だった。実験地は厳重に閉鎖されていた。見ることも、近づくこともできない。何が計画されているのか気づかれないよう、うまくカムフラージュされていた。実験は夜行われる。小さな実験だった。広島と長崎に投下された原爆とは、比較にならない。「(本に対しては、)そのこともよく理解されなかった」と、カールシュは悔やんだ。それが誤解を招き、本に対する批判をより大きくした。

戦後一九四九年七月、中国の劉少奇がモスクワを訪れる。中国は、建国直前だった。劉はその後、副主席となる。劉はモスクワで、スターリンに会った。中国も原爆を保有したいと、希望を述べる。ソ連はその時まだ、原爆実験に成功していなかった。しかしスターリンは、ソ連が行った実験として原爆実験に成功した映像を劉に見せている。カールシュはそれを、中国語とロシア語の通訳の力を借りて突き止めた。

ソ連マレンコフ資料館の目録に、「原爆実験の開始」というタイトルの動画があることが記載されている。動画がマレンコフ資料館にあった証拠だ。動画を制作するため、映像素材がスターリンの秘書の元に持ち込まれた。劉少奇に見せるために編集される。そこまでの記録は見つかった。しかし動画は、マレンコフ資料館に残っていない。

スターリンは劉に、小さな原爆実験で一九四五年三月に行ったと説明した。しかしソ連が原爆実験に成功したのは、一九四九年九月。ソ連はすでに、核兵器を保有している。スターリンはそう誇示したかったに違いない。映像は、ドイツでの原爆実験の素材を編集して劉に見せたのではないか。そうしか考えられない。その動画を見つけることができれば、ナチス・ドイツが原爆実験に成功していたことを立証できる。たが、現物は見つからない。

カールシュは最後に、「ドイツの核開発、核実験ではまだわかっていないことがたくさんある。いずれ、このテーマに戻って研究したい」と述べた。

一九四四年一二月二九日、日本の新聞が「ドイツ軍は目下原子爆弾を使用してゐる」とドイツの放送局が放送したと報じた。短波放送だと見られる。当時の日本の通信社「同盟」の配信記事をソースにした。朝日、読売報知、毎日のほか、地方紙も同様の記事を掲載している。同じ時期のドイツの新聞では、V2ロケットの成功を誇示する記事が目立つ。ドイツの小型原爆はV2ロケットで使うことが想定されていた。しかしドイツの記事には、原爆を使用しているとの記述はない。記事が、二か月前の一〇月に行われた原爆実験のことを示唆している可能性もある。しかしまだ、詳しいことは裏取りできない。この記事の真偽については、いずれ別の機会に報告したい。

市民として活動する

二〇〇六年七月だった。IPPNW（核戦争防止国際医師会議）ドイツ支部のキサンテ・ホールからメールがくる。キサンテとは数年前、広島で開かれた国際会議で友人の紹介で知り合った。キサンテは、ポツダムのイベントで誰か原爆投下について話してくれないだろうかという。メールには、フランスにいる日高六郎はどうかと思ったとある。しかし日高は、病気で無理なはずだ。誰か適任者を知らないか。メールには、何の目的なのか、誰が主催者なのか、何も書いてなかった。ぼくは、詳細を知りたいと返信する。

すると、ウーヴェ・フレーリヒという人物からメールがくる。トルーマンハウス前の広場が「ヒロシマ広場」と命名された。そこに碑文の入った記念碑を設置したい。そのために募金をはじめる。活動を立ち上げるイベントで、原爆投下について語ってくれる日本人を探しているという。

一体どこが、「ヒロシマ広場」となったのか。ぼくにはよく理解できなかった。計画について、もっと詳しく知りたいと思った。誰が計画しているのか。どこまで進んでいるのか。知っておいたほうがいい。ウーヴェは当時、ベルリンに暮らしていた。それならベルリンで会うのがいい。ベルリン東部中心にあるカフェで一緒に話すことになった。ウーヴェの暮らすアパートの近くだ。

ぼくたちは、カフェ前の歩道に置かれたテーブルに座る。ウーヴェがまず、それまでの経緯を話した。トルーマンハウスの前に三角形の広場がある。それが「ヒロシマ広場」と命名された。そこを記念地にして、原爆投下の記録を残したい。碑文は決まっている。しかしウーヴェは、碑文を持ってきていなかった。記念碑は、どういうものになるのか。具体的にはまだ、何も決まっていない。まず、そのための資金を集める。募金活動を立ち上げる催し物が、ポツダムの映画博物館で行われる。その時パネルディスカッションで、原爆投下について話してもらえる日本人を探しているという。

そこではじめて、ウーヴェが緑の党の党員であることも知った。ポツダムの緑の党は与党だという。ポツダム市長も計画を応援し、募金運動のイベントで挨拶する。「本気だ。信用してほしい」

と、ウーヴェはいった。市長のバックアップがあるのはとても心強いと、ぼくは思った。市とつながりがあるのは、たいへん重要だ。

気になることが一つあった。ウーヴェが緑の党の党員として動いているのか、それとも市民として活動しているのかだ。緑の党のバックアップがあれば、市側とも交渉しやすい。しかしこれは、市民活動であるべきだ。政党色を持ち込んではならない。市民の立場で、中立でなければならない。さもないと、「ああ、緑の党。それなら、当然だね」と、記念碑を設置する活動が当たり前のように思われる。市民活動は、そうであってはならない。原爆投下を二度と繰り返さない。市民がその強い意志を発信しなければならない。政党色があってはならない。ぼくはウーヴェに、「緑の党として活動しているのか」と聞いた。するとウーヴェは、「いや違う。もちろん、市民としてだ」と答える。ぼくは納得した。

ぼくはウーヴェに、ベルリンに一人心当たりのある日本人がいると話した。ただ、承諾してもらえる保証はない。断られる可能性も大きい。打診してみるとだけいった。

ポツダムが攻撃される

一九四五年四月、クラウス・アールトはまだ一一歳だった。空襲があるごとに、学校に登校してこなくなる生徒がいた。次々に、級友を失った。今度はいつ、自分の番になるのかわからない。かといって、恐怖を抱いたわけでもない。当時の体験は、もう一生忘れられない。

クラウス少年は当時、バーベルスベルクに暮らしていた。終戦後のポツダム会談中、米英ソの三首脳とその関係者が宿泊した地域だ。バーベルスベルクは一九三九年、ポツダムに統合されていた。当時バーベルスベルクの住民に、ポツダム市民だという意識はない。街に行くとは、バーベルスベルクに行くことだった。バーベルスベルクは、一八世紀中頃にボヘミアンが移民してきた地区。新興地区には、映画産業や機関車の製造工場など新しい産業が誘致される。

一九四五年四月中頃、ソ連赤軍がベルリンの東にあるオーデル川を超える。ナチス・ドイツの首都ベルリンに迫っていた。ポツダムでは一九四五年一月から四月中頃までの間、一三〇回以上に及ぶ空襲警報が鳴り続ける。日中にくるのは米軍機。夜間は、英軍機が飛んできた。空襲警報が鳴るごとに、市民は防空壕に逃げる。ポツダムはそれまで、空爆という空爆はほとんど体験していなかった。バーベルスベルクが一九四四年六月二二日、米軍機によって空爆された程度だった。

ポツダムはドレスデンとともに、「サンダークラップ作戦」の攻撃目標の一つに選ばれた。ドレスデンは一九四五年二月、大規模な無差別空爆によって全壊する。サンダークラップ作戦とは、ソ連を含めた連合国軍によって一九四五年二月に立案された都市破壊計画だった。ベルリンを含め、ドイツ東部二五の都市が標的となる。作戦は名目上、ソ連のドイツ東部侵攻を支援するためのもの。しかし現実は、ソ連の侵攻を妨害して米英が存在をソ連に誇示するために使われた。軍事上意味のない無差別攻撃が続けられる。英国チャーチル首相も、ポツダムを空爆するのは何の意味もないと思っていた。しかし英軍は、ナチス・ドイツを支持するドイツ市民のモラルを打ち破るためには攻撃が必要だと、チャーチルを説得する。

ポツダム市街は一九四五年四月一四日から一五日にかけ、英軍機によって無差別攻撃される。第二次世界大戦における英国空軍最後の大空爆だった。前日の一三日から一四日にかけ、ポツダムでは空襲警報が鳴り続く。警報は〇時過ぎに解除された。一四日は土曜日。夜が明けると、空は雲一つない快晴だった。ドイツの典型的な清々しい春日和になることが予想された。朝刊には、翌日曜日朝に予定されている食糧品の配給時間と場所が記載されている。

静かな午前中だった。空襲警報は鳴らない。地上では銃撃戦もない。お昼過ぎ、一〇〇〇キロメートル以上離れた英国では、この日の攻撃目標がポツダムだと作戦実行部隊に命令された。ポツダムには、鉄道の拠点がある。兵舎もある。それが、空爆する理由だった。ポツダムまでの飛行ルートが指示される。ドイツ軍の抵抗のありそうな地点も指摘された。

ホルスト・ゴルツ少年は一五歳。この日もポツダム市街で、米軍など連合国軍のまいたビラを集めていた。それが、少年の趣味だった。親衛隊に知られると、たいへんなことになる。少年の向こう見ずな行為だった。

朝刊によると、午後三時から翌日曜日まで、許可証なしに公共交通でポツダムからベルリンに行くことができる。例外措置だった。しかしポツダム市民は、誰もベルリンに行こうとしない。ソ連赤軍がベルリンに侵攻すると予想されたからだ。

この日ベルリンに向かったのは、リヒャルト・フォンヴァイツゼッカー大尉だった。大尉は、東プロイセン沿岸の前戦で足を負傷。治療のため、四月はじめにポツダムに移送されていた。怪我から回復して保養のため、祖母のいるドイツ南西部ボーデン湖湖畔のリンダウに行く予定だった。翌日曜日に、列車でベルリンからプラハに移動する。そこから大きく迂回して、リンダウに向かう。南西部からドイツに侵攻する米軍を避けるためだった。大尉はリンダウで終戦を迎え、九死に一生を得る。その後、政治家となる。一九八一年六月、旧西ベルリン市長に選出。四年後には、旧西ドイツ大統領となった。

ポツダムでは夕方になっても、長閑な時間が続いた。摂氏一三度。それほど冷え込む気配もない。

一八時。ロンドン北の空軍基地から五〇〇機余りの爆撃機に発進命令が出る。ランカスター重爆撃機四九〇機が含まれていた。

一九時。バーベルスベルクでは、七歳のエレノーレ・ヘッケンドルフが母と妹と一緒に、夕食を食べ終えたところだった。それから、からだを拭いてベッドに入る。

ドイツのラジオ放送で、英国からたくさんの爆撃機がドイツ東部に向かっているとのニュースが流れる。ポツダムの上空には、星がたくさんキラキラ光っていた。

一九時三〇分。ベルリンとポツダムに、空襲警戒警報が流れる。

二〇時四五分。ランカスター重爆撃機はルクセンブルクを抜け、ドイツ上空に入った。マインツまで東方向に飛ぶ。その後、機首を北に向けた。

二二時頃。英軍機は、ポツダム南西のカッセル上空でドイツ空軍機の攻撃を受ける。しかし、英軍機に損害はない。ポツダムでは、市民が防空壕に急いでいた。

二二時一五分。ベルリンとポツダムに空襲警報が鳴る。英軍機は、ポツダム西のハノーファーに達した。

アンネリーゼ・ゾチェク（二五歳）は、バーベルスベルクで空襲警報を聞く。祖父母と母、弟と一緒に地下の防空壕に入ろうとした。祖父は、一緒に行こうとしない。「第一次世界大戦を生き延びたのだから、今度も大丈夫だ」といった。

二二時二〇分。最初の爆撃機がポツダム上空に達した。ポツダムが攻撃目標だ。

エレノーレ・ヘッケンドルフと妹の二人はすぐに、母に起こされる。母と娘の三人は、地下の防空壕へ急いだ。

二二時三九分。最初の照明弾が投下された。攻撃の中心は、ポツダム駅周辺の市街だ。

ビラ集めを趣味とするホルスト少年は、ナチス党青少年組織ヒトラーユーゲントの訓練場の地下防空壕にいた。爆発音が聞こえるごとに、建物が船のように大きく揺れ動く。電灯の光がチラチラと、消えたり点いたりした。ホルスト少年は、訓練場の建物が壊れてしまうと思った。

アンネリーゼ・ゾチェクは家族と一緒に、地下防空壕に座っていた。近くで急に、爆弾が炸裂する。その風圧で、かまどの煙突の蓋が開く。煙突のすすが次から次に、地下に流れ込んだ。息ができず、苦しくなるばかり。アンネリーゼは危険を覚悟して、水を取りに地上に上がった。

ポツダムは、火の海と化していた。ハーフェル川の水を汲み上げ、消火しようとしても追いつかない。焦げた死骸が横たわり、異臭が漂いはじめる。

同じ頃、エレノーレ・ヘッケンドルフと母、妹の三人は、怖くて防空壕で寄り添っていた。爆弾が次々に炸裂する。その音が防空壕にも聞こえてくる。煙突の黒いすすが中に入ってきた。もう耐えられない。防空壕を出るしかない。「上に上がるけど、みんな離れないでよ」と、母の叫ぶ声が聞こえた。

ホルスト少年はまだ、ヒトラーユーゲント訓練場の防空壕にいた。建物の窓ガラスが次から次に割れる。屋根の瓦が地面に落ちる音と入れ混じった。地下の床は、大きな爆発音で激しく揺れる。急にドカーンと、とてつもない音がした。爆弾が防空壕のすぐ近くに落ちたらしい。

二二時五九分。ポツダム駅近くで、これまでにない大きな爆発音がする。駅の敷地横に保管されていた爆弾が、爆発したと見られる。

二三時前。爆発音が次第に少なくなる。爆撃機がポツダムを離れる。ベルリンの方角に向かいはじめた。

二三時一五分。英軍機は、ベルリンを空爆しはじめる。それは、他の英軍機を本国に無事帰還させるための見せかけの空爆だった。

ポツダムでは、空襲警報を解除するサイレンが鳴らなかった。空爆で、警報装置が破壊されたらしい。市民が、一人一人防空壕から出てくる。市街はまだ、火の海。あちこちに死骸が見える。自分のこどもや兄弟を探す人々が、右往左往している。

ホルスト少年をはじめ、ヒトラーユーゲントの少年たちも防空壕から出る。すぐに、ナチス党の電話回線を修復するよう命令された。しかし、どうすることもできない。少年たちは途方にくれた。

アネリーゼ・ゾチェクも、地上に上がった。すぐに、家に残ったはずの祖父のことが心配になる。家中を探した。寝室のドアがない。ドアは、ベッドの上に横渡っていた。そのベッドの下に、祖父がいた。祖父のからだが震えている。頭から毛布をかけていた。祖父は無事だった。

爆弾の多くは、二二時三〇分から二三時過ぎの三〇分の間に投下された。投下された爆弾は一七〇〇トン。一六〇〇人近くが亡くなった。破壊されたのは、ポツダム駅を中心とする市街だった。その後まもなくして、ソ連赤軍がポツダムに侵攻する。

ソ連赤軍自走式多連装ロケット砲「スターリンのオルガン」
2022 年 5 月 6 日、
ベルリン・カールスホルストにある独ロ博物館で撮影
ドイツの降伏批准文書が署名されたところだ

　バーベルスベルクでは、一部が破壊されただけだった。ソ連赤軍が侵攻してきても、戦闘らしい戦闘はない。空爆で破壊されたポツダムでは、ソ連赤軍に対して激しく抵抗した。ソ連赤軍がベルリンに迫ってくると、ナチス・ドイツがポツダムを死守しなければならない「要塞」に指定したからだ。「死ぬまで戦え」と、命令されていた。

　ポツダムとバーベルスベルクの間には、エルベ川の支流ハーフェル川がある。川が、二つの地区を分割する。ソ連赤軍はポツダムを攻撃するため、まずバーベルスベルクを占領した。「スターリンのオルガン」が配置される。スターリンのオルガンとは、ドイツ軍兵士が名付けた名称だ。ソ連赤軍の自走式多連装ロケット砲のことだった。トラックの上に、発射器がオルガンのパイプのように並んでいる。ロケット弾が発射されると、オルガンのように鳴り響いた。ソ連赤軍兵士はそれを、「カチューシャ（エカテリーナの愛称）」と呼んだ。

クラウス少年の家の近くにも、スターリンのオルガンが何台も並べられる。ハーフェル川越しにポツダムを攻撃するためだ。四月二四日、一斉にポツダムへの攻撃が開始された。防空壕にいたクラウス少年には、多連装ロケット砲の音だけが聞える。オルガンが演奏されているようだった。まもなくして、静かになる。ポツダム市街では、抵抗がなくなった。

原爆体験者であることを隠す

ぼくがヒロシマ広場募金イベントのパネリストとして考えたのは、外林秀人だった。長崎生まれ、広島で被爆する。一九五七年に奨学金を得て、旧西ベルリン・ダーレムにあるマックス・プランク協会フリッツ・ハーバー研究所に留学。一九九四年に定年退職するまで、研究所に在職する。化学教授だった。研究所の隣にある建物が、旧カイザー・ヴィルヘルム化学研究所だ。そこで一九三八年、核分裂が発見される。秀人は旧西ベルリンを、原爆が投下される心配のない世界で最も安全な土地だと思った。米国もソ連も、冷戦の最前線である旧西ベルリンは絶対に原爆で攻撃しない。そう信じた。それが、旧西ベルリンを第二のふるさとにした理由だ。

秀人とは、それほど面識があったわけではない。原爆体験者であることを本人から直接聞いたわけでもない。友人を通じ、秀人が原爆体験者（ヒバクシャ）だと知った。原爆体験者であることを公にしないことも聞いていた。勤務する研究所内においても、ヒバクシャであることを公言しない。しかし同僚のほとんどは、秀人がヒバクシャであることを知っていた。後で、秀人と仲のいい元同僚から聞いた。

秀人のことを「原爆体験者」としたのは、自分でそう呼んでいたからだ。秀人は被爆者手帳を保持し、公式に認定された「被爆者」だった。自分を被爆者といわなかったのは、日本に残してきた家族のことを思ってのこと。被爆者だということで、日本の家族が差別されるのが嫌だった。日本では、被爆者手帳を給付されていない原爆被害者を「被爆体験者」と呼んで差別している。秀人はおかしいと思った。原爆体験者ということばは、差別に対する抵抗であったかもしれない。

ぼくは、秀人に電話をかける。ポツダムのヒロシマ広場について説明した。募金活動をはじめる。そのためのイベントで、パネルディスカッションに参加していただけないか。この時秀人は、広島の家族のために原爆体験者であることを公言していないのだといった。パネルディスカッションにおいて、ヒバクシャであることをいうべきなのかどうか。それは、自分で判断してもらうしかない。

秀人は、原爆体験者のレッテルを貼られて生きたくなかった。原爆体験者として、社会から疎外されるのがとてもいやだった。日本から離れ、ドイツのベルリンで暮らすほうが気楽だ。ぼくは後になって、秀人の妻アストリートからそう聞いた。自分が原爆体験者だといわないのは、自分のためでもあった。

返事は、すぐにはもらえなかった。少し考えさせてほしいという。数日して、秀人から電話がくる。パネルディスカッションに参加するという。ぼくはウーヴェに伝えた。秀人がヒバクシャであることはいわなかった。

催し物は二〇〇六年六月一五日、ポツダムの映画博物館で行われた。ポツダムの中心部にある。博物館の建物は、ポツダム王宮の元厩舎だった。王宮は、一九四五年四月一四日の空爆でほとんど破壊される。厩舎の建物だけがかろうじて残った。リフォームした後、映画博物館として利用されている。バーベルスベルクにある映画大学が管理する。トルーマンハウスの南にある映画撮影スタジオのコレクションなどが展示されている。

イベントでは、ヒロシマ広場を立ち上げた有志の一人ウーヴェ・フレーリヒが最初に挨拶した。次に、ポツダム市長のヤン・ヤコブスがスピーチする。市長は、ポツダムが原爆投下と係わりがあったことを世界中に知ってもらう必要があると強調した。

パネルディスカッションがはじまる。秀人はどう発言するのだろうか。ぼくはとても緊張した。秀人はすぐに、自分が一六歳の時に広島で原爆の被害にあった「ヒバクシャ」だと語る。被爆した時の様子をごく簡単に話した。秀人はそれ以上、多くを語ろうとしない。会場は、シーンと静まりかえった。

パネルディスカッションの終わりに、質疑応答がある。秀人に、被爆当日の体験をもっと聞かせてほしいと要望があった。原爆が投下された時、秀人は授業中だった。その後に見つけた友人の耳が垂れ下がっていた。川べりには、たくさんの人が倒れていた。秀人は、ゆっくりと話した。それ以上、あまり語ろうとしない。会場の参加者には、それで十分だった。

ウーヴェとニールスはぼくに、秀人がヒバクシャだと知ってびっくりしたといった。イベントはうまくいったと思うという。二人はホッとしたようだった。ぼくはこの時、原爆体験者として被爆体験を語るには、秀人にまだ壁があるように感じた。それは、原爆体験者だけの問題ではない。戦争体験者でもよく感じることだ。語り部は誰にでも、すぐにできることではないのだと思う。

左から、外林秀人、ウーヴェ・フレーリヒ、
ポツダム市長ヤン・ヤコブス
ポツダム市内を走る路面電車（トラム）での移動
ピカドン（黒田征太郎作品）展（2008 年 7 月）で撮影

ぼくは毎年夏、福島県高校生がドイツで震災・原発事故体験を伝えるプロジェクト（NPO法人アースウォーカーズ主催）に係わっている。それに参加した女子高生が、自分の体験を伝えるようにいわれるのがとてもプレッシャーだったといったことがある。福島の高校生として見られるのがいやだった。自分がなぜ、そこまで体験を伝える必要があるのか。葛藤しなければならなかった。体験を語るプロジェクトでは、伝えることが強制される。プレッシャーを乗り越えるしかなかった。

自分の体験を語るにはまず、自分の体験を受け入れ、消化する必要があると思う。体験が辛ければ辛いほど、思い出したくない。そのハードルを乗り越えるのは難しい。体験を伝える場というか、枠組みのようなものもないと語れない。自分をそういう場に置く必要もある。語り部になるには、相応の条件が揃う必要がある。

秀人と再開したのは、それからほぼ一年後だった。募金活動をはじめた。募金用のチラシも作成した。だが、募金活動する母体がない。寄附金は、ＩＰＰＮＷ（核戦争防止国際医師会議）ドイツ支部の口座に振り込んでもらうことにした。しかし募金は集まらない。当時はまだ、クラウドファンディングもない。活動する組織と募金するノウハウがないのは、致命的だった。

ウーヴェがそのうちに、活動母体をつくろうといった。裁判所に登記する非営利団体を設立してはどうか。日本のＮＰＯ法人に相当するといえばいいだろうか。ドイツでは、市民運動の普通の組織形態だ。ドイツ語で「eingetragener Verein（e.V.）」という。日本では、「登記社団」などと訳されている。

税務署によって登記社団の公益性が認められると、寄附金受領証明書を発行できるようになる。証明書があると、寄附者は寄附額を所得税申告で税額控除できるようになる。そうなれば、寄附金を集めやすい。ぼくたちは、そう思った。しかし毎年、活動報告と会計報告を作成して会員総会に提出し、会員の承認を得て税務署に届け出なければならない。ボランティア活動だが、事務作業が増える。

ぼくは、日本でも募金活動をしなければならないと思った。寄附金は多分、日本のほうが集めやすいだろう。ドイツで登記社団を設立しても、日本では何の意味もない。任意団体として口座を開設し、寄附金を集めることにした。

二〇〇七年七月二五日、登記社団を設立する。募金活動をはじめて一年経っていた。設立イベントを、一年前と同じポツダム映画博物館で行った。会員として活動を支援してもらえそうな市民有志に声をかける。原爆体験者の秀人も招待した。ウーヴェが代表理事、ぼくが副代表理事、ニールスを監査役とした。理事が三人集まれば、登記社団を設立できる。

団体の名称は、「ポツダム・ヒロシマ広場をつくる会」とした。設立当日会員となったのは、理事三人を入れても一〇人にもならない。秀人は、妻アストリートと一緒に会員になりたいといった。それに対しぼくたちは、名誉会員になってもらいたいとお願いした。それ以降、会員数はほとんど増えていない。

登記社団設立のイベントを終えると、会場ではみんなが個別に立ち話をしていた。その時、秀人がぼくのところにくる。ぼくにいきなり、「語り部として原爆体験を話して、募金活動をしたい。できたら、そういう会をアレンジしてもらえないか」と語りかけてきた。予想もしていなかった。「それは、たいへんありがたいことです。ぜひお願いします」としか、ぼくには応えようがなかった。秀人は一年前とは、別人のように感じられる。語り部として原爆体験を伝えたい。強い意欲がにじみ出ていた。

秀人は一九九五年八月六日、ベルリン日本総領事館の依頼で原爆体験者としてドイツでテレビ出演している。その時、ノンフィクション作家ペーター・アウアーが原爆史の専門家として同席した。アウアーは、『ダーレムからヒロシマへ（Von Dahlem nach Hiroshima）――原爆の歴史（Die Geschichte der Atombombe）』（アウフバウ出版、一九九五年）を出版したばかり。その本は、秀人の関心とぴったり一致する。以前から、留学して退職するまでのダーレムの科学に係わる昔話を書いてみたいと思っていた。秀人は、アウアーの本を日本語に翻訳することにする。

アウアーの本に関心を持ったのは、科学者としてのことだった。秀人が科学者として一人立ちしたのは、ダーレムという地だ。そのダーレムで、核分裂が発見された。それがなかったら、自分は被爆していない。幸いこの本は、ドイツにおける原爆の歴史について描いている。原爆の投下によって日本で起こったことには触れていない。内面に抑えてきた過去の辛い体験を思い出さないでもいい。秀人は翻訳を、日本で本にしようと思った。日本で出版できたのは、二〇〇三年になってから。その間、原本の内容を日本人にわかりやすくするため、何度も修正する。原子力のことについても、科学的にわかりやすく説明し直した。秀人は、「二一世紀のシナリオ」という最終章を追記する。次の世代にメッセージを伝えたかった。本は、『ドイツの原子力物語――幕開けから世紀をこえて――P・アウアー原著「ダーレムからヒロシマへ」より』（総合工学出版会）として出版される。

ぼくはこの間に、秀人が語り部となる最初のきっかけをつかんだと思う。原爆に対して科学者として関心を持つ。それで、原爆体験から一歩距離を置くことができた。原爆体験の過去から少し解放されたのではないか。

もう一つの転機が、二〇〇五年九月にくる。秀人は愛知万博の最終日に名古屋で、外山茂樹（元名古屋大学工学部教授）と仁科浩二郎（名古屋大学名誉教授）とともに講演した。その時、自分の原爆体験を話している。はじめての体験だった。外山茂樹は秀人が出版した本の共著編者として、原本の改訂と出版で秀人に協力した。仁科浩二郎は、日本の原爆開発で中心的な役割を果たした仁科芳雄の子息。原本にあった仁科芳雄に係わる文章について、いろいろアドバイスする。その二人の後押しがなかったら、講演会は実現できなかった。

その時の反響は大きかった。ドイツでもやってはどうかと勧められる。家族からも、特に妹ヒデヨが「がんばって」と後押しした。こうした長いプロセスを経て、頑な秀人の気持ちが和らぎはじめる。秀人の転機と並行し、トルーマンハウスの前に記念碑をつくるプロジェクトがはじまる。その二つが、タイミングよくマッチした。秀人が語り部として、ドイツで原爆体験を語る枠組みができあがる。

秀人はあの時、語り部として活動したいといった。それが、ぼくたちの会にとっても、秀人にとっても、いかに大切なものになるのか。その時はまだ、誰にも想像できなかった。

ドイツが降伏する

ドイツとポーランドの国境は現在、オーデル川とその南のナイセ川にある。オーデル・ナイセ線といわれる。ポツダム会談において、暫定的に決まった。戦後いくつかの政治的プロセスを経て、ドイツとポーランドの国境が最終確定する。

オーデル川は、ベルリンの東を流れる。オーデル川から真西に走る道路が、国道一号線だ。国道一号線をオーデル川からまっすぐ西に走ると、ベルリンに至る。ベルリン市内をさらに西に進むと、ポツダムとの境界にあるグリーニッケ橋にくる。橋の真ん中辺りに、元東西ドイツの国境線があった。橋では戦後、東西ドイツのスパイなどが交換される。ポツダム会談では、米英ソの首脳が橋を渡って、会談の会場ツェツィーリエンホーフ宮殿に向かった。

国道一号線は、ポツダムを抜けてさらに真西に走る。最終的にはドイツ西端の都市アーヘンの近郊で、オランダとの国境線までつながる。国道一号線は、終戦まで帝国一号線といわれた。当時はオーデル川から東にも伸び、東プロイセンのケーニヒスベルク（現ロシア領カリーニングラード）にまで通じていた。

この帝国一号線がソ連赤軍にとり、ナチス・ドイツの首都ベルリンを襲撃するのに最も近道だった。オーデル川からベルリンまで七〇キロメートル。まず、オーデル川西のゼーロウ高地を乗り越えなければならない。高台を征圧するのは、軍事的にとても難しい。逆にヒトラーにとり、ゼーロウ高地はベルリンを守るための最後の砦だった。

オーデル川を挟みゼーロウ高地のちょうど東に、キュストリンの旧市街がある。一六世紀中頃に要塞となる。ヒトラーはベルリンを死守するため、まずキュストリンを軍事上の「要塞」とした。しかし一九四五年三月、ソ連赤軍に簡単に侵攻され、全壊する。旧市街は破壊されたまま、廃墟となっている。ぼくが二〇一五年に取材した時、数日前に戦没者の遺骸が六体発掘されたばかりだった。

キュストリン要塞は、ポツダムとも深い関係にある。プロイセン王フリードリヒ大王（二世）は皇太子（王太子）時代、父王フリードリヒ一世によってキュストリンに監禁された。皇太子には、同性愛指向がある。父王は、イギリス王女との婚姻を迫った。皇太子は逃亡する。父王はそれを、事前に察知。皇太子は拘束され、キュストリン要塞にある宮殿に監禁される。皇太子の逃亡を手助けしたのが、皇太子の親友カッテ少尉だった。少尉は捕らわれ、キュストリン宮殿の前で処刑される。皇太子はそれを、目の辺りに目撃しなければならなかった。一八世紀前半のことだった。フリードリヒ皇太子は後に、プロイセン王国の王フリードリヒ二世となる。その功績から大王と呼ばれる。ドイツの主食といえば、ジャガイモのことが思い浮かぶ人も多いと思う。ジャガイモの栽培を奨励し、普及させたのが、フリードリヒ大王だった。大王の居城がポツダムの

戦前と戦後のキュストリン
キュストリンは今、廃墟のままとなっている
2015 年 3 月 26 日、キュストリン要塞の門で撮影

サンスーシ宮殿。現在日本人も含め、たくさんの観光客が訪れている。

ゼーロウ高地からオーデル川の方向を見ると、長閑な農村の風景が広がる。それほど高台ではないようにも見える。高い所で、五〇メートル位の高低差しかない。この平和な田園地帯で、ナチス・ドイツとソ連の間で熾烈な戦いが行われた。

ソ連赤軍はポーランドに侵攻すると、一九四五年一月にはもうドイツ領プロイセン州に入った。二月、オーデル川沿いのキュストリンが包囲される。キュストリンを征服すると、次がゼーロウ高地だ。この高台を攻め落とすのが、ソ連赤軍にとり最大の難関だった。

高台を真正面から攻めたのが、第一白ロシア正面軍だ。ゲオルギー・ジューコフ元帥が指揮する。ソ連赤軍は総勢約一〇〇万人。それに対するドイツ軍は、わずか一二万人だった。戦い初日の四月一六日は、ジューコフ軍が完敗する。ソ連赤軍兵士は、沼地から高台に攻め上がろうとする。しかし高台から撃たれ、兵士が次から次と倒れていった。翌一七日も進軍できない。正面戦は硬直状態だった。高台の南側では対照的に、他の軍が順調に進撃を続ける。一八日と一九日、ジューコフは最後の総力をあげ、再び真っ向から正面突破を試みる。ゼーロウ高地が墜ちる。犠牲も大きい。ソ連赤軍は約三万人の兵士を失った。戦車一〇〇〇台も破壊された。ドイツ軍兵士約一万二〇〇〇人が戦没した。独ソ戦最後の激戦だった。

ナチス・ドイツ軍はその後、抵抗することなく後退する。四月二五日、ベルリンが包囲された。翌二六日、ジューコフの第一白ロシア正面軍がベルリンに攻め込む。ヒトラーは四月三〇日、ベルリンで自殺した。

五月七日から八日の深夜にかけ、ナチス・ドイツは戦場において連合国に降伏する。八日の夜遅く、ベルリン郊外カールスホルストにあるソ連赤軍司令部で降伏批准文書が署名された。会場は、元ドイツ工兵学校校舎のカジノ場。降伏批准文書に署名したのは、ソ連、イギリス、ドイツの三元帥。アメリカとフランスの元帥が連合国軍の証人として副署名する。ソ連は、ジューコフ元帥が署名した。

ドイツの降伏批准文書
2015 年 4 月、カールスホルスト独ロ博物館で撮影

ゼーロウ高地に記念館がある。ゼーロウ高地戦いの歴史を伝えている。そこから車で二〇分走ると、戦没ドイツ兵の慰霊碑と共同墓地がある。その横に小さな小屋があった。内部には、黒い横長の箱が何段にも積み上げられている。よく見ると、紙のようだ。小さな棺桶のようにも見える。箱には、戦没兵士の遺骸が安置されていた。共同墓地に埋葬されるのを待っている。

ゼーロウ高地の戦いのあった跡地では今も、年間二〇〇体余りの兵士の遺骸が発掘される。発掘作業をするのは、ヨアヒム・コツロウスキー。遺骸の発掘から身元の確認、埋葬までを、すべて一人で行う。「ドイツ戦没者埋葬地管理援護事業国民連合」の職員だ。連合は、戦没兵士の家族や元兵士が会員となって運営されている。

遺骸はまず、ドイツ兵のものか、ソ連兵のものかを識別しなければならない。ヨアヒムによると、ドイツ兵だったら、兵士を証明する楕円形のアルミバッジを首に巻いている。歯型や歯の治療の跡からも、ドイツ兵かソ連兵かを区別できる。歯の治療方法が違うからだ。ドイツ兵のバッジには、所属部隊や血液型などが記載されている。バッジの上と下は、同じ内容。バッジは、簡単に半分に折れるようになっている。戦死すると、上半分が遺体とともに残る。下半分は、生き残った兵士が持ち返るのだ。戦死したことを祖国に知らせるためだった。遺骸から、バッジが複数出てくることもある。その時、兵士を特定するのが難しい。兵士所属部隊の活動地域などから遺骸の身元を判断するという。

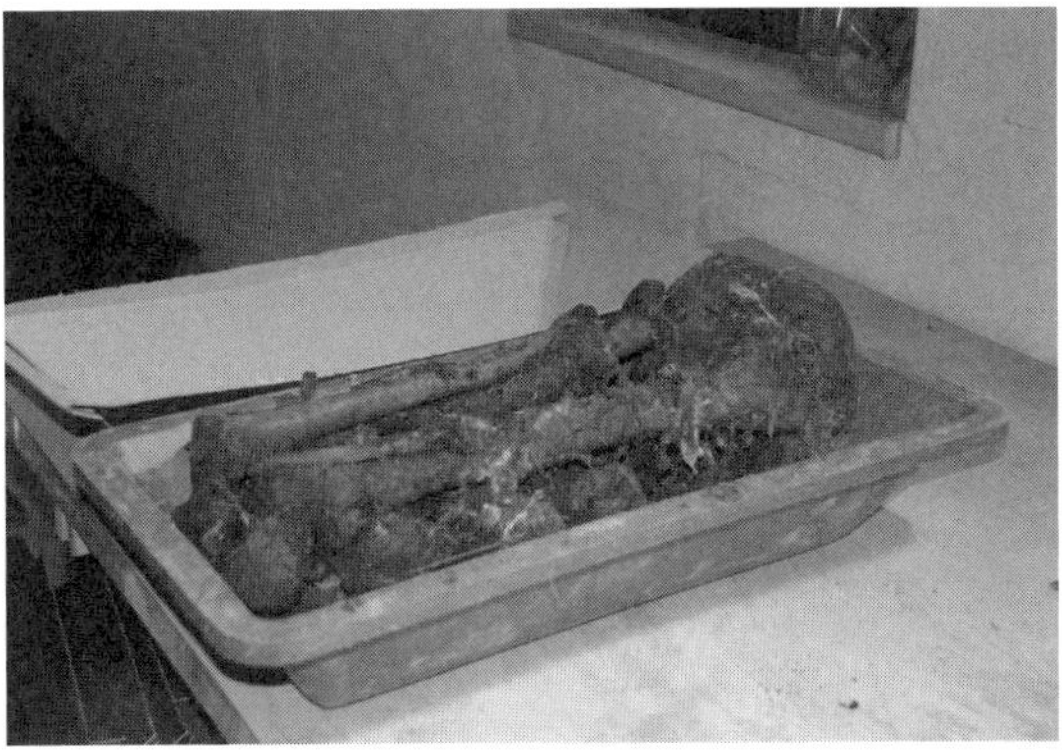

ゼーロウ高地で発掘された遺骸
2015 年 3 月 26 日、ゼーロウ高地近くの共同墓地で撮影

　発掘されたドイツ兵の遺骸は年一回、戦没者共同墓地にまとめて埋葬される。ソ連兵の遺骸は、ロシア大使館に引き渡される。ドイツ兵共同墓地の墓碑には、戦没した日が記されていた。推定できるだいたいの命日だ。身元を確認できても、所属部隊の戦闘記録からだけでは、いつ戦死したのか正確にはわからない。

　戦没者の発掘作業は、今も続けられている。ゼーロウ高地では、戦争の傷跡がまだポッカリと開いたまま残っている。

原爆体験者が募金活動をはじめる

原爆体験者の外林秀人は、語り部として募金活動をはじめたいといった。それから、数か月が経つ。突然、秀人から連絡が入る。ベルリン日独センターで、語り部として原爆体験を話すことになった。参加してほしいという。二〇〇七年一一月一日だった。ベルリン独日協会が共同主催。秀人は、協会の名誉会員だった。

秀人がまず、広島で被爆した時の体験を語る。その後、「ヒロシマ広場をつくる会」について話をはじめた。するといきなり、ぼくに前に出て会について説明するようにいう。ぼくには、突然のことだった。事前に何もいわれていなかった。準備もしていなかった。色あせたトレーナーとジーンズで、かなりラフな格好だった。観念して、簡単にドイツ語で会のことを紹介する。

秀人はこの時、ドイツではじめて語り部として原爆体験者であることを公言した。自分でそう定義する。七七歳の時だった。それまで沈黙し続けた苦悩は、ぼくには想像ができない。その後、ベルリン独日協会の仲介で各地の独日協会から次から次に講演依頼がきた。秀人はぼくに、講演会でヒロシマ広場のことを説明し、募金もしてほしいという。ぼくは、広場について説明するスライドを用意。募金箱もつくった。募金用のチラシは、前年すでに印刷してあった。

秀人から知らされた限り、二〇〇七年一一月から二〇一一年一二月までの間に、秀人は少なくとも四〇回以上講演を続けた。オランダやスイス、オーストリアなど、国外でも原爆体験を語って募金する。ぼくはそのうち、二〇〇八年末まで七回、秀人に同行した。ぼくが行ったのは、ハノーファー、リューネブルク、オルデンブルク、オスナブリュック、ミュンヒェン、ハレ、ライプツィヒくらい。仕事で都合の悪い日は、行けなかった。日帰りでベルリンに戻ってこれない場合も、諦める。会には、ぼくの交通費を負担するだけの余裕はない。ましてや宿泊費はもっと無理だった。

ぼくは昼過ぎまで仕事をして、車で直接講演会場に向かった。秀人の語りが終わると募金。参加者とも交流する。ぼくは最後にいつも、「今日体験したことを持ち帰ってください。機会があれば、今日の体験を家族や友人、知人の方たちに話してください」といった。日常の会話では、政治的な話が敬遠される。「ダサイ」とも思われる。個人が体験したことであれば、そうでもない。「ヒバクシャから原爆体験を聞いたよ」と、体験を共有することもできるはずだ。日常生活において、こうした小さなことからはじめる。それが、過去を伝えることになる。

講演会が終わると、ぼくは車でベルリンに戻る。帰宅するのはいつも深夜だった。ドイツ南部のミュンヒェンでの講演は遠すぎて、日帰りは無理。日中列車で行き、夜行列車で戻った。

秀人は長い間、糖尿病に苦しんでいた。妻のアストリートは、秀人よりも数歳年上。互いに高齢だった。秀人が講演で留守にする間に、どちらかに何かあるとまずい。講演に出る時はいつも、二人一緒だった。二人には愛犬のダックスフンドがいる。レストランで食事をする時も、一緒に連れて歩いた。よくカツレツをもらっていたのを覚えている。秀人は二〇〇八年二月、広島市の姉妹都市ハノーファー市の新市庁舎で講演する。その時も、愛犬が「同行」した。しかしそれ以降、犬を連れて歩かなくなる。一緒に連れて歩くほうがたいへんだからだ。留守の間、愛犬を預けることにする。しかしその手配もいつもたいへんだと、よくこぼした。

高齢なので、講演に出かける時は時間的に余裕を持って出かける。現地では、最低二泊していたと記憶する。高齢の秀人とアストリートには、何から何までがかなりの負担だったと思う。それを、四〇回以上もこなした。「すごい」としか形容のしようがない。そのパワーには、頭が下がるばかりだった。しかし秀人は自分の負担より、ぼくの負担のほうを気にする。ぼくが講演後、そのままベルリンに戻るのを心配した。「気をつけて運転して帰ってよ」と、よくいわれた。

二〇〇八年一一月と一二月に、ドイツ南西部のフライブルク、ドナウエッシンゲン、ハイデルベルクでの講演が予定されていた。しかしこの三回は、遠方すぎてぼくにはいけなかった。募金も、秀人にお願いする。ぼくの負担を察してのことだと思う。秀人は、「これからは、ぼくが募金もするから（もう付き添ってもらわなくても）大丈夫だ」といった。秀人のことばに甘えることにする。募金箱を託した。後ろ髪が引かれる思いだった。

講演から戻ると、秀人から電話がくる。秀人の自宅近くのホテルのロビーで、募金箱を一緒に開けた。アストリートも一緒だった。集まったお金は、ぼくが会の募金口座に入金する。いつもコインが多くて細かい。銀行ではよく、一言三言苦情をいわれた。

白旗を掲げる

クラウス・アールトは、当時一一歳。「戦争が終わったのか、まだ終わっていないのか。誰もよく知らなかった」と話した。生活する地区によって、戦中の生活環境が全く異なる。クラウス少年の暮らすバーベルスベルクでは、建物があまり破壊されていなかった。しかし頻繁に停電し、ラジオ放送はうまく受信できない。新聞も、ほとんど手に入らない。住民には、戦争の正確な情報が届かなかった。

バーベルスベルクに、ソ連赤軍が侵攻してくる。地域の雰囲気が突然、異様になった。女性は、ソ連兵から性的暴力を受けることを心配する。こどもであろうが、高齢であろうが、ソ連兵がくると女性たちはすぐに身を隠した。いつソ連兵が現れるか。女性は怯えながら暮らした。

バーベルスベルクの住民がある日突然、自分の家の窓に白旗を掲げる。クラウス少年は、誰が指示したのか知らなかった。ナチス党の命令でないことは確かだ。親衛隊全国指導者ハインリヒ・ヒムラーが一九四五年四月三日、白旗を掲げた家の男はすべて射殺せよと命令していたからだ。

少年の家には、少年以外に男っ気はない。父は出征していた。安心して、窓に白旗を掲げる。といっても、シーツをそのまま掛けただけだった。白旗を掲げた家々の前に、住民が立っている。男の子か、女性しかいなかった。女性は、小さな女の子か老婆だけ。みんな、問題ないだろうと安心していた。突然、銃を持った兵士が一人現れる。ドイツ兵だった。年老いた女性と、こどもしかいないはずだった。ところが兵士は、ある家の中から若い男性を一人見つける。「医師の卵だったと思う」と、クラウスはいった。

兵士はすぐに、若い男性を捕まえる。片手で銃を持ち、もう片方の手で若い男性の腕を抱えた。「お前らは、売国奴だ！」と、大きな声で狂ったように怒鳴り散らす。クラウス少年は、男性がすぐに射殺されるのかと思った。少年の膝がブルブル振るえる。しかし男性は、射殺されなかった。クラウスがニタリとした。「ドイツ人らしいといえば、それまでなんだがね」と、まず前置きする。兵士は、男性を交番まで連行して引き渡すつもりだった。「ドイツ人は、いつどこでも秩序正しいね」と、クラウスはニタニタ笑う。

隠れていたはずの男性の若妻が出てくる。「どうか、夫を助けて‼」と懇願した。兵士と夫を追いかけようとする。泣き崩れて地面に倒れてしまった。まもなくして、兵士の姿が見えなくなる。若い男性も見えなくなった。住民は何も語ろうとしない。そのまま自宅に入った。辺りはシーンとしている。若妻のすすり泣く声だけが、かすかに聞こえた。

それから、少し経った。クラウス少年は、交番に連れて行かれたはずの男性が一人で戻ってくるのを見る。ドイツの警官は、ソ連兵を怖がっていた。警官だとばれると、どうなるかわからない。私服を着て、一般市民の中に紛れ込んでいた。交番には、警官が一人もいない。兵士は「売国奴」を、警官に引き渡すことができなかった。若い男性は射殺されず、兵士から逃げてくる。九死に一生を得た。

数日後ポツダムでは、銃撃戦の音が聞こえなくなる。ポツダムは、ソ連赤軍に占領された。

募金活動がライフワークとなる

ヒロシマ広場の記念碑は、原爆投下六五年となる二〇一〇年夏に完成させる予定だった。日本では広島を中心に、寄附金が集まる。それに対しドイツでは、秀人が原爆体験を語りながら寄附金を集める以外、ほとんどカンパが集まらない。秀人の集めてくる寄附金は、何ものにも変えがたいものだった。二〇一〇年春、ドイツにおいて匿名で多額の寄附があるまでそういう状況が続いた。

秀人は機会があれば、語り部としてドイツの学校で青少年たちの前で原爆体験を語ろうとした。若い世代に、原爆投下のことを知ってもらいたい。そう願った。生徒たちからはその後、秀人に感想文が届く。それを何とかまとめて公開できないか。あるいはそれを機に、日本とドイツの生徒が一緒に原爆の問題でディスカッションするプラットフォームはできないか。そう考えたこともある。でもぼくたちには、それだけの力も余裕もなかった。まず、記念碑を完成させる。それが、ぼくたちに課せられた使命だ。

ヒロシマ広場をつくる会を立ち上げる時、ぼくは記念碑を設置するだけでは不十分だといった。原爆投下について伝え、過去が二度と繰り返されないようにするため、記念碑を設置する以外にも活動するべきだ。そう提案した。特に若い世代と活動することが大切だと思った。しかしぼくは、猛反対される。会の活動は、記念碑を設置することだけに限定する。それ以上のことはできない。記念碑ができたら、会を解散する。そういわれた。

ぼくは納得できなかった。記念碑が完成しても、追悼式典を含め、何も活動できなくなる。ぼくは抵抗した。広島と長崎への原爆投下を記憶するため、何かイベントを実施できるようにしておいたほうがいい。「念のため」という条件付きで、記念碑を設置する以外に原爆投下に関して催し物を開催できることを会の定款に入れてもらう。

秀人は高齢だ。毎月一回から数回講演に出るのは、過酷な重労働だった。しかし秀人は何かにとりつかれたかのように、各地を回り続ける。秀人の健康を考え、活動にブレーキをかけるのは不可能だった。語り部として各地で、原爆の体験を伝える。その時に寄附金を集めて、トルーマンハウスの前に記念碑を建てる。それが、秀人のライクワークになっていった。

秀人は語り部として、ドイツ語で原爆体験を語る原稿を用意していた。それを朗読した。ここでは、その日本語版を挙げておく。秀人はよく、一六歳で被爆したといった。これは数えで一六歳。満一五歳だった。

『一九四五年八月六日の外林の日記』

1　私は当時一六才の中学生で、広島高等師範学校に設けられたエリート学級に通学し、工場の勤労奉仕を免除され、学習に専念していた。八月六日の八時から、二四名の学生が校舎の二階の角の部屋で化学の授業を受けていた。校舎は木造の建物で、爆心地より一・五キロメートルに位置していた。

2　八時一五分、授業中、ピカッと巨大な写真のフラッシュのような光が目を貫き、ドカンという音を耳にしたとき、建物が崩壊したらしい。日本語で閃光をピカ、ごう音をドンと言うので、広島の人々は原子爆弾のことをピカドンと名付けている。

3　何がなんだか分からないまま、私が気がつくと、上のほうから光がさしており、障害物を取り除くと自力で這い出すことができた。建物は吹っ飛び、方々から火の手があがっていた。

4　友人光明君が負傷して閉じ込められ、助けを求めているのが見えた。出口を塞いでいる材木を懸命に除き、彼を助けだした。そのうちに火が広がり、早く逃げないと火に巻き込まれてしまいそうになった。誰か下の方から助けを求める声が聞こえていたが、もはやどうにもならず負傷した光明君を連れて逃げた。

5　光明君は、片耳が切れて垂れ下がっていたが、歩くことはできた。そこから川を二つこしたところに舟入の自宅があるのでその方向に待避しようと考えた。橋が燃えていて渡れないので、小舟を探し、それに光明君を乗せ、それを押しながら泳ぎ、二つの川を渡った。舟入の南の江波に診療所があることを聞き、光明君をそこに連れて行って、別れた。光明君は姫路の出身で、そこから自宅に帰り死亡したと聞いている。

6　私の舟入の自宅は爆心地より南二キロメートルの所にあり、木造建てであった。ピカで干してあった布団に火がついたが、父が在宅しており直ぐ消火したので、家の全焼は免れた。

7　母は町内の勤労奉仕の日で、町の中心部で、防火のため道路を広げる作業に早朝から出ていた。父は中学校の教師をしていたので、普通なら勤労奉仕の学生と共に町の中心地にいたはずであったが、母が朝早く家を出たため出勤を少し遅らせ家にいた。母が、もしその日が勤労奉仕の日でなければ、家にいて、父が町の中心部にいたであろう。いずれにせよ、父か、母が爆心地にいる運命であった。もし原子爆弾がもう少し遅く爆発していたら、父も、母も町の中心部に居たであろう。

8　当時、田舎の知人の息子、沖増君を家に預かり、中学校に通学させていた。父と私は、母と沖増君を探さねばならなかった。先ず最初に沖増君を探すことにした。

9　彼の仕事場は爆心地近くの本川橋の近くと分かっていたので、父と爆心地の本川橋の方に出かけたのは、昼頃であった。爆心地に近づくにつれ、次第にそこはまさに地獄のような光景になってきた。火傷で腕の皮が剥がれ、手の先から垂れ下がり、粉塵で真っ黒になり、幽霊のようにぶらぶらと歩いている人。こどもの死体を抱えて、気が狂ったように叫んでいる人。

10　本川橋付近の光景もすさまじいものであった。多くの人々が水を求めてであろう、川への下り口、階段に人が放射線状にぎっしりと詰め掛け、倒れていた。

11　橋の上からみると、水面上には多くの死体が浮かんでいた。その死体の一つが、沖増君のうつむきの寝姿によく似ているように思えた。それを確かめるために人をより分けながら下の方に下りて行った。死んだように倒れている人が、みんな生きており、「水を呉れ」、「わしの家に連絡してくれ」と足を掴んで頼まれるが、どうすることも出来なかった。夢中で川に入り、泳いで目指した死体に到着し、それが沖増君であることを確かめて、引き上げた。舟入の家に連れかえり、間もなく両親が田舎から出てこられ、沖増君の遺体を渡すことが出来た。六日の午後三時頃であった。

12　次いで、母を探しに、広島日赤病院に父と出かけたのは六日の午後であった。日赤病院は、私が被爆した近くにあって、母が爆心地から逃げて、日赤に行ったような気がしたからである。午前中は橋が燃えていて渡れなかったが、午後は火が消えて歩いて渡れた。病院の建物はコンクリート造りで崩壊せず残っていたが、一部に火災が起きて次第に広がっていた。

13　各部屋は負傷した人で満ち溢れていて、母を探して回ったがなかなか見つからなかった。火災が次第に広がり人々は移動していた。火の手が回る最後の部屋で、幸運にも母を見つけだした。意識はしっかりしており、見た所何も傷は無かったが、動けない状態であった。発見がもう少し遅れていたら、そのまま火に巻き込まれていただろう。母をリヤカーに載せて舟入の家にかえったのは六日の夕方であった。

14　三日後、八月九日に母は死亡し、近くの畑で火葬に付した。三五才であった。母を見つけ、死に水をとり、野辺の送りができたのは、せめてもの気休めであった。

15　爆心地の近くの親戚や知人が、舟入の家に逃げてきた。怪我もなく元気そうだったが、やがて髪が抜け、歯茎から血がでるなど典型的な原爆病の症状があらわれ、八月中に次々と死んでいった。

記念碑ができると、秀人はどうなるのか。その後も、語り部として原爆体験を語り続けてほしい。いや、もらわなければならないと思った。ライフワークが達成されると、気力を失ってしまう人も多い。ぼくは、とても気になった。秀人には、そうなってほしくない。記念碑が完成すると、ぼくは秀人に会うごとに、「いつまでも、語り部を続けてください」といい続けた。

二〇一一年九月だった。ぼくは列車で、ドイツ北部のハンブルクに向かっていた。放射性廃棄物の中間貯蔵施設と最終処分調査坑のあるゴアレーベンに行くためだった。その近くで有機農業を営む農民を取材する。農民は原発に反対するため、牛舎の屋根に共同でソーラーパネルを設置していた。

その時偶然にも、同じ車両に秀人とアストリートがいた。『平和大使』として、ドイツ北部の港町キールで原爆体験を語る予定だという。ぼくは、秀人が語り部として活動を続けているのを知って安心した。ところが秀人は、「平和大使になんか、なるもんじゃない」という。外務省の手続きが細くてとても面倒。「原爆体験者が高齢であることを何も考えてない。平和大使にはなるもんじゃない。これがはじめで最後だ」と、憤慨していった。

秀人には一か月半前の八月六日、ヒロシマ広場で会っていた。この時、秀人はポツダム市長立会いの下で、ポツダム市の「金の本（das Goldene Buch）」に記帳する。これは、秀人がポツダム市の名誉市民になったということ。この時アストリートから、秀人の肝臓の具合がよくないことを聞いた。検査のため、すぐに再入院するという。

ぼくはゴアレーベンで取材した後、日本に一時帰国する予定だった。日本では、福島市の市民測定所を訪ねる。一か月半前、その創立者たちがベルリンにきていた。チェルノブイリ原発事故後に、旧西ベルリンで市民測定していた市民たちと交流する。福島市ではすでに、市民測定所がオープンしているはず。東京で開催される「放射線防護に関する市民科学者国際会議」にも参加する予定だった。

そのことを秀人に話すと、秀人は福島第一原発事故の問題について語り出す。事故で被ばくした市民たちが、これから日本社会でどう見られるのか。秀人は原爆体験者として、たいへん心配した。広島と長崎の原爆被害者のように、社会から疎外されてはならない。福島の市民がそうなることをたいへん恐れた。同じことが二度繰り返されてはならない。秀人はそう願った。

ぼくたちは、ハンブルク中央駅に到着した。秀人とアストリートは、そこでキール行きの列車に乗り換えなければならない。アストリートが乗り換えがよくわからないといった。ぼくは、アストリートから乗車券を見せてもらう。到着ホームと同じホームで対面乗り換えすればいい。ぼくは、すでにホームに入っていた列車に二人を乗せた。その後、空港駅行きの電車に乗る。空港にはロンドンから、取材のためにテレビクルーがくる予定だった。

秀人に会うのは、それが最後となる。ぼくはその時、秀人にもう会えないとは想像もしていなかった。

ジャガイモを収穫する

ポツダムでは食糧品を配給するため、食糧品チケットが配布されていた。戦争がはじまると、チケットなしに食糧品を手に入れることはできない。チケットは、(一)重労働者、(二)労働者、(三)ホワイトカラーの勤め人、(四)こども、(五)その他無職者の五つに分かれていた。野菜と果物に特化された食糧品チケットと、パンチケット、肉チケット、脂肪分チケット、卵チケット、ジャム／砂糖チケットがある。脂肪分チケットとは、牛乳の配給チケットのことだった。

チケットを持っていても、食糧品が手に入ったわけではない。配給してもらえるのは、自宅近くのお店だけ。配給店は、食糧品の種類に応じて厳密に指定されていた。牛乳を必要とするこどもや妊婦、病人に対しては、一日に摂取する牛乳の量も厳しく規定される。食糧品を配給する規定は、日に日に変わる。住民はいつも、規定が変更されていないかどうか注意しなければならなかった。

クラウス・アールトは、「(食糧品チケットは)単なる紙切れでしかなかった」といった。クラウスは終戦直後、まだ一一歳。食糧品そのものが街にない。チケットを持っていても、食糧品が配給されないことのほうが多かった。住民は、何を食べて生きていけばいいのか。食べることのできるものなら、何でもいい。それでも、手に入らない。小さなこどもでさえ、何か食べるものがないか探してこいといって外に放り出された。

「今朝、パン屋にパンが並ぶぞ」と、巷で口コミ情報が出回る。クラウス少年は母から、すぐにパン屋に急がされた。大人やこどもがすでに、パン屋の前に並んでいた。そのうちに、ソ連赤軍のトラックがくる。兵士は、あるだけのパンをトラックに載せて去った。パンをもらえたのは、ソ連兵がくる前にパンを配給された住民だけだった。ごくわずかだった。毎日、同じことが繰り返される。

少年は「誕生日に何がほしい?」と、自問したことがある。その時は、大きなパンを丸ごと一つプレゼントしてほしいと思った。その願いは夢のようだった。住民はいつも、腹を空かしている。痩せこけていた。少年は何回も、汽車に乗って農家のところへ走る。自分の家にある金目の物を持たされた。金の時計などだ。農家ではそれと交換に、食糧品を分けてもらう。

食糧品がまったくなかったわけではない。一九四五年は初夏から夏にかけ、とてもいい天気が続いた。戦争がなければ、豊作になったに違いない。しかし農地は、爆撃で破壊されていた。農民は攻撃を恐れ、農作物の手入れができない。それが、収穫の減った原因だった。一九四五年の収穫は、農作物全体で例年の三分の二にしかならないと予想された。麦が例年の四分の三、ジャガイモは例年の半分程度だった。

ポツダムは、農地に囲まれている。近郊には、くだものの産地ヴェルダーがある。イチゴが栽培され、桜の木もある。初夏になると、サクランボがたくさん収穫できたはずだ。それでも、食糧品不足が深刻だった。農産物があっても、輸送できない。トラックは、爆撃で破壊されていた。たとえ動いても、燃料がない。男手を戦争に取られ、終戦直後はまだ、収穫する労働力も十分になかった。

食糧品不足に拍車をかけたのが、難民の流入だった。ナチス・ドイツの敗戦で、ドイツが占領していたオーデル川東の東プロイセンやドイツ領プロイセン州（現在ポーランド、ロシア、リトアニア）から、ドイツ人移民がたくさん祖国に逃げ戻ってくる。一二〇〇万人から一五〇〇万人といわれた。食糧品の需要が急増する。食糧不足がより深刻になった。

一九四五年夏の新聞を見ると、ジャガイモを収穫するニュースが何回も掲載されていた。ベルリンやポツダムから、住民がトラックに乗って収穫を手伝いに行く。トラックがあっても、動くのか。使える車は、どこからでも集めた。朝早くから集合場所には、たくさんの住民有志が集まっている。五〇〇人くらいになることもあった。ほとんどが女性だった。

女性たちはからだを寄せ合い、ギューギュー詰めになってトラックの荷台に座る。農地に着くと、すぐにジャガイモの収穫をはじめた。農作業に必要な作業衣や作業靴はない。女性たちは、軽装そのものだった。シャベルやクワ、手袋も持参するしかない。しかし女性のほとんどが、持っていない。女性たちは素手で、ジャガイモを土から掘り出した。

ソ連兵が三人、クラウス少年の家にきたことがある。母はすぐに隠れた。家の庭に、桜の木がある。サクランボの実がなっていた。兵士たちはサクランボを食べたいという。クラウス少年は、「マルク（お金）持っている？」と聞いた。兵士たちがきょとんとする。少年は、「一マルクだよ」といった。兵士たちは、「ドイツェ（ドイツ）・マルク、ドイツェ・マルク」と、なまりのあるドイツ語で返答する。少年には、何のことかよくわからなかった。そんなお金のことは聞いたことがない。それでも、「ドイツェ・マルクでいいよ」といった。

兵士は少年に、見たことのない紙幣を手渡した。一二〇ドイツ・マルクもある。まったく知らない紙幣。おもちゃのお金かと思った。兵士が去ると、すぐに母親が出てくる。もらった紙幣を見せた。母親もそんなお金は知らない。

後になって、それが連合国軍のマルク紙幣だったことがわかる。少年が持っていたのは、米国が印刷したものだった。一九四九年に東西ドイツができるまで、ドイツは連合国四か国によって占領統治される。その軍政期に、連合国軍がドイツのライヒス（帝国）マルクと平行して使った通貨だった。ドイツの紙幣というよりは、米国風の感じがする。ソ連が発行したものもあることを知った。米国製とは少し違っていた。

お金はお金だ。少年はそう思った。ソ連兵にサクランボを少し食べさせただけ。それで、一二〇ドイツ・マルクも稼いだ。してやったりと、誇らしく思った。

記念碑を構想する

二〇〇八年秋になった。募金活動をはじめて、一年あまりになる。それまで集まった寄附金では、記念碑を建てることはできない。戦後六五年の二〇一〇年夏には、記念碑を完成させたい。まず、記念碑を具体的に構想しなければならなかった。記念碑は、碑文を入れるだけの小さなものでいい。ぼくたちはそれまで、漠然とそう考えていた。

そのうちに秀人が、友人に日本人石彫家がいるがどうかと提案した。石彫家からすぐにメールがくる。現場を見たい。石彫家は、藤原信。京都芸大卒業後、旧西ベルリン芸大に留学する。同大で講師を務めた後、広島の姉妹都市であるハノーファーの応用科学芸術大学の教授となった。定年退職後、ノルウェーの石切り場で作品を創り続けている。ノルウェーとハノーファーを行ったりきたりする生活をしていた。メールには、信の作品の写真がいくつも添付されている。どれも、大きな石の作品ばかりだった。

信はハノーファー時代、広島市立大芸術学部とハノーファー芸大の間で交換留学制度をはじめる。ハノーファー芸大に彫刻科がなくなると、交換留学制度はベルリンのヴァイセンゼー芸大に引き継がれた。毎年八月六日、ハノーファーの教会では石を叩く行事が続けられている。信が発案したのだった。信は岐阜県出身。だが広島と、深く係わっている。

ほとんどすぐという感じで、信がベルリンにきた。ぼくとウーヴェが、ポツダムのヒロシマ広場を案内する。その時信は、ノルウェーにちょうどいい石があるといった。平な細長い石で、演劇の舞台にも使えるくらい。三六トンほどあるという。それが、どれくらいの大きさなのか。ぼくには想像もつかなかった。ノルウェーに戻ったら、写真を送るといわれる。

少しして、石の写真が送られてきた。石には、うっすらと雪が積もっている。カラーなのに、ほとんど白黒のような写真。横幅が九メートルもあるという。とても大きい。ぼくたちは誰も、そこまで考えていなかった。石には、どれくらいお金が必要なのだろうか。想像もできなかった。今の状況で、大きな石を負担するだけの資金はない。それだけは、はっきりしていた。

ぼくたちは当初、数千ユーロ（数十万円）あれば、記念碑はできだろうと考えていた。その程度の小さな記念碑でいい。こんなに大きな石では荷が重すぎる。ただ資金を集めるのに、まだ二年近く時間がある。石を買うのに、どれくらいの資金が必要なのか。まず、それを知りたい。

信は、石切り場の石屋に聞いてみないとわからないといった。数万ユーロ（数百万円）はかかるだろう。話にならない。ぼくたちには無理だ。しかしウーヴェとニールスは、秀人の推薦だし、断るのはどうかなという。ぼくは、とても面白い石だと思った。その時はまだ、直感だけだった。

ノルウェーは、ナチス・ドイツが原爆開発のために重水を調達しようとしたところ。重水工場は連合国軍とノルウェーの抵抗運動によって破壊され、重水の輸送は阻止された。歴史からすると、ノルウェーの石は原爆と無縁ではない。

それだけの資金を集められるのか。ウーヴェが、「ハッソー・プラットナーが、トルーマンハウスの前をいつも通っているはずだ。これまでポツダムの復興に、たくさんのお金を提供してきた。

寄附してくれないだろうか。チャンスがあるのではないかと思う」といった。トルーマンハウスの近くに、英国チャーチル首相がポツダム会談時に滞在したチャーチル邸がある。そこに、ハッソー・プラットナーが暮らしている。世界でも有数のドイツのソフトウエアメーカーSAPの共同創立者だ。それは、いいアイディアだ。ぼくは、トライしてみるしかないと思った。まだ少し時間がある。大きな石を買うため、スポンサーを探してみよう。ウーヴェがその他にも、大口のスポンサーを探すといった。ぼくたち三人は、信の提案した大きな石の取り扱いを保留する。

ぼくはそれから約一年間、信と一緒に記念碑の構想についてじっくり話し合った。まず、広場の地図が必要だった。ウーヴェがポツダム市当局から内々に、地籍図のコピーをもらってくる。地籍図とは、公的な土地の区画地図のこと。土地の境界がはっきりわかるようになっている。地図を見てはじめて、広場の真ん中にある建物と土地が個人所有になっているのがわかった。以前、郵便局として使われたところだ。三角形の広場においてポツダム市が所有する土地は、広場東側にある小三角形エリア（カール・マルクス通りとルドルフ・ブライトシャイト通りの角）か、広場北側にある小三角形エリア（カール・マルクス通りとアウグスト・バーベル通りの角）しかない。ちょうど北側の小三角形部分が、トルーマンハウスの真正面に位置する。

記念碑を設置するエリアを決めるのは、簡単だった。トルーマンハウス正面にある小三角形しかない。信とぼくは地図上で、大きな石をいろいろな角度で小三角形の中において見た。大きな石は、トルーマンハウスに向かって並行に置くのが一番いいと、信はいった。大きな石の手前に平石をおいて、そこに碑文を入れる。ぼくは、二つの石を地図に入れてみた。

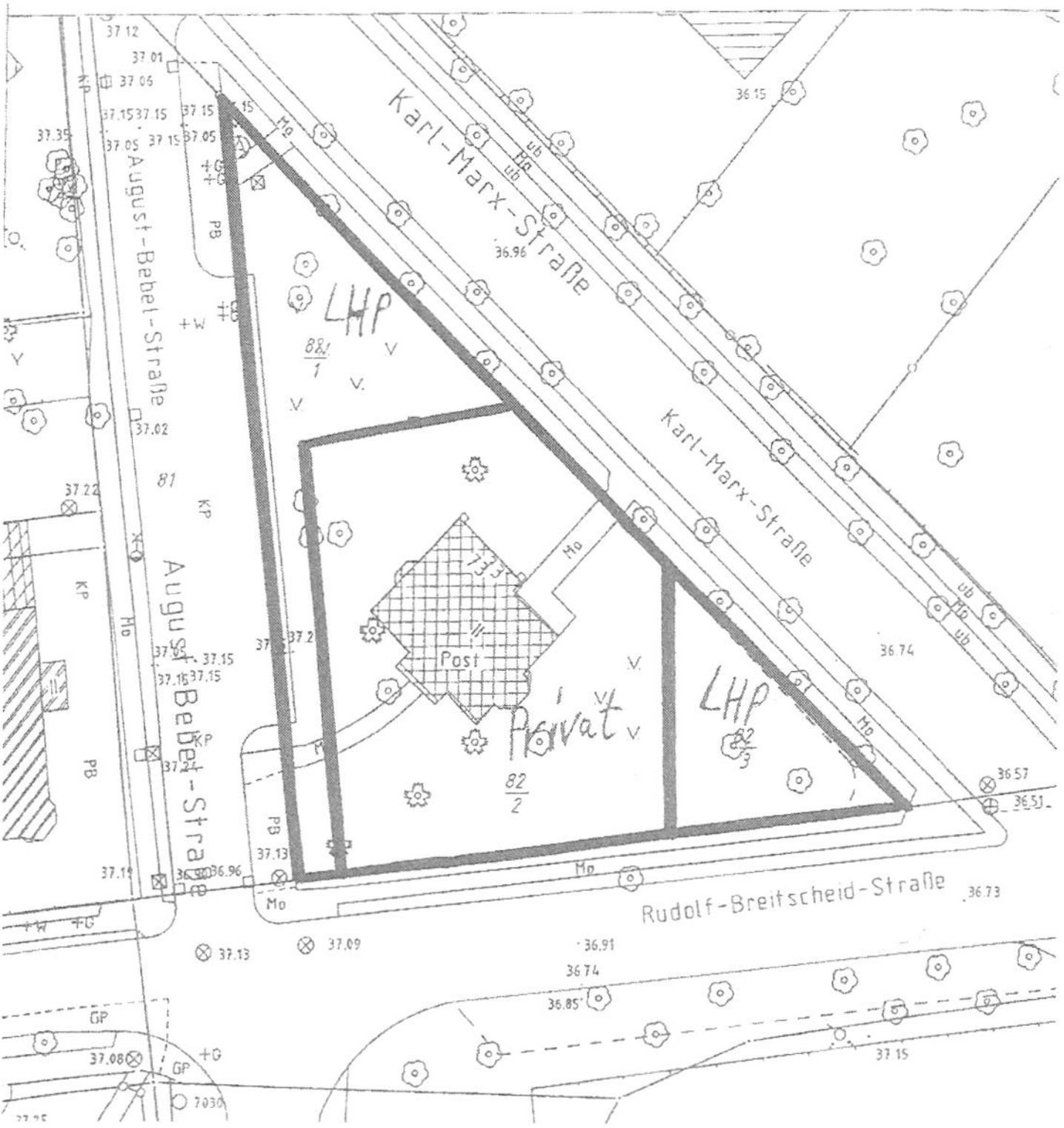

地図中、外側の太線で区切られた三角形がヒロシマ広場（当時）の全体
真ん中の格子線部分が元郵便局だった建物
三角形上部と右側にある小三角形が
ポツダム市の所有（地図中、“LHP”と手書きされているエリア）

石の左側に、栗の木が二本ある。信はよく、それが邪魔だといった。伐ってしまいたい。ぼくはその度に、それは無理だと説得しなければならなかった。木は勝手に、伐採してはならない。市の許可が必要だ。許可されるのは考えられない。

信は、大きな石をどう加工するつもりなのか。ぼくには想像もつかなかった。何もしないで、そのまま置くとも思えない。信は少し経ってから、石の側面だけを自分で磨くつもりだといった。それ以外は、自然のままがいい。碑文を入れる平石は機械で切断して、石の底以外は機械で平に研磨する。信はそれを、ノルウェーでしてもらうといった。

作業はいずれも、二〇一〇年になってから開始すればいい。今はまだ、資金の目処が立っていない。作業をはじめるのは、できるだけ先に延ばしたい。ただ遅くとも二〇一〇年春までに、ポツダム市の関連部課から設置許可をもらわなければならない。そのためには事前に、関連部課の責任者に記念碑の構想をプレゼンテーションする必要がある。

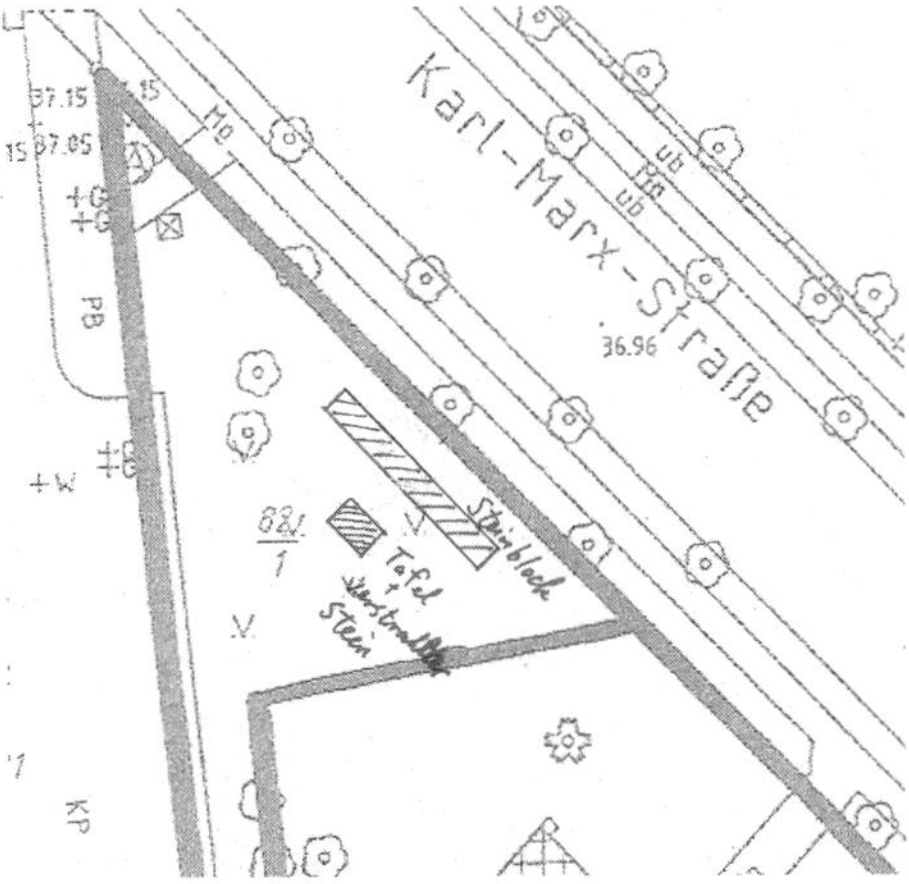

地図の三角形部分が広場北側の小三角形エリア
手書きの斜線部分が大きな石と碑文の入る平石

大口スポンサーはどうなったのか。ウーヴェに聞いても、まだとしか返事がなかった。SAP創立者のハッソー・プラットナーを紹介してもらう人が見つからないという。ぼくは、可能性のある大口スポンサー宛に出すレターのドラフトをつくろうといった。それに記念碑の構想を添付して、寄附をお願いしよう。

それをまず、ハッソー・プラットナーに直接送ることにする。まもなくして、ウーヴェに返事が届いた。寄附できないという。支援するのは、研究開発を目的としたプロジェクトに限定している。それが理由だった。一番期待したスポンサー。それだけに、ショックは大きかった。どうすればいいのだろうか。ぼくは、可能性のありそうな財団やスポンサーに寄附をお願いする手紙を送り続ける。返答は同じだった。とてもすばらしいプロジェクトだ。しかし、助成はできない。

二〇一〇年春偶然に、ドイツで匿名の大口寄附者を見つけることができた。降って湧いたような幸運。ドイツで集めた寄附金全体の半分以上を占める額だった。それに日本で集めた寄附、秀人の講演で集まったお金をまとめると、碑文を入れる平石だけは、石代と石の加工費、輸送費、碑文の加工費、工事費などすべてを自力で負担できる。

問題は、あの大きな石だった。ぼくたちにはあまりにも荷が重すぎる。そうわかった時、秀人は平石さえあればいいといった。大きな石はいらない。ウーヴェとニールスも、それでいいといった。信が考えた構想はどうなるのか。無視するのか。ぼくは、信なしに決めることはできないと思った。大きな石がないと記念碑にならないと、信は思っている。絶対に譲らないと思う。

ぼくはショックだった。見放されたと思った。どうしたらいいのか。迷いに迷う。ぼくたちが平石分しか負担できないことを、信にはっきりいおう。大きな石が必要かどうかは、信に判断してもらうしかない。ぼくは、そう提案した。平石には、碑文が入る。碑文の入った記念碑というのは、はじめから考えていた。大きな石はむしろ、信の作品というべきものだ。記念碑にどうしても大きな石が必要というなら、信に負担してもらうしかない。阻止もしない。大きな石のことは、信の判断に任せる。信には、とても厳しい結論だった。ぼくは、たいへん申し訳ないと思った。信に合わせる顔がない。しかし、こう妥協するしかなかった。さもないと、信の思いを実現できない。

みんなは、ぼくがそう思うならと賛成してくれた。ぼくが伝える。ノルウェーにいる信に電話をした。信は現実を知らされると、とてもがっかりした口調になる。「借金してもいいから、大きな石を持ってくる」といった。「大きな石なしに、記念碑は考えられない」と、何度も繰り返した。信はよく、「石が周りを変えるぞ」といった。そのためには、大きな石がなくてはならなかった。それがどういうことなのか。ぼくにはその時まだ、理解できなかった。

二〇一〇年四月、ぼくはポツダム市庁舎において、記念碑の設置に関して担当部課の責任者を前に、記念碑の構想をプレゼンテーションした。記念碑は、大きな石と平石で構成される。

ドイツの降伏が日本の運命を決める

ナチス・ドイツによる原爆開発が、米国の原爆開発と広島と長崎への原爆投下にどういう影響を与えたのか。ぼくはそれを、歴史家のライナー・カールシュに聞きたかった。カールシュは、『ヒトラーの爆弾（Hitlers Bombe）、ドイツ核実験の秘史』の著者。ナチス・ドイツは、一九四五年五月に降伏した。ドイツの降伏する時期は、独ソが激戦したゼーロウ高地の戦いが最終的に決定づけたといってもいい。その後、ソ連赤軍のベルリン侵攻が可能となる。カールシュによると、ナチス・ドイツはその前に原爆実験に成功している。その主張が正しいとすると、ナチス・ドイツはゼーロウ高地の戦いを前に原爆を保有していたことになる。それなのにナチス・ドイツはなぜ、ベルリンを守る最後の牙城で新しい兵器である原爆を使わなかったのか。もし原爆を使っていたら、ナチス・ドイツの降伏する時期は遅れたのではないか。
米国が原爆の開発を急いだのは、ナチス・ドイツも開発していたからだ。ドイツに先を越されたくない。最初の標的は、ナチス・ドイツだった。しかし米国はナチス・ドイツの降伏とともに、原爆の攻撃目標を失う。しかし原爆の開発は、そのまま続けられた。もしナチス・ドイツが独自に開発した原爆を使うことによって降伏する時期が先に延びたとしたら、最初の原爆がドイツに投下されたかもしれない。これは、仮定に過ぎない。過去を仮定で塗り替えるのは、適切ではない。実際にそうならなかったのはなぜか。その背景をはっきりさせたかった。
ぼくはカールシュに、ナチス・ドイツがゼーロウ高地の戦いで原爆を使わなかった理由を聞いた。ソ連の核物理学者で、原爆開発プロジェクトの責任者イゴーリ・クルチャトフが、スターリン宛の手紙でドイツの原爆実験について報告したのはすでに述べた。カールシュによると、その手紙に対し、ソ連赤軍総司令部（スタフカ）の参謀総長アレクセイ・アントーノフは、こうコメントしている。

ドイツの原爆は小さい。それが使われても、ソ連赤軍に大きな打撃を与えないだろう。ベルリン侵攻も考え直す必要はない。ドイツが原爆を使っても、五〇〇万人も戦死者が出る心配はない。ドイツが原爆を保有していても、ソ連赤軍の侵攻を止めることはできない。

ナチス・ドイツが原爆実験に成功した後、実戦で投入できるだけの原爆を持っていたのかどうか。カールシュは疑問だという。親衛隊全国指導者ハインリヒ・ヒムラーの主任副官ヴェルナー・グロートマンは回顧録で、繰り返し資材不足を嘆いた。ナチス・ドイツは原爆実験後、使える原爆をもう持っていなかったのではないか。「その可能性が大きい」と、カールシュは推測する。

原爆実験直後、ヴァルター・ゲアラッハがベルリンにいるマルティン・ボアマンのところに呼ばれる。ゲアラッハは、ウランプロジェクト最後のプロジェクト長だった。ボアマンはヒトラーの側近。ナチス党の副総統ルドルフ・ヘス失脚後、党のナンバー2になっていた。ゲアラッハはすぐに、ベルリンに飛んだ。ボアマンに会う。実験は成功したといった。しかし軍事上の実戦には、効果は期待できないと付け加える。ナチス・ドイツは原爆実験に成功した。しかし原爆の効果は、限定的だということを十分に理解していた。ナチス・ドイツに、ソ連赤軍によるベルリン侵攻を阻止できる余力はもうない。

親衛隊首脳は、原爆を戦地で投入できるかどうか検討した。親衛隊大将ハンス・カムラーは、V2ロケットに原爆を搭載する計画だったと見られる。カムラーには、V2ロケットの生産が任されていた。ナチス・ドイツの原爆使用戦略は戦後、米国が原爆の投下にミサイルを使用することによって実現する。それに貢献したのは、終戦前後にドイツから米国に渡ったドイツ人科学者たちだった。カールシュによると、米国によるドイツ人科学者のリクルートにおいて、カムラーが重要な役割を果たしたという。

一九四五年四月二〇日は、ヒトラー最後の誕生日だった。誕生パーティに、親衛隊全国指導者ハインリヒ・ヒムラーも同席する。翌日ヒムラーは事もあろうか、ドイツ北東部で世界ユダヤ人会議の代表と会った。その時ヒムラーは、強制収容所に拘束されているユダヤ人囚人を、スウェーデン赤十字に引き渡したいと交渉する。その引き換えにヒムラーは、ナチス・ドイツ降伏後も大臣として止まるつもりでいた。ヒムラーに、もう戦う気はない。自分が生き残ることだけを考えていた。「(大臣として) 生き残れると思っていたとは、狂ってるよ」と、カールシュは信じられないような素振りをする。ナチス・ドイツの敗北は、もう時間の問題だった。

原爆が使われなかった背景について、カールシュはさらに話を続ける。

一九四三年から四四年にかけロンドンでは、英国が化学兵器をナチス・ドイツに使うべきかどうかで、激しい議論が展開された。チャーチル首相は、毒ガスを使いたかった。しかし、軍部が躊躇させる。英国軍情報機関は、ナチス・ドイツのほうがタブンやサリンなど高性能の神経ガスを所有していることを察知していた。英国が化学兵器を先に使えば、ナチス・ドイツは神経ガスで仕返しするに違いない。そうなると、英国には不利だ。

一九四三年頃、ヒトラーも化学兵器を使用するかどうかを思案していた。ヒトラーのところに、化学者オットー・アムブロースが呼ばれる。アムブロースは、ナチス・ドイツの毒ガス製造工場を監督していた。アムブロースはヒトラーに、ナチス・ドイツが毒ガスを使用すると、米軍も毒ガスを使用するだろうと警告する。米軍には空軍力がある。米軍は空から、毒ガスを散布するだろう。それでは、ナチス・ドイツに不利だ。ヒトラーは一九四四年四月、毒ガスをすべて撤去し、戦地で使ってはならないと命令した。

毒ガスの使用については、ヒトラーの過去が大きく影響した可能性もあると、カールシュは付け加える。ヒトラーは第一次世界大戦停戦直前の一九一八年、毒ガスで負傷している。ベルギーで、英軍のマスタードガス弾の攻撃を受けたのだった。その結果、一時失明状態となる。野戦病院で終戦を迎える。それが、トラウマになっていた。

化学兵器を使うか、使わないか。それも、冷戦時代の核抑止力のテーゼと同じ論理だった。お互いに持っていて使わない方がいい。カールシュは原爆に関しても、ヒトラーが同じ論理で考えていたと推測する。ヒトラーには、原爆の破壊力が現実の理解を超え、想像できなかったことは間違いない。莫大な破壊力のある原爆を使えば、戦争に勝てることくらいはわかっていた。しかしドイツには、小型の原爆しかない。それを投入すれば、米軍は必ず破壊力の大きな原爆で対抗してくるだろう。それでは、ドイツに勝ち目はない。「それくらいのことは、ヒトラーにも理解できた」と、カールシュは皮肉っぽく語った。

一九四五年三月、ナチス・ドイツはテューリンゲン地方で二回目の原爆実験に成功する。しかしそれは、戦争の勝敗を左右するものではなかった。その時すでに、ナチス・ドイツに勝ち目がないのははっきりしていた。終戦時期を引き延ばすこともできなかった。ヒトラーをはじめ、ナチス・ドイツはそれを十分に理解していた。

米軍側は、どうだったのだろうか。ドイツの原爆開発状況をどの程度把握していたのか。米国は、ナチス・ドイツが米国より早く原爆を開発してしまうことを最も恐れていた。それが、米国の原爆開発を加速させる。米軍はノルマンディに上陸後、パリを解放した。フランス解放後、米軍はフランスのストラスブールで、ナチス・ドイツの原爆開発に関する資料を入手する。ハイゼンベルクらのウランクラブに関する情報だった。米軍はその資料から、ナチス・ドイツがまだ原爆を開発できないことを確信する。

カールシュによると、テューリンゲン地方にあるオーアドルーフでの原爆実験についても、その情報は遅くとも一九四五年三月末までに、ドワイト・D・アイゼンハワーに伝えられる。アイゼンハワーはこの時、ヨーロッパ地域連合国遠征軍最高司令官だった。ドイツ兵捕虜が米軍の取り調べにおいて、ナチス・ドイツが破壊力の大きい新しい爆弾を開発し、実験に成功したと伝える。地図上で、正確な実験場所まで示したという。しかしその地図は、まだ見つかっていない。アイゼンハワーは報告を受け、米軍第三軍のジョージ・パットン将軍に調査を指示する。しかしパットンは、実験の跡を見つけることができなかった。

ソ連は、核物理学者ゲロルギー・フレロフをナチス・ドイツの原爆実験を調査するために派遣する。フレロフは、スターリンに手紙を書いたクルチャトフの右腕だった。測定器など必要な機材を持って、実験の行われたテューリンゲン地方の東に位置するドレスデンへ向かう。しかしこの時、米軍がテューリンゲン地方に向かって進撃していた。ヴァイマール郊外にあるブッヘンヴァルト強制収容所が、米軍によって解放される。米軍が後にソ連管轄区域となるテューリンゲン地方から撤退するまで、フレロフは数か月待たねばならなかった。フレロフはクルチャトフ宛ての手紙で、実験後数か月経って測定しても、実験があったと断定できるかどうか悲観的だと伝える。フレロフにはすぐにモスクワに戻り、原爆開発を続けるよう指示された。

米ソはともに、テューリンゲン地方であったナチス・ドイツの原爆実験の詳細を十分に検証できなかったことがわかる。

米国の原爆開発は、ナチス・ドイツを念頭においたものだった。ナチス・ドイツよりも早く原爆を開発して、ナチス・ドイツに投下する。米国は急いでいた。しかしナチス・ドイツは、一九四五年五月八日に無条件降伏する。米国は、原爆を使う目標を失った。しかし、太平洋戦争が続いている。敵は日本だ。原爆の標的が、ナチス・ドイツから日本に移ったのだ。米国は、原爆開発を続ける。

ドイツで日本の原爆開発について研究している永瀬ライマー桂子によると、日本が当時原爆開発に投じた資金は、米国の資金とは比べものにならないくらいに少額だった。それで、原爆開発に成功するはずがなかった。それは、米国も十分に把握していた。永瀬ライマーは、米国は日本の原爆開発のことはまったく念頭に置いていなかったという。日本の原爆開発は米国に対し、原爆の使用を躊躇させるだけの抑止力にはなっていなかった。

広島と長崎の被爆石を記念碑に入れる

ヒロシマ広場（当時）記念碑のため、日本で募金活動をはじめる。募金は、原爆体験者佐々木愛子にお願いした。愛子は二〇〇五年夏、被団協代表委員坪井直と一緒にドイツで原爆体験を語って歩く。ぼくはその時、二人が原爆体験を語る催し物をアレンジした。愛子は、秀人の知人でもある。秀人はすぐに、愛子に募金をお願いすることに賛成した。

ぼくは二〇〇八年夏、広島で愛子に再会した。とても元気そうだ。広島で盛んに募金運動を続けている様子だった。その後も、何回もメールでやりとりする。それから数か月後のこと。メールしても、一向に返事がこない。心配になる。ぼくは知人の中国新聞記者に、愛子のことを尋ねた。記者は愛子を、被爆者として取材したことがある。それ以来、愛子と親交があった。すぐに、愛子が急死したというメールがくる。信じられなかった。

日本での募金活動をどうしよう。続けるには、誰かに引き継いでもらわなければならない。日本の友人に相談すると、金子哲夫がいいと推薦された。哲夫は、社民党選出の元衆議院議員。愛子と同じ集合住宅に暮らしていた。元国会議員に、こんなことをお願いしていいのか。ぼくは、不安だった。友人は、そんなことを心配する必要はないという。哲夫にメールで打診すると、すぐに了諾の返事がきた。友人のいう通り、とても気さくな方。安心した。

翌二〇〇九年の春、哲夫からメールがくる。広島で当時被爆した石を記念碑に入れてはどうか、とある。被爆石は、広島市内を走る広島電鉄の路面電車の敷石だった。被爆した敷石は山のように残っている。広電では戦後、新しい敷石を入れていない。残っている敷石は、すべて当時被爆した。信に話すと、「それはいい！」と喜んでくれる。秀人とウーヴェ、ニールスも賛成してくれた。

夏になると、信が突然ベルリンにやってくる。日本食レストランにいこうという。広島市立大の交換留学制度によってドイツで学んだ弟子たちも一緒に誘った。交換留学後、一旦広島に戻る。しかしドイツでもっと勉強したくて、戻ってきたアーティストの卵たちだった。信は、若いアーティストの面倒見がとてもいい。交換留学は、信がハノーファー芸大教授時代に立ち上げたものだった。

その時は、いつになくたくさんの弟子たちが集まる。その中に、長崎出身で広島市立大を出た女性芸術家の卵がいた。平野薫。奨学金でベルリンに研修にきている。ぼくが、広島の被爆石を記念碑に入れることになったと話した。すると薫が、『当たり前でしょ』という感じで、「長崎の被爆石も入れないと」と提案する。その通り。広島から被爆石が入るなら、長崎の被爆石も必要だ。みんなもそう思った。

長崎で被爆石を探さなければならない。まず、長崎原爆資料館に問い合わせる。すると、展示物を提供するわけにはいかないという返事がきた。もちろん、そんなつもりはない。ぼくは、自分で探すしかないと思った。広島からは、路面電車の敷石がくる。長崎にも、路面電車が走っているではないか。ひょっとしたら、長崎でもと思った。早速、路面電車を運行する長崎電気軌道に電話で問い合わせる。社内をたらい回しにされた。路面電車の敷石の中に、当時被爆しているものがあるのは確かだ。しかし長崎では、戦後も新しい敷石を入れている。被爆したか、していないかの区別がつかないという。

次に思い付いたのが、時事通信ベルリン支局の東敬生支局長だった。東記者は、長崎支局に勤務したことがある。早速、相談してみた。東記者はすぐに、元長崎支局長に連絡。元支局長はその日のうちに、田上富久長崎市長のところに行く。市長はすぐに、原爆資料館館長に電話。被爆石探しをサポートするよう要請した。話がトントントンと進んだ。

信が秋に、一時帰国することになっている。その時広島の被爆石を見て、どの敷石がいいかを選んでもらう予定だった。信に長崎での話をすると、広島から長崎に足を延ばすといった。長崎で被爆石を探したい。すぐに、長崎原爆資料館に協力をお願いした。信はまず、原爆資料館職員と原爆体験者の和田耕一とともに長崎電気軌道を訪ねる。結論は、電話でいわれたのと同じだった。すると原爆体験者の耕一が、片足鳥居で有名な山王神社にいって見ようと提案する。被爆石があるかもしれない。耕一は原爆資料館の依頼で、被爆石探しに協力するために付き添ったのだった。ぼくの記憶違いでなければ、以前長崎電気軌道に勤めていたはずだ。

神社境内には、たくさんの石がころがっている。宮司によると、石はみんな当時被爆している。どれでも、気に入った石を持っていってもらっていいという。信は、広島の被爆石との釣り合いを考えた。こげ茶色の丸い石を選ぶ。ちょうどタイミングよく、数日後に氏子総会が予定されていた。信が氏子総会に出席して、事情を説明する。総会では全会一致で、石を寄贈することが決議された。信はすぐに、メールで知らせてきた。ぼくは自宅で、「やった」と叫んだ。

これで、広島と長崎の被爆石が揃う。山王神社にはメールでお礼した。石はドイツに輸送するまで、そのまま境内に保管してもらうことになる。

翌二〇一〇年春、被爆石をドイツに運ぶ手配をしなければならない。ドイツに支店を持つ日本の運送会社から見積を取る。日本で集まった寄附金で、輸送費を負担できる額だった。ぼくは、ホッとした。まず長崎の被爆石を回収し、広島に運ぶ。広島の石は八〇×四〇×一〇センチメートル、長崎の石は六〇×五〇×三〇センチメートルの大きさだ。二つの石は一緒に木箱に入れ、梱包された。総重量三二七キログラム。四月二七日、神戸港を出港した。ドイツのハンブルク港まで一か月ほどだ。

ハンブルク港での通関手続きを簡単にするため、ポツダム市から被爆石が教育目的であるとの証明書をもらっておいた。被爆石を碑文の入る平石に埋め込むのは、七月中旬になってから。それまで、ポツダム市緑地課の倉庫に保管してもらうことにする。

被爆石がハンブルク港から運ばれてくる。ぼくは緑地課の倉庫で、被爆石が到着するのを待った。木箱がフォークリフトで、トラックの荷台から下ろされる。ぼくは被爆石を見たくて、ワクワクした。緑地課の職員が木箱の蓋を開けてくれる。石は、白い梱包材に包まれていた。石が割れていないかどうかを確かめる。問題ない。ホッとした。

ぼくは被爆石に手を載せ、よくきてくれたと感謝した。

日本はドイツの軍事技術がほしかった

原爆開発において日独は、どの程度情報を交換し、協力したのか。ぼくには関心がある。理化学研究所で原爆研究に従事した仁科芳雄は、ナチス・ドイツ原爆開発の中心人物ヴェルナー・ハイゼンベルクと交流があった。ただ二人が原爆開発問題で意見を交換した痕跡は、見つかっていない。

日本海軍の技術ミッションが一九四一年、五か月間に渡ってベルリンを中心にドイツとヨーロッパ諸国を訪問した。目的は、ドイツからの軍事技術移転。ドイツはそれと引き換えに、東南アジアから軍事技術の生産に必要な原材料などの物資を要求した。日本の原爆開発研究者永瀬ライマー桂子によると、日独の軍事技術協力関係を示す資料は、ドイツを訪問した日本ミッションが作成した報告書以外にほとんど見つかっていない。むしろ当時ドイツを訪れた日本技官の個人手記などからのほうが、具体的に訪問した企業や、入手しようとした軍事技術がわかるという。

日独が正式に軍事物資の供給で協力を開始するのは、一九四四年五月になってから。ヒトラーが日本への技術提供を認める。それまでは、日独防共協定と日独伊三国同盟を基盤にして、協力されていた。『ヒトラーの爆弾（Hitlers Bombe）、ドイツ核実験の秘史』の著者ライナー・カールシュは、日独は互いに不信を抱いていたと推測する。そのため終戦間際になるまで、技術協定を結ぶまでには至らなかった。協定では、ミサイルや戦闘機、レーダーなどに必要な機材や資材を潜水艦でドイツから日本に輸送する考えだった。戦時下において搬送された戦略物資が実際に、どれくらい日本に届いたかはわからない。図面のような図書の形で技術が提供されたとも見られる。潜水艦は、日独の人材の輸送にも使われた。ただそれによって、ドイツの軍事技術を製造して組み立てるだけの技術と知識が日本にあったのか。カールシュは、とても疑わしいといった。

一般の軍事技術でもそうだった。況してや原爆開発になると、どの程度協力関係があったのかどうか。それは、さらにわからない。いやこれまで想定されていた以上に、ドイツから日本に原爆開発のノウハウが供与されていた。そう主張する英国の物理学者もいる。カールシュも、いろいろ協力が試みられた可能性はあるという。しかし、「うまくいかなかったはずだ」と語る。カールシュは「それでよかったのだ」と、付け加えるのを忘れなかった。

一九四一年の独ソ開戦、日本の英米開戦と続き、シベリア経由の陸上輸送と、大西洋、太平洋を経由する海上輸送が難しくなる。その代わりに利用されたのが潜水艦だった。日本側が潜水艦を派遣した作戦を遣独潜水艦作戦という。一九四二年夏から一九四四年夏までの二年間、日本の潜水艦が五回送られた。しかし、無事帰還した潜水艦は一隻だけ。残りは、シンガポールまで戻った後に沈没したか、航海中に攻撃を受けて沈没した。

人材派遣と戦略物資の輸送のため、ナチス・ドイツから潜水艦が二隻日本に譲渡された。終戦直前には、輸送用に改造されたドイツの潜水艦が日本に向かう。イタリアの潜水艦では、独ヴュルツブルク・レーダーの技術者がシンガポールに到着。空路で東京まで行き、日本のレーダー技術の改良に貢献した。

米軍は終戦後、ナチス・ドイツが日本にどの程度軍事技術を供与したのかを調査する。米国海軍の情報機関が、米軍によって拘束された日本人捕虜を聴取した。調書に、ナチス・ドイツが日本に提供した軍事技術の一覧がある。それによると、ナチス・ドイツから日本に供与された技術は、レーダー、大砲やその他の武器、ミサイル、水中弾、ロケット戦闘機、ジェット戦闘機、潜水艦、毒ガスなど。調書のページ一七七に、「その他」という項目がある。そこに、原爆に関して二つの記述があった。

一つは、米軍の捕虜となった日本軍技官の証言だ。これについては、「ナチス・ドイツが原爆実験に成功していた」の項で簡単に述べた。カールシュから、その調書のコピーを提供してもらった。技官はそこで、以下のように述べている。

一九四四年一一月、陸軍士官学校卒第一軍曹の小隊長から、日本が一九四四年に何回か、九七式中戦車ハケ（著者註：原文の「ハケ」は間違いで、正確には「チハ」）に利用される戦車用V型一二気筒ディーゼルエンジンの青焼き図面と交換に、ドイツ式原爆の計算式を手に入れたと聞いた。小隊長によると、爆弾はマッチ箱一つ程度の大きさで、半径一〇〇〇メートル程度の破壊力があるという。

技官は、日本がこの種の爆弾を製造したのかどうかも、どういう目的で使用するのかも知らないと証言した。爆弾は、フィリピンでは使われなかったと語っている。技官が「フィリピン」といっているのは、九七式中戦車チハが一九四二年にフィリピンで最初に実戦に投入されたからではないかとも見られる。証言からすると、日本陸軍はドイツ式の原爆を戦車で使おうとしたのではないかとも推測できる。戦車で使用するとなると、原爆は小型でなければならない。

引用文で、ドイツから提供されたものを「計算式」と翻訳した。それは原文で、「formula」となっているからだ。ただ英独技術辞書で調べると、「構造図」と翻訳しても間違いではない。現物が見つからないと、正体ははっきりしない。

計算式が提供された一九四四年、日本の第四次遣独艦伊号二九潜水艦がシンガポールに到着。直後に沈没する。しかし、搭載されていた資料のいくつかは救われた。資料は空路で、日本に届けられる。その中にあった独メッサーシュミット社のロケット戦闘機とジェット戦闘機の図面からそれぞれ、「秋水《しゅうすい》」と「橘花《きっか》」という試作機が製造された。日本に届いた資料の中に、原爆に関するものが含まれていたかどうか。

日本の原爆開発に詳しい山崎正勝東京工業大学名誉教授は、「よくわからないが、一種の処方箋のようなものだったのではないか。実際に、計算式を含んでいたかどうかもわからない」という。ドイツからの原爆に関する資料はまだ、見つかっていない。

ガソリンエンジン仕様のドイツ軍戦車「パンター」や「ティーガー」では、何かにつけ燃料の漏れるトラブルが続いた。ドイツ軍が戦車のエンジンに、問題を抱えていたのは確かだ。ドイツ側が日本のディーゼルエンジンに関心を示し、青焼き図面を入手していたとすれば、それには信憑性がある。

米軍の調書にある「マッチ箱一つ」の証言が、本当なのかどうか。日本の原爆開発の研究家永瀬ライマー桂子は、ちょっと注意したほうがいいと主張する。調書に列挙された在独ベルリン日本大使館に赴任していた武官や技官の名前に、結構間違いがある。捕虜となった日本技官が、どの程度の知識を持って真実を伝えたのかもはっきりしない。

日本では、一九四四年頃から「マッチ箱一個」の噂が巷で流れていたとされる。「マッチ箱一個」とは、マッチ箱一つ程度の大きさの原爆ということ。「マッチ箱一個」の噂で中心になったのは、貴族院議員田中舘愛橘だった。議会において「マッチ箱一個」のウランで、「戦艦を吹き飛ばす事の出来る新兵器の開発が進んでいる」と証言したとされる。しかし噂はむしろ、戦後に広まったと見られる。田中舘愛橘が戦時中に、そう発言した記録はどこにもない。それは、原子力研究者の深井佑造がすでに立証した。

戦時中「マッチ箱一個」ということばが出てくるのは、一九四四年三月二九日と七月九日の朝日新聞の記事だ。理化学研究所の核物理学者グループを取材して書いた記事だと見られる。理化学研究所では、陸軍航空本部から委託され、原爆開発研究「二号研究」がはじまっていた。一九四三年五月のことだ。その中心となったのが、仁科芳雄だった。

一九四四年三月二九日の朝日新聞には、佐竹金次陸軍中佐の記事「科学戦の様相（下）」が掲載されている。佐竹はそこで、原子力の利用によって新しい兵器を開発することを訴えた。記事には科学新語欄が設けられ、「ウラニウム爆弾」の解説がある。ドイツの学者が少量のウランを核分裂させることに成功。「マッチ箱一つ」程度のウランで、ロンドン市全体さえ簡単に破壊できると、そこには記述されていた。

永瀬ライマーによると、佐竹金次は陸軍レーダー開発の第一人者。朝日新聞の記事からすると、佐竹金次が「マッチ箱一個」の出所だと推測される。ただ、佐竹金次が実際にドイツから原爆開発の情報を得ていたのかどうか。それを裏取りできるものがない、と永瀬ライマーは説明する。

ドイツの歴史家カールシュは、「マッチ箱一個」が本当に原爆であったかどうかは疑わしいと主張した。むしろ、原爆ではなかったとする。ドイツでは、ヒトラーお気に入りの建築家アルベルト・シュペーアが、マッチ箱大のミニ爆弾について語ったことがある。ニューヨークを破壊できるとした。ただし、その詳細はわかっていない。ナチス・ドイツは第二次世界大戦中何回も、通常爆薬の数百倍も威力のある「スーパー爆薬」の実験を行ったとされる。連合国はその秘密を明らかにするため、実際に実験に立ち会った親衛隊将校を拘束。二〇年に渡って拷問するなどして秘密を白

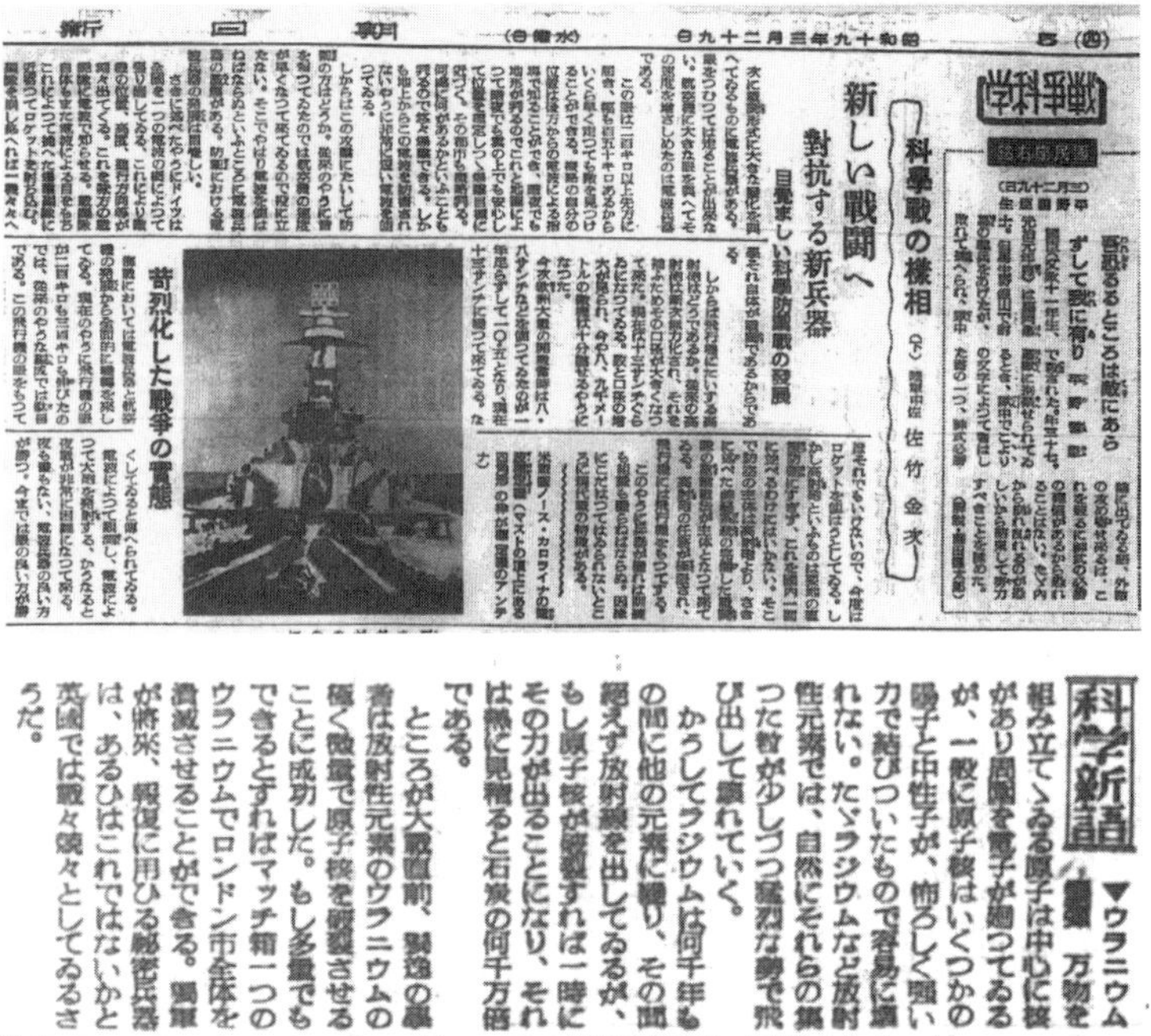

朝日新聞　昭和十九年三月二十九日（水曜日）

科學戰の様相（下）　陸軍中佐　佐竹金次

新しい戦闘へ

對抗する新兵器

目覺ましい科學防諜戦の發展

苛烈化した戦争の實態

科学新語

▼ウラニウム爆弾　万物を組み立てゝゐる原子は中心に核があり周囲を電子が廻つてゐるが、一般に原子核はいくつかの陽子と中性子が、怖ろしく強い力で結びついたもので容易に壊れない。たゞラジウムなど放射性元素では、自然にそれらの集つた粒が少しづつ猛烈な勢で飛び出して壊れていく。

かうしてラジウムは何千年もの間に他の元素に變り、その間絶えず放射線を出してゐるが、もし原子核が破壊すれば一時にその力が出ることになり、それは熱に見積ると石炭の何千万倍である。

ところが大戦直前、獨逸の學者は放射性元素のウラニウムの極く微量で原子核を破壊させることに成功した。もし多量でできるとすればマッチ箱一つのウラニウムでロンドン市全体を潰滅させることができる。獨軍が將來、報復に用ひる秘密兵器は、あるひはこれではないかと英國では戦々兢々としてゐるさうだ。

1944 年 3 月 29 日の朝日新聞に掲載された
佐竹金次陸軍中佐の記事「科学戦の様相（下）」と科学新語欄

状させようとした。しかし将校は、秘密を漏らさない。

もしそれが事実だとすると、日本はそれを原爆と勘違いしていたのか。カールシュが『ヒトラーの爆弾』で書いているナチス・ドイツの原爆は、低濃縮ウランを使う小型爆弾だ。ウラン爆弾というよりは、核融合爆弾に近いと見られる。ドイツでいう「小型」ということばが日本で、「マッチ箱一個」と誇張されるようになった可能性があるかもしれない。

調書の最初に、在独ベルリン日本大使館に派遣されていたと見られる武官や技官の名前が列挙されていた。これは、日本人捕虜の証言からまとめられたと見られる。

捕虜の記憶によるものだろう。四〇人余りの名前がある。しかし、すべてが網羅されていたわけではないのではないか。記憶違いも考えられる。最も地位の高い上官は少将だった。ほとんどが海軍か海軍航空隊から派遣されている。

みんなが同じ時期に、ベルリンに赴任していたわけではない。日本の原爆開発はまず、陸軍航空本部を中心に行われた（二号研究）。しかしリストに、陸軍派遣の技官の名前が入っていない。不思議だ。日本はドイツから、原爆開発についてどの程度情報を得ていたのか。調書のわずかな情報からでは、よくわからない。

イエローケーキを日本に送る

米海軍調書のもう一つの記述に、ナチス・ドイツ降伏時にドイツの潜水艦U２３４によって、酸化ウランが日本に輸送中だったとある。それが、原爆製造のためだったかどうかはわからない。しかし量からすると、その可能性が十分にあると記載されている。

日本に輸送されていた酸化ウランは、全部で五六〇キログラム。これは、昭和通商ベルリン支店が一九四四年三月二六日に、ベルリンの軍事材料販売会社ローゲス（ＲＯＧＥＳ）に発注したものの一部だった。昭和通商はローゲス社を通して、ベルリン郊外グリューナウにある化学工場から黄色酸化ウラン一〇〇〇キログラムを購入する。チェコスロバキアのヨアヒムスタール（ヤーヒモフ）で採掘されたウランを含むピッチブレンドから、ドイツで酸化ウランに精鉱されたのだった。価格は一キログラム当り約一〇帝国マルク。総発注額は約一万帝国マルクとなる。ドイツの国立銀行である連邦銀行は、購買力から比較した帝国マルクとユーロの交換レートを公開している。それによると、一九四四年の一帝国マルクは四・五ユーロに相当する。現在の為替レートで円に換算すると、発注額は七五〇万円。一九四四年の日本政府の一般会計歳出額から軍事・戦争関連経費（国債も含む）を見ると、一四六億円となっている。一般会計歳出額の約七〇％を占める。戦争の負担は大きい。しかし戦争にかかる費用の中では、酸化ウラン購入額はごく少額だった。

発注受書から、酸化ウランとは八酸化三ウランのことだったことがわかる。純度は八〇％から八二％。これは、濃縮して原爆を製造できる天然ウラン。イエローケーキだ。

発注書は、T・マエダ名で署名されている。大日本帝国軍のためとある。直径五四センチメートル以下の木の樽に入れて納入するよう求めた。小さな樽でということは、すでに潜水艦で運ぶことが想定されていたのか。発注して三か月後の一九四四年六月六日、全部で二〇個の木樽が納入される。納入先は、プロイセン州（現ポーランド領）南西のビリングドルフにある資材管理部クリスチアンシュタット集荷場。樽には昭和通商の指示にしたがって、一二七〇／一から二〇までのカーゴ（貨物）番号が付されていた。しかし現物が実際に、ビリングドルフまで輸送されたのかどうか。まだ確認できない。納入先をドイツの東にあるプロイセン州にしたのは、英米をカモフラージュするためだった可能性があるのではないか。ぼくはそうも思っている。

昭和通商は、軍需品を調達する国策会社。陸軍主導で設立された。その当時昭和通商のベルリン支店は、ドイツ南東部のリュッベンに避難していたと見られる。ベルリン攻撃から逃れるためだ。

イエローケーキが納入されたビリングドルフは、後にドイツとポーランドの国境線となるナイセ川を挟み、リュッベンからちょうど真東にある。

米海軍調書にあるドイツの潜水艦U234に関しては、米国で押収された物資のリストがある。そこには「酸化ウラン」とあり、カーゴ番号は一二七〇／一から一〇と記入されている。これは、昭和通商が一九四四年三月に調達したイエローケーキのカーゴ番号だ。リストには、大日本帝国陸軍のためとある。

残りの一〇樽、イエローケーキ四四〇キログラムはどうなったのか。それは、わかっていない。プロイセン州ビリングドルフに残されていたとすると、ソ連赤軍が侵攻し、押収した可能性が高い。しかし多分、それはないと思う。

昭和通商が一九四四年三月にイエローケーキを発注したのは、陸軍航空本部総務部長川島虎之輔少将が一九四三年に駐独大島浩大使に対し、チェコスロバキア（ヨアヒムスタール）からウランを含むピッチブレンドを手に入れるよう電話で要請したからだ。イエローケーキは第五次遣独潜水艦伊号五二艦で、フランス西端のロリアン港から日本に輸送する計画だった。しかし伊号五二艦はロリアンに向かう途中の一九四四年六月、大西洋で攻撃され、沈没する。英国情報当局の情報では、イエローケーキはその時すでにロリアンに輸送され、保管されていた。

伊号五二艦の沈没が確認されると、ドイツの潜水艦U234が一九四四年九月から輸送用に改造されはじめる。潜水艦は翌一九四五年三月末、ドイツのキール港からイエローケーキを搭載して出航した。しかしイエローケーキは前述したように、ナチス・ドイツの降伏とともに米海軍に押収される。これで、ドイツからのウラン調達が時系列的につながった。

連合国軍がノルマンディー上陸作戦によって、ナチス・ドイツの占領下にあったフランス北部に侵攻する。一九四四年六月六日だった。イエローケーキが納入される日と同じだ。連合国軍がすでに、ヨーロッパ大陸に上陸していた。ドイツ軍は次第に、占領地域を失っていく。その状況下で、イエローケーキの入った樽をまずドイツからフランス西端のロリアンへ、さらにドイツの潜水艦に搭載するためにロリアンから一六〇〇キロメートル以上も離れたドイツ北部のキールまで輸送するのは、そう簡単なことではなかったと想像できる。その間に攻撃を受け、一部が破損していてもおかしくない。

一九四四年六月以降、日本の技官や外交官がベルリンから帰国していないかも、確認したい。当時戦争が続く中、陸路ないし船で帰還できたとは思えない。ウランは比重が大きく、たくさん持って移動できるものでもない。そう考えると、可能性は低い。しかし残り四四〇キログラムの行方は、まだはっきりさせておきたい。

今回運良く、昭和通商の発注に係わる資料を入手することができた。そのおかげで、ドイツの潜水艦で日本に輸送中だった酸化ウランの正体も解明できた。これまでドイツ潜水艦U２３４の通信士ヴォルフガング・ヒルシュフェルトの証言から、酸化ウランが小さくパッキングされていたとされていた。しかし今回入手した資料から、それが間違いだったこともわかる。

米海軍調書の武官と技官の一覧に、友永英夫海軍技術中佐の名前がある。友永は、イエローケーキを日本に輸送するナチス・ドイツの潜水艦U２３４に、庄司元三技術中佐とともに同乗した。友永は潜水艦設計の、庄司は航空機エンジンの専門家だった。潜水艦U２３４が日本に向かう途中、ナチス・ドイツは一九四五年五月八日に降伏する。潜水艦には、カール・ドェーニッツ元帥から降伏命令が届いた。ドェーニッツ元帥はドイツ海軍総司令官。ヒトラーの自殺後、ヒトラーの遺書にしたがって大統領に就任していた。

友永と庄司は潜水艦艦長ヨハンハインリヒ・フェーラーに対し、降伏せずにそのまま日本まで航海を続けるよう強く求める。潜水艦艦内では、どの国に降伏すべきかについて乗員の間で混乱が起こる。艦長は最終的に、米国に上陸して降伏することを決断。それが、乗員の身の安全を守る上で最善だと判断した。

ナチス・ドイツの降伏とともに日独は、もう同盟国同士ではない。友永と庄司は、艦内の自室に閉じ込もった。艦長は自殺を予感。監視を付ける。しかし艦内は、潜水艦を捕えようとする英国軍の攻撃から逃れるため騒然としていた。二人はその間に、ルミナールを飲む。ルミナールはベルリンを離れる時、日本海軍軍医から二人に手渡されていた。てんかんを抑えるために開発されたドイツ製の薬だった。睡眠薬としても使われる。致死量を飲めば、自殺するには十分だった。

二人の部屋には、遺書が残されていた。海葬してほしいとある。潜水艦艦長は降伏する直前、二人の遺志を尊重して遺体を海に葬った。潜水艦は五月一四日、海上で米海軍護衛駆逐艦サットンに投降。五月一七日、米国旗を掲げて米国ポーツマスに入港した。

日本軍は、イエローケーキ一〇〇〇キログラムをドイツで購入した。そのうち日本に輸送しようとしたのは、五六〇キログラム。イエローケーキは押収後、テネシー州のオーク・リッジで原爆用に濃縮されたとされる。約五〇〇グラムの濃縮ウランが得られたという。ただ実際にそうだったかどうかも、はっきりしない。それが、広島に投下されたウラン爆弾リトルボーイに使われたと主張する者さえいる。ロスアラモス研究所に勤務していたトム・クンクルは、否定的だ。広島に投下された原爆は大きい。それだけの量では少量すぎる。

投降直後のドイツの潜水艦 U234 すでに米国旗を掲げている
米海軍護衛駆逐艦サットンから撮影 ドイツ潜水艦博物館
（Deutsches U-Boot-Museum, Cuxhaven-Altenbruch）提供

広島のウラン爆弾に使うには、時間的な余裕もなかったという。米国が実際に、イエローケーキをどう使ったかはわかっていない。とはいえ、日本軍が購入したイエローケーキを米国に渡してしまった事実は変わらない。相手を利したともいえる。

潜水艦U２３４がイエローケーキを搭載してドイツ北部のキール港を出港したのは、一九四五年三月二四日。潜水艦は直前まで、半年以上かけて輸送用に改造された。その時、新しいシュノーケル（潜水艦の排気管）が取り付けられる。出港後、潜水艦はその新しい技術の取り扱いを訓練するため、ノルウェーのオスロフィヨルドに向かった。敵の攻撃を回避して安全に訓練するためだ。しかし訓練中、護衛していたドイツの他の潜水艦と接触事故を起こす。潜水艦を修理しなければならなくなった。修理を終え、ノルウェーのクリスチャンサンから出航したのは四月一六日。予定より、約二週間遅れる。

この時期はちょうど、独ソ戦最後の激戦ゼーロウ高地の戦いがはじまった頃。ポツダムの空爆も終わったところだった。ナチス・ドイツの敗戦は時間の問題。英海軍情報機関は、潜水艦による日独の極秘作戦を詳細に把握していたともいわれる。この状況下で、イエローケーキを無謀に、さらにたいへんな努力をしてまで、ドイツから日本に輸送しようとした意図は何だったのか。

ドイツの潜水艦がキール港を出航するのとほぼ同じ頃、日本の福島県石川町では、一五歳の中学生が学徒動員される。巨晶花崗岩ペグマタイトに含まれるウランを採掘するためだった。ぼくは石川町歴史民俗資料館から公開されている写真を見て、採石場はそれなりに大きいのかと思っていた。ところが現場を実際に見て、びっくりする。採石場があまりにも小さい。本気でウランを採掘するつもりだったのか。冗談ではないかと、疑いたくなった。ウランには、核分裂するウラン235は〇・七％しか含まれていない。中学生を何人動員しようが、この程度の採石場において手作業で採掘しても、わずかな試料にしかならない。資料館の企画展などのアドバイザーで、石川町鉱物保護収集委員会顧問、石川町文化財保護審議会副会長の橋本悦雄は、「(日本軍は)藁をも掴む気持ちだったのではないか」と推測する。軍部は本土決戦、敗戦の危機に直面し、切羽詰まる思いだったのだろう。

元陸軍技術少佐として日本の原爆開発に係わっていた山本洋一元日本大学教授が著書『日本製原爆の真相』(創造発行、陽樹社発売)に、日本の原爆開発の意図について書いている。

サイパン島を占領した米軍がB29爆撃機を配置し、一九四四年一一月頃から日本本土への空襲をはじめていた。軍部は、日本本土での戦力と国民の戦意が失われるのを恐れる。一発でもよい、原爆でサイパン島にある米軍の飛行場を爆破し、本土決戦を避けて勝負に出るつもりだった。陸軍航空本部は特別な飛行機で、米国本土に原爆を投下して勝負を決めるつもりでもあったという。しかし日本が開発しようとしていたのは（二号研究）、一〇％濃縮ウラン一〇キログラムを使った低濃縮ウラン原爆。暴走型の原爆だ。『ヒトラーの爆弾』の著者カールシュが書いているドイツの原爆のように、小型原爆であったかもしれない。米国で拘束された日本軍技官の証言からすると、戦車に搭載することが考えられていた可能性もある。それに対し広島に落とされたリトルボーイには、九〇％以上の濃縮ウラン六三・五キログラムが搭

大内採石場での集合写真 1945 年 5 月 15 日
福島県石川町歴史民俗資料館提供

現在の元採石場の様子
2023 年 11 月 17 日撮影

載されていた。日本の原爆には、米国の高濃縮ウラン爆弾のように大きな破壊力はない。

もしかしたら、原爆は小型でよかったのかもしれない。原爆を開発するだけでいい。保有すれば、降伏交渉において優位に立てるとの思惑があったのかもしれない。

原爆の開発は、理論がわかっていても成功しない。原爆を製造するまでのすべてのプロセスにおいて、必要な資材が十分にあり、製造に必要な技術がすべて機能しなければならない。二号研究の仁科芳雄は一九四五年五月、原爆の開発を断念した。陸軍も了承する。イエローケーキを濃縮(分離)するにはまず、六フッ化ウランに加工する必要がある。それまでは製造できた。しかしそれを、濃縮することができない。二号研究では、ウラン235を分離して濃度を引き上げる方法として、熱拡散法を採用した。しかしうまくいかない。四月一四日の東京空襲で、文京区にあった理研の熱拡散分離塔も破壊された。

原爆開発において米国は、ドイツに先を越されるのを恐れていた。それに対し日本の原爆開発は、まったく念頭になかった。日本の原爆開発投資額は余りに少額だ。当然だったと思う。それにもかかわらず日本の軍部は、現実性のない大きな夢を抱いてしまったのか。

ぼくが福島県石川町を取材したのは、ウラン採掘に動員された中学生の証言に「マッチ箱一つ」ということばが出てくるからだった。マッチ箱一つくらいの石が採掘できれば、ニューヨークを吹き飛ばすことができると鼓舞されていたという。佐竹金次陸軍中佐の記事に出てくるロンドンと異なり、石川町では破壊できるのはニューヨークだった。「マッチ箱一つ」は日本ではよく、ドイツの原爆と結びつけられる。石川町ではどうだったのか。それを確認したかった。

当時一五歳で、学徒動員された生き証人前田邦輝に話を聞くことができた。九四歳と伺っていた。玄関で迎えていただいた男性がとても若々しい。ご子息かと思った。居間に通され、その男性がご本人だとわかる。話の内容はいつも、とてもはっきりしている。保管してある資料をぼくに見せながら、当時の記憶が次から次に口から出てくる。疲れもまったく感じさせない。

「マッチ箱一つ」や「ドイツ」ということばは当時、まったく耳にしたことがないという。「元学徒動員中学生の中にそう証言している者がいるのは、後から聞いたことを当時のことと勘違いしているからではないか」。そういわれた。時が経つとともに、その後に聞き知ったことを当時のことと混同してしまうのはよくあること。石川町における「マッチ箱一つ」には、その可能性がある。前述した貴族院議員田中舘愛橘の場合と同じだ。

資料を見ながら話す学徒動員生き証人の
前田邦輝（当時 94 歳）
2023 年 11 月 17 日撮影

日本の原爆開発は一九四五年五月、仁科芳雄が断念した。しかし石川町では、中学生たちが八月一五日の玉音放送の直前まで作業に駆り出される。元陸軍技術少佐だった山本洋一はそれを、軍部の伝達系統に不備あったからではないかと推測した。敗戦前の混乱期とはいえ、無責任も極まりない。動員された中学生は何のために、辛い思いをしてまで毎日重労働に耐えてきたのか。敗戦間際で、中学生のことまで考える余裕もなかったのか。人は、政治や軍の都合で使い捨てにするものではない。

二〇二四年七月、邦輝は九四歳で亡くなる。

日本の原爆開発は、終戦間際に断念される。背景には、ウランを濃縮できなかったことがある。ウラン濃縮技術を開発するのに、十分な時間がなかった。たとえウラン濃縮に成功していても、日本の原爆は機能したのか。日本の原爆開発では、起爆方法など構造が明らかになっていない。二号研究では、ウラン濃縮度が一〇％だといわれてきた。ぼくは以前から、ウラン爆弾がその程度の濃縮度で爆発するのか、たいへん疑問に思っていた。山崎正勝東京工業大学名誉教授に、ぼくの疑問をぶつけてみる。

すると教授は、ウラン濃縮の計算の構想に間違いがあったと指摘した。山崎は、二号研究で計算を行った玉木英彦が亡くなった後、理化学研究所記念史料室に収納された関連資料を検討。ウランの核分裂連鎖反応によって発生するエネルギーを制御する構想が欠けているので、動力炉には使えず、むしろ原子炉暴走型の爆弾になると判断した。二〇二一年『科学史研究』六〇巻に論文を発表する。

研究開発というのは、失敗を繰り返しながら修正し、成果をもたらすもの。たとえ玉木の計算に問題があっても、時間があれば間違いに気づいて修正できた可能性もある。しかし日本の原爆開発に、そんな時間はもうなかった。それでよかったのだ。

第二章　ポツダム会談と原爆投下

ポツダム会談を準備する

一九四五年四月一四日のポツダム空爆では、一七〇〇トンの爆弾が炸裂する。それに対し二か月前のドレスデン大空襲では四回空爆され、三九〇〇トンの爆弾が投下された。ポツダムでは一回の空爆に、ドレスデンでの一回の空爆の二倍近くの爆弾が使われる。それは、なぜだったのか。

ポツダムに隣接するバーベルスベルクは作戦上、攻撃目標になっていなかった。空爆によって一部が破壊されたにすぎない。バーベルスベルクには特別な軍事的標的もない。あてもなく、爆弾が捨てるかのように投下された。クラウス・アールトがそう話してくれる。クラウスは当時、まだ一一歳。バーベルスベルクに暮らしていた。小さい時から、植物と動物の世界に関心があった。大学を出た後、研究機関と行政機関で生物学博士として農薬関係の仕事に従事する。地元の歴史にもたいへん興味を持った。こどもの時から、ポツダムの歴史をたどるグループツアーに参加。歴史は独学で勉強する。定年後、「ポツダムの生き字引」と呼ばれるようになる。

クラウス・アールト（当時 85 歳）
2020 年 1 月、本人自宅で撮影

ポツダムの東に位置するバーベルスベルクとベルリンの間

に、グリープニッツ湖がある。湖は、大きな森に囲まれている。森にも、たくさんの爆弾が投げ込まれた。爆撃機はそうして、機体を軽くしたのだった。本国に帰還する燃料を確保するためだ。たくさんの爆弾を残したまま、本国に帰還することもできなかった。なぜ爆弾をすべて使わなかったのか。上官から叱られるだけだ。新バーベルスベルクも爆撃から逃れ、豪華な邸宅は無事だった。

ポツダム会談といわれる三大国首脳会談には、首脳以外にも外相など政府要人が多数出席する。政府関係者と兵士もたくさん同行した。米国は、当初の予定を大幅に増員。政府関係者四〇〇人から四五〇人と、兵士約一〇〇〇人を送ってくる。英国からは、総勢二六〇人が参加した。ソ連は会談を準備するため、たくさんの人員を本国から呼び寄せる。首脳会談のため、すべてを収容しなければならない。会談会場周辺では、たくさんの人が移動する。会談を実現するには、食糧品などの物資の搬入も含め、あらゆるロジスティックスが機能しなければならなかった。

一九四五年二月、ソ連はヤルタ会談を開催した。一九四三年一一月には、テヘラン会談も準備する。首脳会談を開催する経験とノウハウを十分に蓄積していた。首脳会談を開催するのに適した場所はどこか。現場に何が不足しているか。ソ連はすぐに、判断できた。

ソ連のジューコフ元帥は一九四五年五月八日、ドイツとの降伏批准文書に署名する。その後すぐに、モスクワに呼び戻された。ソ連ドイツ占領軍最高司令官に任命される。ドイツの戦後処理に関して連合国首脳会談を開催することが、一九四五年六月はじめに決定された。首脳会談の準備が、ジューコフに委任される。現地ではその前からすでに、会議のための準備がはじまっていた。ジューコフは回顧録で、「ベルリンには、首脳会談に適した条件が揃っていない。ポツダムとバーベルスベルクを提案した。そこで宿舎と会議場を探したところ、最終的に（豪邸のある）新バーベルスベルクとポツダム新庭園にあるツェツィーリエンホーフ宮殿が適切だと判断した」と記録している。

首脳会談の会場となるツェツィーリエンホーフ宮殿は、空爆で破壊されたポツダム市街の北東に位置する。宮殿は、破壊されなかった。ポツダムにあるプロイセン王国の宮殿の中でも、最もモダンな作りだ。負傷兵士の野戦病院として利用されていた。終戦直前ナチス・ドイツが、負傷した兵士を大きな建物に収容するよう義務付けたからだ。

首脳が宿泊する新バーベルスベルクの邸宅の裏に、グリープニッツ湖がある。ツェツィーリエンホーフ宮殿のある新庭園も、湖に囲まれている。警備がしやすい。ポツダム新庭園と新バーベルスベルクは、首脳会談に理想的な条件を整えていた。全壊したベルリンには、これほど条件の揃った場所はどこにもなかった。

ソ連兵は五月中旬、ポツダムと周辺の道路や庭園から、地雷と不発弾を撤去する作業を開始する。その量は予想をはるかに上回った。撤去作業は、会談に直接関係する建物と道路周辺に限定せざるを得なくなる。兵士たちは、ウーファ映画スタジオの敷地に宿泊。毎日、一二時間から一四時間作業を続けた。

三か国首脳の滞在する邸宅街は、三つに分割される。それぞれの境界には、遮断機と検問所が設置された。遮断機には、米英ソの国家紋章もつけられる。宿舎となる邸宅から会談のあるツェツィーリエンホーフ宮殿までは、約五キロメートル。破壊されたポツダム市内を通るルートは避ける。それでも道路は、大体的に修理しなければならなかった。全体で、約六キロメートル長の道路も新設される。道路に埋設されている給水配管や下水管、電線なども修理しなければならなかった。

会談の会場となるツェツィーリエンホーフ宮殿は、かなりの範囲で改造された。宮殿には、会議場となる大きなホールと三六の部屋が用意される。家具などは、各国の要望に応じ、特別に調達された。元々あった調度は、ほとんどない。会議場には、会議に必要な大きなテーブルもなかった。ドイツでは何も調達できない。必要なものはモスクワで造らせ、ポツダムに運ばれた。

準備のはじまる当初、ドイツ人労働者や職人、技師などが一二〇〇人働く。クラウス少年のおじは、屋根ふき職人。おじは、ツェツィーリエンホーフ宮殿の屋根が雨漏りしないように修理した。まもなくするとドイツ人は誰一人として、ツェツィーリエンホーフ宮殿と新バーベルスベルクに近づけなくなる。ソ連兵が作業した。英国チャーチル首相のベッドが夜中に、折れて壊れてしまったことがある。その時も夜間にベッドを修理したのは、ソ連から来ていた職人だった。

宿舎には、食器や調理器具、寝具、家裁道具なども必要だった。それもすべて、ソ連が用意する。各国首脳が滞在するエリアには、床屋やバーなども設けられた。ウーファ映画スタジオの敷地には、運動場も設置される。洗濯は、ポツダム市内にある洗濯工場が担当した。夏で蚊が多いことから、蚊除けスプレーや蚊帳も用意される。特に英国が、マラリアに感染するのを心配した。ポツダムは熱帯ではない。マラリアに感染するのは、考えられない。英国人の取り越し苦労だった。

食材と飲み物は、各国が本国などから持ち込んだ。高価なワインやウィスキーも用意された。首脳のディナーパティーのため、超一流のコックが本国から同行する。

ポツダムでは大きな政治ショーに向け、準備が着々と進んでいた。しかしポツダム市民には、何も知らされない。ポツダムでは、何か大きなことがはじまる。地元住民は次第に、そう感じはじめた。住民が自宅から、追い出される。まず、グリープニッツ湖湖畔に並ぶ新バーベルスベルクの邸宅を開け渡さなければならなかった。退去するのに、住民には三、四時間の猶予しか与えられない。最低限必要なものだけを持って逃げた。バーベルスベルクでは集合住宅から、住民が次々に立ち退く。一九三〇年代に建設されたモダンな住宅が対象だった。そこには、ソ連赤軍兵士や会談に同行する各国職員などが入居する。クラウス少年の住宅も、一九三〇年代に建設されたものだった。毎日、いつ退去命令がくるかと心配した。しかし家族は、すぐには追い出されない。大切な家裁道具はその間に、祖父母の家に移した。祖父母の家は古い。古い家は、安全だろうと思った。

バーベルスベルクでは、退去を免れた住民がグリープニッツ湖湖畔の邸宅を出た住民を受け入れた。出征した男性が帰還しないので、ベッドが空いている。クラウス少年の家でも、父はまだ戦地から戻っていなかった。

住宅をなぜ、開け渡さなければならないのか。はじめは、誰にもわからなかった。住民の間で、いろいろと噂が出回る。そのうちに、張り紙が街の中に出た。紙には、「命令」と書かれている。ソ連占領軍最高司令官ジューコフ元帥が署名していた。ロシア語で書かれている。それでも住民ははじめて、連合国の首脳会談があることを知った。住民たちはむしろ喜んだ。何か生活に役立つものが見つかるに違いない。とても暑い夏だった。まもなく、寒い冬がくる。石炭やその他燃料となるものが必要だ。日常生活で足りないものはその間に、何でも盗んで手に入れておこう。みんなそう期待した。

街のあちこちで、ソ連赤軍上官の姿が見られるようになる。新しい命令書が張り出された。連合国の国旗を縫って、家の前に掲揚するようにという。連合国は、ソ連と米国、英国、仏国の四か国。当時は、連合国の国旗など買えるような時代ではない。自分たちで縫うしかなかった。ぼくは咄嗟に、「米国国旗の星はどうしたのか」とクラウスに聞いた。米国の旗が一番難しいと思ったからだ。「星がいくつ必要なのかも知らなかった」と、クラウスはいう。自宅に四巻の百科事典がある。そこに、各国の国旗の絵があった。幸い自宅には、手動の足踏みミシンがある。電動だったら、停電で使い物にならなかった。

一番困ったのは、米国国旗ではない。英国の国旗だった。確かに、米国の星よりも複雑だ。一番簡単にできたのは、ソ連の赤旗。住民はすぐに、ナチスの旗のことを思った。それなら自宅にある。ナチスの旗は、赤色の下地の真ん中に白の丸い布を縫い付け、その上に黒のハーケンクロイツが縫ってある。それを剝ぎ取ればいい。その後に、黄色の鎌と槌を縫い付ける。赤い五芒星は、黄色の紐を使って縁取りする。

仕上がったソ連の国旗は、どの家でも同じように見えた。真ん中の丸いところが、周りよりも明るく見える。ナチスの旗からつくったのだった。それでも、ソ連国旗はソ連国旗。「人々は、時代の変化を感じただろうね。ナチスの過去に感謝するしかなかったよ」と、クラウスは笑った。

記念碑への批判記事がでる

ヒロシマ広場の記念碑は、二〇一〇年七月二五日に落成する。米軍の原爆投下命令が出された日だ。命令が出されてから六五年。記念碑を設置する工事は、七月中旬からはじめればいい。記念碑を構想した石彫家の藤原信と調整した。

工事をはじめる二週間ほど前だった。ニールスからメールがくる。メールに添付した記事を見るようにと書いてある。記事は、ポツダムの地元紙に掲載された投稿記事だった。同じ記事がベルリンでも、同じ系列の新聞に出ているという。記事は七月一日付け。記事のタイトルは「歴史のでっち上げ、ポツダムが日本を持ち上げる。ヒロシマ（広場）の記念碑は、日本の戦争責任を黙認する」。ぼくは、目を疑った。

記事を投稿したのは、ロバーツ・マッカイという米国人。どこかで見た覚えがあった。ニールスのメールには、前年の二〇〇九年一二月に記念碑に対して英文批判記事を出した人物だと書いてある。米国教会系のサイエンス雑誌だった。ぼくは、内容がはっきりせず、何をいいたいのかよくわからない記事だと感じたのを覚えている。

マッカイは英文の批判記事で、記念碑は米国トルーマン大統領の過去に対する挑戦であり、大統領の過去を歪めるものだと断定した。米国国務省はドイツを、農業国にする計画だった。それに反対したのは、トルーマンだ。それに対して、感謝の気持ちもないのかと主張する。トルーマンはマーシャルプランによって、西ドイツを経済復興させた。それと原爆投下に、どういう関係にあるのか。ポツダムは当時、東ドイツ領だった。何か、混同していないだろうか。よくわからない。

戦後のソ連によるドイツ人虐待を忘れてしまったのかとも、ポツダム市を批判した。ポツダム市はソ連秘密警察ＫＧＢのあった跡地に、スターリンの暴力によって犠牲となった市民を追悼する記念碑を設置している。マッカイは、それを知らないらしい。

英文の批判記事は、記念碑が気に入らない、何でも批判してやれというものだった。感情的に書かれている。マッカイは、単なるトルーマン・シンパではないかと思った。その時ウーヴェとニールスとは今後、注意しておこうと話した。その時は、ニールスが簡単な反論記事を雑誌社に送った。それが掲載されたのかどうか。ぼくたちは知らない。そのマッカイが、ポツダムに〝上陸〟してきた。

今回の記事の冒頭でマッカイは、日本人は自分たちを戦争犠牲者だと見ているとする。広島を単に悲劇扱いしているだけだとも主張した。ドイツは戦争の過去に、真っ向から向き合っている。それに対し日本には、そうした試みがまったくないと批判する。確かに、そういうところはある。

広島原爆投下追悼記念碑をポツダムに設置するのは、終戦末期から東プロイセンなどから追放されて犠牲になったドイツ人の追悼記念碑を東京に設置するようなもの。マッカイはこう主張した。第二次世界大戦によって、一二〇〇万人から一五〇〇万人のドイツ人がドイツ領だった東プロイセンやプロイセン州、東欧諸国から追放され、本国に避難したと推定される。避難中に殺害されたドイツ人は、二〇万人から五〇万人。九〇万人近くのドイツ人女性がその間に性的暴行の被害を受けた。二四万人の女性が死亡したと見られる。

ちょっと待て。ポツダムで追悼する原爆の犠牲者が、なぜ追放されたドイツ人避難民と比較されるのだ。その歴史は、日本とはまったく関係がない。それに係わりのある地も日本にはない。ポツダムの記念碑は、単に原爆犠牲者を追悼するものではない。原爆投下という過去の過ちをもう二度と繰り返さないように警告するものだ。マッカイは、記念碑の意味を取り違えていないか。比較する歴史の対象も混同していないか。

日本は自分たちを犠牲者と見て、戦争責任を否認する。それが、中国や韓国、ベトナム、インドネシア、フィリピン、台湾、タイなどのアジア諸国との争いを招く原因になっている。マッカイはそうも説明した。それも少しおかしい。日本は戦争責任に対し、公式に謝罪していない。しかし否認はしていない。遺憾に思っている。それが、アジア諸国との間で根本的な問題になっている。

「よりによってドイツにおいて、広島という犠牲者の仮面をかぶるのは、絶対に許せない」と、マッカイは強い口調で批判した。ポツダムに（原爆投下）記念碑を設置するなら、米軍の核兵器をドイツから撤収するよう求めるべきだ。核軍縮の問題に力を入れたほうがいいとも説教した。記念碑は、そのためにある。ぼくたちはポツダムで事前に開催された平和首長会議においても「ポツダム宣言」によって、ドイツから米軍の核兵器を撤廃するよう要求した。

記事には、マッカイが元ベルリン米国商工会議所会長とある。「トルーマンハウス大西洋友の会」の共同設立者とも記載されていた。ドイツが統一された後の一九九〇年代、トルーマンハウスを買い上げて建物を「トルーマン記念センター」とか、「トルーマン博物館」にしたいというアイディアがあった。トルーマンハウスが一時的に、そう呼ばれていたと聞いたこともある。マッカイは、その主導者だった。一九九〇年代、トルーマンハウスでマッカイをよく見かけたともいう。その後、トルーマンハウスを買い取ったフリードリヒ・ナウマン財団にもよく出入りした。財団は、米国寄りの自由主義政党系財団。両者の仲が良いのも、当然といえる。

新聞記事には、正式の碑文が入っていた。碑文はそれまで、公表していない。関係者以外は知らないはずだ。そのテキストをどう入手したのか。それも謎だった。ショックだった。

このまま放っておくわけにはいかない。ポツダム市の市長室とも調整した。ぼくたちの会のニールスと市長室長ヴォルフガング・ハードリヒが連名で、反論記事を出すことになる。反論記事のテキストは、翌日にできた。それを、マッカイの記事を掲載したポツダムとベルリンの新聞に掲載してもらいたい。二つの新聞は姉妹新聞。内容は、ポツダム中心か、ベルリン中心かの違いしかない。二つの新聞の編集部と交渉した。ポツダムのほうは、問題なく掲載が決まる。それに対しベルリンのほうは、編集部から断られた。批判記事は、社で書いた記事ではない。投稿記事で、投稿者の個人の意見にすぎない。社としてはそういう場合、反論記事を掲載しない方針だといわれる。ぼくたちは、一方の意見しか載せないのはおかしいと思った。しかし、どうしようもなかった。

ポツダムには、たくさんの記念碑がある。記念碑の目的は、過去をどう公平に伝えるかにある。記念碑を設置するのは、過去を中立に伝える文化だ。トルーマンハウス前の記念碑も、過去を伝え、過去の過ちを二度と繰り返さないためにある。記念碑は、日本の戦争責任問題を黙認しているわけではない。原爆犠牲者を追悼し、核兵器の廃絶を訴えている。そのために、記念碑を設置する。マッカイの批判はおかしい。的外れだ。記事では、そう反論した。

三首脳がくる

ポツダム会談を実現するには、米英ソの三首脳がポツダムに入るルートも考えなければならない。そのためベルリン郊外に、小さな飛行場が造られた。ベルリンの西にあるガートウという小さな村。そこから、宿舎となる邸宅街のある新バーベルスベルクに車で入る。ポツダムの周辺には、湖や川、運河がたくさんある。ガートウから宿舎に入るには、新バーベルスベルクの北でハーフェル川の一部となっている湖を渡らなければならない。湖の幅が一番狭くなる地点に、車が通れる仮設の船橋が設置された。

宿舎のある新バーベルスベルクから会談場となるツェツィーリエンホーフ宮殿に乗り入れるには、グリーニッケ橋を渡らなければならない。しかし橋は、空爆で破損して使えなかった。そのため橋の横に、木造で仮設の橋が造られた。グリーニッケ橋は、独ソ戦最後の激戦のあったゼーロウ高地と帝国一号線でつながっている。ポツダムとベルリンの境界にある。

米国トルーマン大統領は一九四五年七月七日朝、会談に出席するため、重巡洋艦オーガスタに乗ってニューポート・ニュースを出発した。重巡洋艦オーガスタは一九四一年八月、米国ルーズベルト大統領と英国チャーチル首相が大西洋憲章を発表したところ。憲章では、第二次世界大戦後の世界秩序の基本原則について合意された。オーガスタはさらに一九四四年六月、連合国軍がナチ

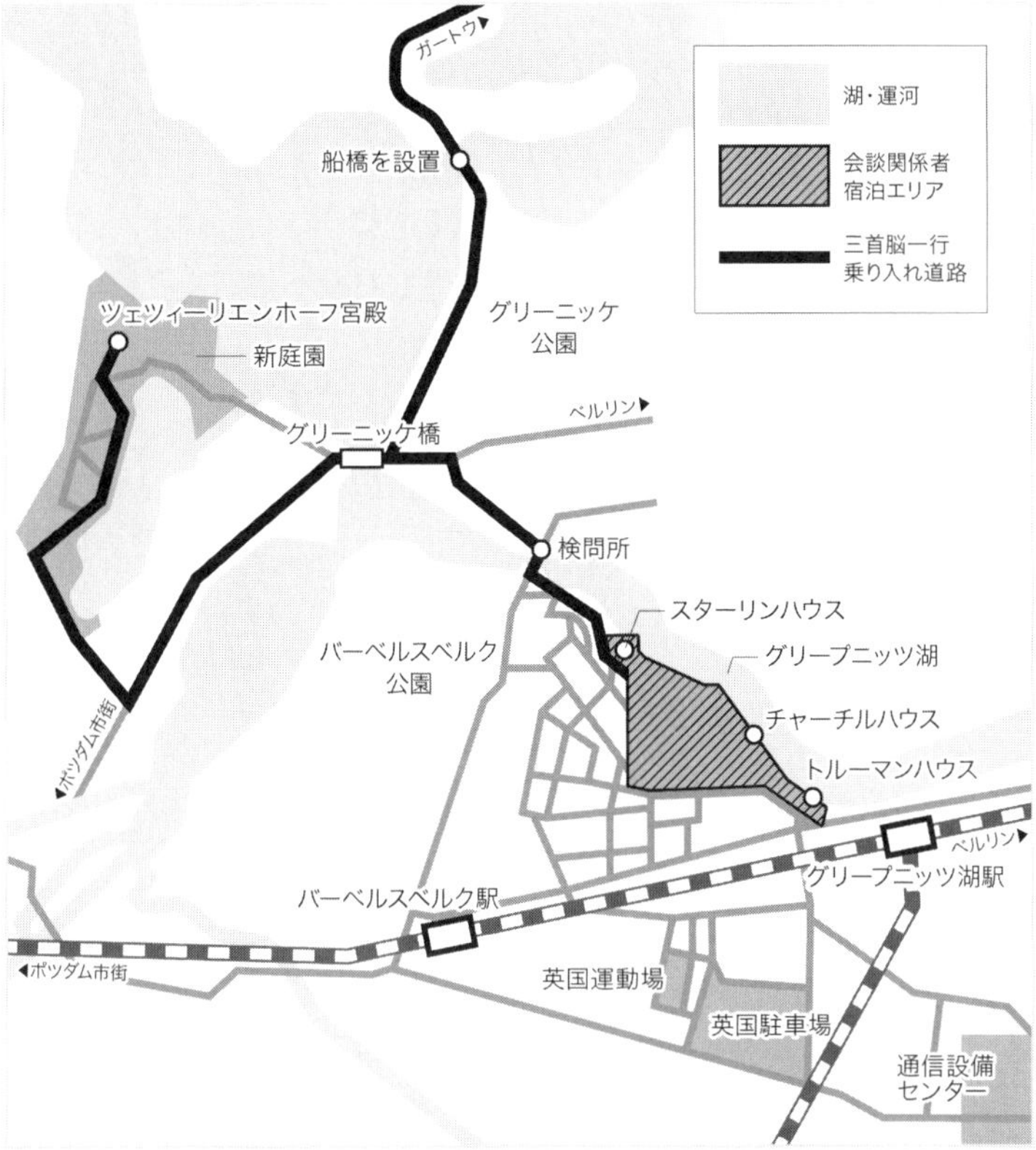

地図3　新バーベルスベルクとツェツィーリエンホーフ宮殿周辺
（トレース：井本麻衣）

ス・ドイツに占領された北西ヨーロッパに侵攻するノルマンディー上陸作戦にも参加する。進撃に成功したのは、ナチス・ドイツとのヨーロッパ戦線で重大な転機となる戦いだった。

　トルーマン一行は三四〇〇海里の航海を経て、七月一五日午前ベルギーのアントウェルペンに到着。ヨーロッパ地域連合国遠征軍最高司令官アイゼンハワー元帥らの出迎えを受ける。そこから車四〇台を連ね、ブリュッセル空港に向かった。空港には、米国ダグラス社の旅客機DC―4型機を軍事用に改良したC―54型機三機が待機している。トルーマンはそのうち、大統領専用機「セイクリッド・カウ（聖なる牛）」に搭乗した。一三時出発。一六時、ベルリン郊外のガートウ飛行場に到着する。

飛行場では、当時在米国ソ連大使だったアンドレイ・グロムイコが出迎えた。グロムイコは当時、三五歳。日本ではその後、ソ連外相としてよく知られる。米国側からは、ヘンリー・スティムソン陸軍長官らが待っていた。スティムソンはジェームズ・バーンズ国務長官によって政敵として、大統領一行から排除される。別行動で、ポツダムに先乗りしていた。一七時、トルーマンが邸宅に入る。

英国チャーチル首相はトルーマン大統領の直後、フランスのボルドーからガートウ飛行場に到着する。チャーチルは会談前の一週間、ボルドーで休養していた。飛行機から降りる時も、葉巻を口にくわえている。タラップを降りる途中、報道陣のカメラを前に手でV字サインをした。

トルーマンは翌一六日朝、邸宅三階の大きなスイートで目を覚ます。その後、邸宅の辺りを散歩した。八時に朝食を済ませると、バーンズ国務長官、レーヒー統合参謀総長と打ち合わせるため会議室に入る。米国の政府機能が、ポツダムに移ってきたのだった。邸宅は、「リトルホワイトハウス」と呼ばれるようになる。

一一時頃、チャーチルが訪ねてくる。イーデン外相とカドガン外務次官が一緒だった。チャーチルはルーズベルト前大統領を訪問した時、トルーマンと顔を合わせたことがある。大統領のトルーマンと会って話をするのは、はじめてだった。空軍兵士として付き添ったチャーチルの末娘メアリーは、この時のことを母宛てにこう報告している。

パパは今日午前、トルーマン大統領に会ったのよ。大統領は、わたしたちのところから四〇〇ヤード（四〇〇メートル弱）ほど離れた、それは醜い邸宅にいるの。パパは、そこに二時間いたわ。……パパが邸宅から出ると、一緒に歩いて帰ったのよ。パパは、大統領をとても評価すると、わたしにいったの。同じことばを話すからね。一緒にうまくやっていけると、いったわ。

英国のEU離脱問題では、保守党議員が何人も党から除名された。ジョンソン首相を厳しく批判したからだ。そのうちの一人ニコラス・ソームズ議員の母が、このメアリーだった。チャーチルの孫がジョンソン首相に、三行半を突きつけたと話題になる。

チャーチルが滞在した邸宅は、ミース・ファンデルローへが設計した。二〇世紀はじめに美術と建築にモダニズムをもたらした「バウハウス」を代表するドイツ出身の建築家だ。チャーチル邸は、格段にモダンで洒落ている。メアリーがトルーマンハウスを「それは醜い」というのも仕方がなかった。

チャーチルと会った後、トルーマンは午後になると、バーンズとレーヒーとともに廃墟となったベルリン視察に出かけた。乗ったのは、クライスラーの大きなオープンカー。ベルリン市街に入るとすぐに、あちこちに放置された死骸と破壊されたままの下水道から、ものすごい異臭に襲われる。街が焼けこげた臭いも消えていない。街には、年老いた男性や女性、こどもたちしか見えなかった。わずかに残った持ち物を引っ張ったり、押したりしている。行く当てもなく彷徨っているようだった。

チャーチルも同じ頃、ベルリンに出かける。侍医モーラン卿、イーデン、カドガンが付き添った。チャーチルとトルーマンはこの時、ベルリンでは遭遇していない。チャーチルは、破壊された帝国議会の前で車から降りた。そこからロシア人ガイドの案内で、ヒトラーの防空壕まで歩く。地下壕にも入った。ヒトラーと愛人のエファ・ブラウンが自殺したところだ。地上に上がると、錆びたブリキの容器がいくつも転がっていた。その下に、黒く焦げた跡がある。ヒトラーとエファ・ブラウンの亡骸が焼かれた跡だった。

トルーマンもチャーチルも、ベルリン見学から邸宅に戻る。一行はすぐに、消毒液のたくさん入ったバスタブでからだを洗った。

トルーマンがベルリンから邸宅に戻る二時間ほど前、米国ははじめての原爆実験に成功する。実験は、ニューメキシコのアラモゴルドで行われた。ジョージ・ハリソン特別補佐官から、極秘の暗号電報がスティムソン陸軍長官に送られる。電報には、「今朝、手術終わる。診断は未完了。結果は良好、予想以上だ」とあった。スティムソンはそれを持って、トルーマンとバーンズのいる邸宅に急いだ。トルーマンはその時のことをなぜか、回顧録に記録していない。

翌一七日午後スティムソンは、チャーチルを訪ねた。いきなり、一枚の紙切れをチャーチルの座るテーブルの上に置く。紙には、「ベービーが無事生まれた」とある。ハリソンから届いた二つ目の電報だった。チャーチルは、何か特別なことが起こったと悟る。スティムソンは「これが、どういうことかわかりますか。大きな実験に成功したのです。原爆が生まれたのです」と、興奮していった。

翌朝、原爆実験の報告書第一報が飛行機でポツダムに届けられる。スティムソンは一式を、チャーチルにも手渡した。トルーマンがすぐに、チャーチルに話があると連絡してくる。トルーマンのところには、ジョージ・マーシャル陸軍参謀総長とレーヒー統合参謀総長がいた。原爆のことをスターリンにどう伝えるべきか。それを協議するためだった。

ソ連スターリン書記長は、ダグラス機でポツダムに飛ぶのを拒否した。列車で、モスクワからポツダムに入ることになる。七月一五日朝、モスクワ郊外を出発。ポツダムに着いたのは、二日後の一七日午前だった。ソ連ドイツ占領軍最高司令官ジューコフ元帥らが、駅ホームでスターリンを出迎える。すぐに車で宿舎の邸宅に向かった。その時スターリンはジューコフを同乗させ、会談の準備は大丈夫かと聞いた。

スターリンはポツダムに到着するとすぐに、米国トルーマン大統領と会う。お昼頃だった。スターリンはトルーマンに、遅れたことを弁明する。中国代表団との交渉が長引いて手を離せなかった。飛行機で飛ぶ予定だったが、ドクターストップがかかったと説明した。しかしスターリンは、トルーマンとチャーチルを故意に待たせたのだ。そうして自分が、世界で最も権威のある指導者だと誇示した。この心理作戦はその後も、スターリンがよく使うようになる。

ソ連一行には、六二の邸宅が充てがわれた。敷地面積は全体で、一万平方メートル。スータリンの邸宅には、一五室も部屋がある。肉やハム、ソーセージ、飲み物など豪華な食糧も用意されていた。ポツダム周辺で、牛と鶏の酪農場と果物農場を押収。パン工場も二か所占拠した。料理人、給仕、その他必要な人材はすべて、ソ連から連れてこられる。すべてが、ソ連の権力をデモンストレーションするために演出された。

七月一七日一七時、三首脳会談がツェツィーリエンホーフ宮殿の本会議場ではじまった。スターリンの到着が遅れたことから、一日遅れる。会談中、スターリン一行を警備するため、ソ連赤軍は七部隊、一五〇〇人を配置した。グリープニッツ湖を挟む邸宅の対岸には、各国軍のキャンプが設置される。そこから各国の部隊が、それぞれの首脳が宿泊する邸宅を厳重に警備した。

スターリンはヤルタ会談において、米国ルーズベルト前大統領とチャーチル首相との間で、うまく信頼関係を築いた。それに対してポツダム会談ではむしろ、孤立する。ポツダムの地元歴史家クラウス・アールトは「チャーチルが最後までポツダムに留まっておれば、スターリンはもっとうまく振る舞

ポツダム会談に出席する三首脳
右からスターリン、トルーマン、チャーチル
1945 年 7 月 25 日撮影
米国ハリー・S・トルーマン図書館
（Harry S. Truman Library）所蔵

えたはずだ」と、持論を主張する。クラウスはスターリンのことを、ルーズベルトと同じように「ジョーおじさん」と呼んだ。チャーチルは、総選挙に負ける。後任のアトリーに首相の座を譲らなければならなかった。会談の開催途中に帰国する。

スターリンは、アトリーのことを相手にしなかった。トルーマンは、スターリンとうまく交渉できるようなタイプではない。スターリンは、トルーマンのことを信用しなかった。三者の関係はうまくいくはずがなかった。

チャーチル不在でスターリンとトルーマンの関係が悪くなり、原爆投下の判断に微妙な影響を与えたかもしれないと、クラウスは推測する。ソ連は、独ソ戦の勝利者だ。世界で大きな権力を得る。その権力に対抗するため、米国は原爆投下によって米国の権威を示そうとした。もしチャーチルが最後までポツダムにいたら、ソ連と米英がお互いに信頼し、戦後の冷戦がもっと違う形になったかもしれない。チャーチルが選挙に負けたことが、歴史を変えてしまった可能性がある。クラウスには、そう映っている。

七月二三日の夜、チャーチルはポツダム最後の晩餐会を催した。チャーチルの右にトルーマンが、左にスターリンが座る。スターリンがいきなり、次の会談を東京でやろうといい出した。日本に宣戦布告し、東京を侵攻するつもりだ。とても上機嫌だった。原爆実験のことは、何も知らないように見受けられる。日本への攻撃について、熱狂して弁舌した。戦争がもっと激しくなる。もっと長引くだろう。チャーチルはこの時のことを、そう回顧した。

スターリンが急に立ち上がった。手に献立カードを持っている。テーブルを歩き回りながら、参列者一人一人にサインを求めた。スターリンは最後に、チャーチルの前に座る。署名をねだる。チャーチルがサインすると、二人は顔を見合わせて大声で笑った。二人の前には、赤ワイン用の大きなグラスが二つ置いてある。ブランディーで一杯になっていた。二人はそれを一気飲みする。お互いを認め合うかのように、向き合った。

翌二四日夜、全体会議が終わる。トルーマンは通訳だけを連れ、スターリンのところに向かった。トルーマンはスターリンに、並み外れた破壊力のある「新しい爆弾」について説明する。スターリンは、「新しい爆弾だって。それはすごい。日本にとって、重大な局面になる。何と運がいいのだ」と、自分のことのように喜んだ。トルーマンが新しい爆弾のことを伝えてくれたことに感謝する。最後に「自分は技術者ではない。明日の朝、核物理学のわかる専門家をいかせてもいいか」と、トルーマンに聞いた。

チャーチルは会談場前で、車を待っている。トルーマンがくると、「(スターリンとの) 話はどうだったか」と聞いた。トルーマンは、「スターリンは、(新しい爆弾について) 何一つ質問しなかった」と答える。二人は、スターリンがその重大さを理解しなかったと思った。しかしスターリンは「新しい爆弾」と聞いて、それが原爆であることを知っていた。お芝居して、知らない振りをしただけだった。

英国は原爆実験前の七月四日、米国が原爆を使用することに同意していた。後は、米国大統領が最終決断するだけだ。チャーチルはそう思った。二五日午後、チャーチルは娘のメアリーとともにポツダムを離れ、飛行機でロンドンに戻る。同じ二五日米国ワシントンでは、原爆投下作戦を指揮する陸軍戦略空軍司令官カール・スパーツ将軍に、原爆投下命令書が渡された。

平和首長会議を開く

ヒロシマ広場（当時）の記念碑がまもなく完成する。ぼくは、それだけでは足りないと感じた。何か事前に内容を肉付けして、原爆の問題をポツダムからアピールできないだろうか。思い付いたのが、平和首長会議だった。ポツダム市が加盟都市なら、ポツダムで開催できる。しかしポツダム市は、日本語の加盟都市リストに載っていない。ぼくは、平和首長会議ドイツ支部のキサンテ・ホールに聞いた。ポツダム市が二〇〇五年、平和首長会議に加盟していることがわかる。ポツダムの加盟が、ドイツから日本に伝わっていないだけだった。

会の代表ウーヴェに話をしてみる。ウーヴェは、賛成してくれた。ただポツダム市に、平和首長会議を開催するだけの予算があるかどうか。それが一番の問題だった。市長室と交渉するしかない。その前に、可能性をキサンテに打診した。キサンテは、ＩＰＰＮＷ（核戦争防止国際医師会議）ドイツ支部で核兵器廃絶問題を担当している。キサンテの昼休み時間に、事務所近くのカフェでウーヴェとともに会った。キサンテの反応は、とてもクールだった。可能性がないことはない。それ以上はいわなかった。市長室さえ説得できれば、ドイツ支部の平和首長会議をポツダムで開催できる。ぼくはそう確信した。後は、ウーヴェに任せるしかない。

ヒロシマ広場をつくる会で実際に活動しているのは、ウーヴェとニールス、それにぼくの三人だけ。平和首長会議を準備できるような組織ではない。会議は、ポツダム市で国際交流を担当する組織が主催する。ウーヴェがその団体に、コーディネーターとして加わることになった。

記念碑ができる前の二〇一〇年六月一一日と一二日の二日間、ポツダム市庁舎内の市議会議事堂でドイツ支部の平和首長会議が開催される。核兵器廃絶を求めるドイツの自治体首長が集まった。会議では最後に、「ポツダム宣言」が決議される。ドイツの自治体首長は、米軍がドイツから核兵器を撤退させること、すでに計画されているドイツにある核兵器と核ミサイルを近代化するのも中止するよう求めた。

平和首長会議を実現するに当たり、ぼくには一つの思惑があった。原爆体験者と元従軍慰安婦、ドイツの空襲体験者とナチス強制収容所生存者を一緒に会議に招待できないだろうか。戦争加害国における戦争被害者と、戦争加害国の犠牲となった被害者を引き合わせる試みだった。和解する試みだといってもいい。原爆体験者としては、ベルリン在住の外林秀人を考えた。元従軍慰安婦は、オランダから呼んではどうだろうか。韓国からきてもらうよりも、経費を削減できる。ぼくは秀人から原爆体験の講演後、元従軍慰安婦問題で韓国人女性と議論になったことがあると聞いていた。秀人は、アジア女性基金ができたから慰安婦問題は片付いたと思っていた。しかし、韓国人女性が納得しない。二人の間で激しい口論になった。

和解の試みは、そう簡単なことではない。それは十分、わかっていた。ドレスデン空襲体験者ノーラ・ランクらのグループが、ナチス・ドイツが空爆、破壊した都市の生存者と交流して、和解しようとしている。その試みをポツダムにも持ってこれないだろうか。和解の輪を世界にもっと広げたいと思った。

ウーヴェに提案してみた。キョトンとしている。それがどういう意味なのかわからないのだった。「ポツダムでも、和解の試みをはじめられないだろうか」と、ぼくは付け加えた。ウーヴェはすぐに「そんな予算はない」と、あっさりと切り捨てる。和解に賛同してもらえるようになるには、まだ時間がかかるのだとわかった。ドレスデンのようにはいかない。ポツダムには、過去を伝える記念碑がたくさんある。しかし戦争を伝え、和解を試みるための地盤、枠組みがまだない。ポツダムはドレスデンではない。小さな活動を続け、それを積み重ねることからはじめなければならない。第一歩が記念碑を完成させること。まずそこからだ。その後に、和解の枠組みを地道に築くしかない。そう痛感させられた。

平和首長会議の期間中、会議の行われる市議会議事堂の前でポツダム大学折り紙クラブの学生たちに折り鶴を折ってもらった。折り鶴を折りながら、平和について考える。それを、平和首長会議においてデモンストレーションしたかった。会議の参加者にも、折り鶴を一緒に折ってもらいたい。折り鶴とともに、平和について自分で体験してもらいたい。

ポツダムは占領されていた

ポツダム会談が近付くにつれ、ポツダムやバーベルスベルクでは米英ソの兵士をたくさん見かけるようになる。ソ連兵は米兵や英兵に比べ、身だしなみがきちんとしていなかった。清潔そうな制服を身につけているのは、地位の高い上官だけだ。それに対して米兵や英兵はみんな、身だしなみを整えていた。

住民は、ソ連兵から距離を置いていた。ソ連兵が、住民の持ち物を何でも持ち去るのではないかと思ったからだ。ソ連赤軍の占領した街では、自転車がなくなるという噂が流れた。時計もなくなる。特に、腕時計や掛時計に人気があった。大きなホールクロックも好まれた。本国に大きな時計がなかったからか。あるいは、高く売れると思ったからか。女性は、ソ連兵に怯えていた。ソ連兵の目にとまらないようにした。性的暴行の犠牲になるのが怖かった。

こどもたちは、見慣れない兵士たちを追いかける。兵士たちが何か自分たちの知らないもの、新しいものを持っていないだろうか。好奇心に溢れていた。こどもたちが一番ほしがったのは、米兵の持っているチューインガム。クラウス少年ははじめて、「チューインガム」ということばを聞く。何のことか、知らなかった。少年は自宅の本棚から、英語の教科書を探し出す。それではじめて、チューインガムが何のことかがわかった。

米兵は、ナチスのバッジや紋章などをおみやげにほしがる。しかし住民は、ナチスに係わるものをほとんど捨ててしまっていた。クラウス少年の家の近くの森に、たくさんの「ナチス・グッズ」が捨てられている。こどもたちが競って、拾いに行った。こどもの中には「(ナチスの)おみやげ品」を兵士に売って、たくさんの小銭を稼いだ者もいる。「米兵は観光気分で、観光客のようだ」と、クラウス少年には映った。こどもたちにとり、米兵は「いいカモ」でもあった。

米兵はよく、颯爽とジープを乗り回していた。クラウス少年のおじは、手に技術のある職人。仕事で三輪車に乗っている。それとは格段の差だった。少年は、ジープを乗り回す米兵を「かっこいい」と思った。それに対して英兵は、普段通りに気取らずに振る舞った。「おみやげ」もせがまない。パトロール中に喉が渇くと、水をもらえないかと丁寧に求めてくる程度だった。

首脳が滞在する新バーベルスベルクの南に、ウーファ映画スタジオの広い敷地がある。各国軍はそこに、車をまとめて駐車した。米軍はスタジオの広い敷地に、大きな通信設備も設置した。こどもたちはよく、敷地の入り口前で米兵が出てくるのを待っている。チューインガムをおねだりした。チョコレートももらえるかもしれない。それが、こどもたちの日課だった。

こどもたちは、「赤い橋」と呼ばれる場所にも行った。ナチス時代、ドイツ赤十字の本部だった建物がある。人体実験した親衛隊の医師がたくさん働いていた。新バーベルスベルクの邸宅街から、南東に二キロメートルほど離れている。建物の周りには森しかない。森の北では、テルトウ運河が東西に流れる。運河は西側で、湖畔に邸宅のあるグリープニッツ湖につながっている。

運河に近い森に、連合国軍のゴミ捨て場があった。ソ連兵はそのゴミ捨て場に、何から何まで情け容赦なく捨てた。最初に捨てられたのは、新バーベルスベルクの邸宅にあった家財道具だ。こどものおもちゃもあった。豪邸の書斎にあった本が、紙くずのように捨てられている。銅版画や骨董品も、価値のない物のように散らばっていた。こどもたちが普段見たことのない豪華なものばかり。クラウス少年はそれを見て、とても心を痛めた。文化が無残に放置されている。少年は、本だけでも救おうと思った。ゴミ捨て場からたくさんの本を持ち出す。ぼくはその本を見たいと思った。でも本はもう、クラウスの手元にはない。

投棄された物が誰のものだったのか。それは、もうわからない。新バーベルスベルクの豪邸に住んでいた住民のものだったことだけは確かだった。豪邸を退去する時、住民は必要最低限のものだけを持って逃げる。豪華な調度はすべて、邸宅に放置したままだった。その価値は、兵士にはわからない。兵士たちは豪邸が空になるまで、捨てまくった。

ゴミ捨て場は、大人にとっては宝の山のようだった。戦争に負け、物資がない。ゴミ捨て場に行けば、生きるために使えるものがあるかもしれない。みんな競って「ゴミ」を「盗み」に行った。絵画など貴重な芸術品は、すべて引き裂かれている。豪華なものがあっても、住民は目もくれなかった。芸術品は価値のない不用品。それに対し、絵画の額縁のほうが取り合いになる。かまどで調理するための薪とする。ガスコンロがなかったわけではない。ガスは供給されなかった。薪がないと、煮炊きができない。お湯も飲めなかった。冬になれば、額縁はストーブの燃料となる。生活に必要なものはすぐに、ゴミ捨て場からなくなった。「価値観が逆転していた」と、クラウスは振り返る。

まもなくすると米兵が毎日、トラックで残飯を捨てにくるようになった。今度はそれを、住民が奪い合う。米軍のトラックが、残飯を捨てるところの少し前で止まる。米兵が何人もトラックから降りて、残飯捨て場に入った。次にトラックも入る。トラックの荷台が音を立てて上がった。残飯が荷台からすべり落ちる。突然、ドイツ人たちが一目散に残飯の上に這い上がった。周りに潜んで、トラックがくるのを待っていたのだ。ドイツ人たちが残飯を貪りはじめる。米兵たちはその様子を、カメラでパチパチと撮影した。「勝ったのは、ぼくたちだ」といわんばかりだ。米兵のほとんどが、ドイツ製高級カメラ「ライカ」を持っている。米兵の表情は、勝利の喜びに満ち溢れていた。

クラウス少年はいつも、空腹だった。すぐに残飯の山に走っていきたかった。しかしできない。空腹感を強引に抑え、そのシーンを見ないようにした。少年は虚しい気持ちで、その場から一目散に駆け出す。涙が溢れ出た。

現在、ゴミ捨て場には木や雑草が生えている。もうごみ捨て場があったようには見えない。一部が、小高い丘のようになっている。金細工品など豪華なものが、まだ残っているかもしれない。今も、そんな噂が絶えない。クラウスはゴミ捨て場の過去を、もう話さないようにしている。

ぼくはクラウスに、「三首脳のうち、誰か見ましたか」と聞いた。少年はバーベルスベルクの街角で、米国トルーマン大統領がオープンカーに乗って走っているのを見たことがある。どこに向かうつもりなのか。わからなかった。車は、ウーファ映画スタジオの方角に走って行った。クラウスの答えはとてもクール。まったく関心がなかったかのようだった。

碑文を修正する

ヒロシマ広場の募金運動用チラシに、記念碑に入れる碑文が記載されている。二〇〇五年一二月に市議会で決議されたものだった。そこには、

一九四五年七月二四日、アメリカ大統領の原爆投下命令が下された

とある。

碑文は、永遠に残るもの。内容に間違があってはならない。それだけに慎重でなければならなかった。責任を持てるように、史実をしっかり確認しておいたほうがいい。トルーマン大統領が実際に、一九四五年七月二四日に原爆投下命令を出したのかどうか。それが問題だ。ニールスとウーヴェに聞いた。

ニールスが調べた限り、大統領は七月二四日に命令したという。ネットで調べてみる。どこを見ても、「トルーマン大統領が一九四五年七月二四日に原爆投下を命令した」と記述されていた。しかし、それを裏付ける文書がどこにもない。原爆投下命令に関して公式文書として残っているのは、一九四五年七月二五日にワシントンから出された軍の命令書だけだ。命令書には、陸軍参謀総長本部のレターヘッド付きの用紙が使われている。当時ワシントンにいたトーマス・ハンディー陸軍参謀副総長が署名した。命令書の最終項である第四項に、命令書がヘンリー・スティムソン陸軍長官とジョージ・マーシャル陸軍参謀総長の命令と承認を得て発行されたとある。命令書は、グアムに赴任する陸軍戦略空軍司令官カール・スパーツ将軍宛てだった。スパーツは五月八日ベルリン郊外で、ドイツの降伏批准文書に副証人として署名する。ヨーロッパ戦を終え、原爆投下を指揮する軍の担当司令官に任命されていた。スティムソンとマーシャルはその時、ポツダムにいた。

トルーマンはこの命令書について、『トルーマン回顧録』で以下のように書いている（堀江芳孝訳

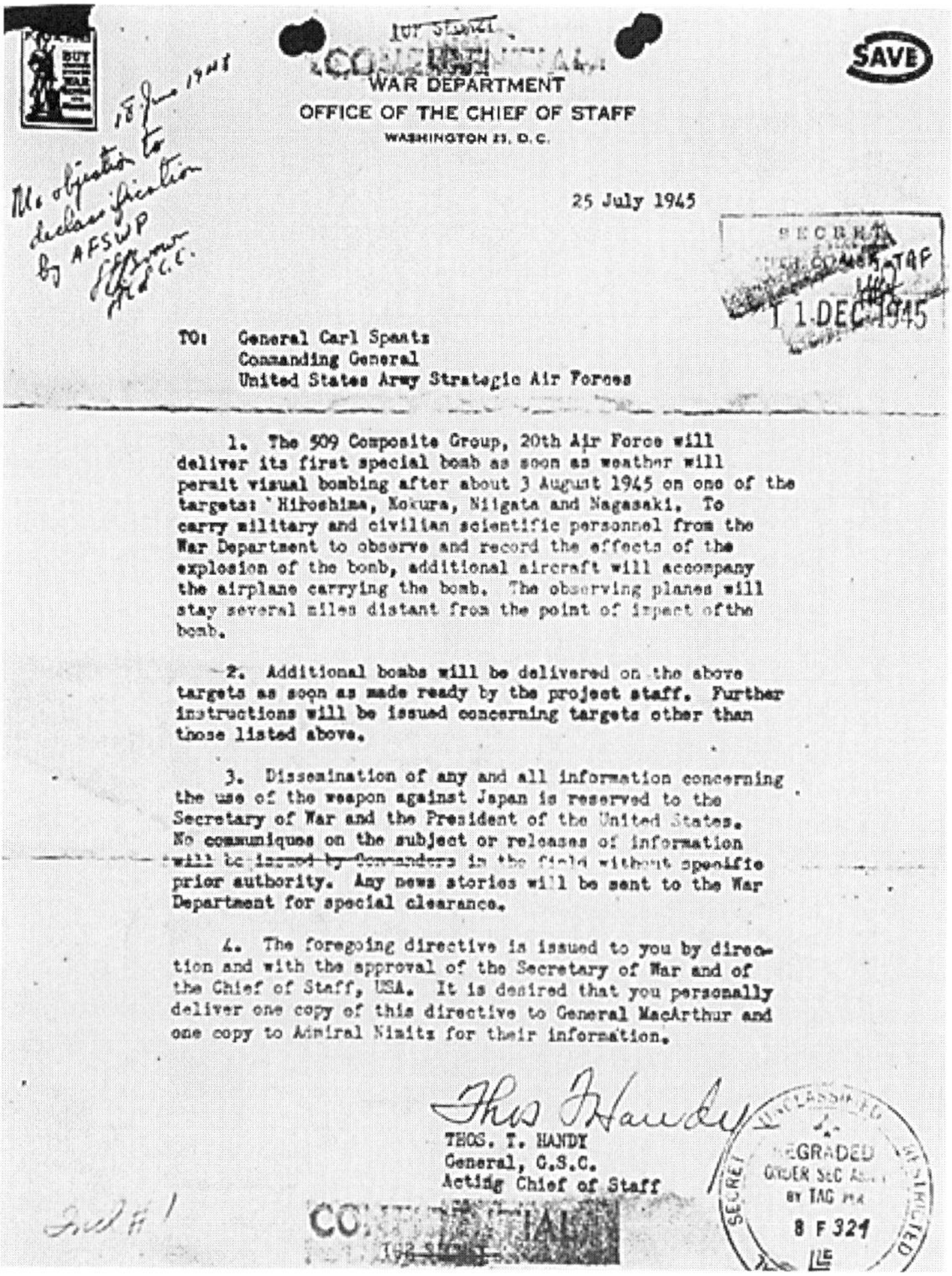

CONFIDENTIAL

WAR DEPARTMENT

OFFICE OF THE CHIEF OF STAFF

WASHINGTON 25, D.C.

SAVE

No objection to declassification by AFSWP

18 June 1948

25 July 1945

SECRET

11 DEC 1945

TO: General Carl Spaatz
Commanding General
United States Army Strategic Air Forces

1. The 509 Composite Group, 20th Air Force will deliver its first special bomb as soon as weather will permit visual bombing after about 3 August 1945 on one of the targets: Hiroshima, Kokura, Niigata and Nagasaki. To carry military and civilian scientific personnel from the War Department to observe and record the effects of the explosion of the bomb, additional aircraft will accompany the airplane carrying the bomb. The observing planes will stay several miles distant from the point of impact ofthe bomb.

2. Additional bombs will be delivered on the above targets as soon as made ready by the project staff. Further instructions will be issued concerning targets other than those listed above.

3. Dissemination of any and all information concerning the use of the weapon against Japan is reserved to the Secretary of War and the President of the United States. No communiques on the subject or releases of information will be issued by Commanders in the field without specific prior authority. Any news stories will be sent to the War Department for special clearance.

4. The foregoing directive is issued to you by direction and with the approval of the Secretary of War and of the Chief of Staff, USA. It is desired that you personally deliver one copy of this directive to General MacArthur and one copy to Admiral Nimitz for their information.

Thos T Handy
THOS. T. HANDY
General, G.S.C.
Acting Chief of Staff

CONFIDENTIAL

SECRET UNCLASSIFIED RESTRICTED
REGRADED
ORDER SEC ARMY
BY TAG PER
8 F 321

1945年7月25日の米軍原爆投下命令書
米国エネルギー省歴史資産調査部
（U.S. Department of Energy – Office of history and Heritage Resources）所蔵

／加瀬俊一監修、恒文社刊から引用）。

どこで、いつ原爆を使用するかの最後の決断は、私にかかっていた。

陸軍省はスパーツ将軍に、第一爆弾は天候の許す限り、八月三日以降なるべく早く投下するよう訓令を下すことを命じた。スパーツ将軍に与えられた命令（一九四五年七月二四日付）はつぎの通りである。

この命令に基づき、一つの軍事目標に向かって第一原爆投下の手配は進行していた。すなわち私は決断を下していたのである。私はまたスティムソンに、われわれの最後通告に対し日本側が受諾の返答をしたということを伝えるまで、その命令は生きていると訓令を出していた。

この三つの文が、トルーマンが一九四五年七月二四日に原爆投下命令を下したとされる根拠になっている。トルーマンはここで、一九四五年七月二四日のスパーツ将軍への命令書に言及した。それが、トルーマン七月二四日命令説の根拠になっている。七月二四日の命令書というのは、本当に存在したのだろうか。存在しない。命令書は、一九四五年七月二五日付けだ。軍によって出された。トルーマンの思い違いかもしれない。

記念碑がある限り、碑文は永遠に残る。碑文は、公式文書だけをベースにしたほうが確実ではないのか。史実は将来の歴史研究によって、修正される可能性がある。しかし公式文書にある記録は、変えようがない。もちろん、新しい文書が発見される可能性もある。しかし今ある文書を基盤にすれば、それが将来、間違いだとされる心配はない。

碑文を修正するには、市議会の許可を得なければならない。ぼくは、どうすべきか迷った。平和学に詳しい日本の友人に、誰かこの問題について相談できる人はいないかと聞いた。すると友人は、明治学院大国際平和研究所の高原孝夫教授を紹介してくれる。早速、教授にメールでコンタクトした。

高原教授には、日本でいろいろ問い合わせていただいた。しかし日本に、この問題について研究する研究者がいないことがわかる。ちょうどその頃だった。日本で、『暗闘　スターリン、トルーマンと日本降伏』（中央公論新社刊）という本が出版されているのを知った。著者は、カリフォルニア大の長谷川毅教授。早速、本を取り寄せて読んだ。そこには、トルーマン大統領が原爆投下を命令したという記述はない。

ぼくは二〇〇八年夏、ポツダム・トルーマンハウスの前に記念碑を設置する計画を紹介するため日本にいた。その時、明治学院大横浜キャンパスに高原教授を訪ねる。結論はでなかった。『暗闘』の著者である長谷川毅教授に相談してみてはどうだろうかということになる。

ぼくはベルリンに戻った。すぐに『暗闘』の版元にコンタクトする。長谷川教授の連絡先を教えてもらった。教授にはメールで、事情を説明して問い合わせる。まもなく返事がきた。メールには、トルーマン大統領の命令は必要なかったとはっきり書かれている。重要なのはむしろ、軍の原爆投下命令がポツダム宣言前に出されたこと。ポツダム宣言は後で、原爆投下を正当化するために出されたという。ソ連の参戦に向け、米国がポツダム宣言を出すタイミングと、原爆を投下する時期を慎重に検討したことがわかる。

スパーツ将軍は原爆投下作戦の司令官として、ヨーロッパからグアム島に向かう前の七月二三日、ワシントンに立ち寄った。ハンディー参謀副総長に、文書で原爆投下命令を出してくれるよう求める。原爆を開発するマンハッタン計画の軍部司令官レスリー・R・グローヴス准将が、命令書の草案を作成。翌二四日、ポツダムにいるマーシャルに打電された。マーシャルとスティムソンの承認を求める。

ポツダム宣言の内容と、原爆投下の時期に関しては、ワシントンとポツダムの間で何回も電報がやりとりされた。原爆を使用するのは自明のこと。問題はむしろ、原爆を投下する時期と攻撃目標だった。原爆を投下する都市の候補がまだ、軍内部で一致していない。最初に提案されたのは、広島と小倉、京都、新潟の四都市。しかし陸軍長官スティムソンは、古都京都を攻撃目標にすることに対して強く反対していた。京都に原爆を投下すると、長期に渡ってしこりが残ると心配する。日本がソ連寄りになることを警戒した。

スティムソンは七月二二日、ポツダムのリトルホワイトハウスでトルーマンと二人だけで会う。京都を原爆投下候補から外すよう進言した。大統領から承諾を得る。広島が、最初の目標になることでも合意した。スティムソンはその後、ヘンリー・アーノルド将軍と会う。アーノルドは、京都の代わりに長崎を投下する候補にしてはどうかと提言する。

七月二四日、ジョージ・ハリソン特別補佐官から電報が届く。原爆投下の時期に関するものだった。八月一日から三日までがそれなりのチャンス、四日と五日がチャンスがいい、何か予期しないことがない限り、一〇日前には確実とある。トルーマンはすぐに、スティムソン、アーノルド、マーシャルを呼び、審議に入った。原爆を投下する都市候補を広島と小倉、新潟、長崎の四都市とすることが最終決定された。決定は、すぐにペンタゴン（国防総省）に打電される。しかし軍部は、長崎が地形的に細長く、原爆の投下目標として適さないとして難色を示した。ワシントンとポツダムの間で、電報のやりとりが続く。しかしその決定は、覆らなかった。

七月二五日の軍原爆投下命令書は、軍主導の手続きを経て出された。命令書に、「八月三日頃以降、天候の状況を見て、広島と小倉、新潟、長崎のうちの一つの目標に投下せよ」とある。「さらに準備が整えば、次の爆弾（複数になっている）を上記の目標に投下する」と、命令された。

この経緯からして、トルーマン大統領が軍の原爆投下命令書案に目を通し、内容を知っていたのは明らかだ。軍中心に進む原爆投下の決定プロセスをしっかり把握していた。しかしポツダム会談の会場ツェツィーリエンホーフ宮殿の展示にあるように、大統領が実際に原爆投下を命令したわけではない。軍部で作成され、決定された命令書を承諾しただけだった。「それでいい」と、いったかもしれない。

トルーマンはポツダムから帰国する途中、大西洋上で自分が原爆投下命令を出したと発言する。しかしそれは、自分でそう誇示しただけではないか。大統領の命令書は存在しない。必要もなかった。

大統領が原爆投下を命令していないのはおかしいと、批判されることも多い。シビリアンコントロール、政治的統制はなかったのか。そんなはずはないと、信じてもらえない。しかし大統領は原爆投下を承諾する形で、軍部の計画を十分に掌握し、監督していた。

マンハッタン計画のグローヴスは一九四五年七月末から八月一〇日頃までの間、マーシャル陸軍参謀総長に原爆の製造計画を報告している。マンハッタン計画では八月から、週毎にウラン爆弾ないしプルトニウム爆弾を一個製造できる体制になっていた。広島と長崎に投下すれば、終わりということではない。日本が降伏しない限り、投下された最初の二個を含め、一九四五年末までに二三個の原爆を製造し、投下する計画だった。この数は、ロスアラモス研究所に勤務していたトム・クンクルがグローヴスのマーシャル宛の文書とその他の軍の内部資料からまとめて算出した。トムから個人的なメールで入手する。一九四六年に入ると、ウラン爆弾とプルトニウム爆弾を毎週、それぞれ一個製造する計画だった。広島と長崎後のマンハッタン計画のことは、あまり知られていない。トムからの情報は、計画の実態と核兵器拡大への道を知る意味で、とても重要だと思う。

これが、後にノーベル物理学賞を受賞するルイス・ウォルター・アルヴァレズが、かつての同僚嵯峨根亮吉東大教授に手紙で警告した「原爆の雨」の真相だった。アルヴァレズは嵯峨根に、日本政府を説得して早く降伏するよう促す。警告の手紙はラジオゾンデに入れ、長崎への原爆とともに投下されていた。しかし手紙が嵯峨根の手元に届くのは、終戦後だった。

トムは研究所を定年退職した後、ナチス・ドイツが戦中保持していたと見られるウランの行方を追っている。これまで確認されているウランは、化学成分からしてチェコスロバキアからのものばかり。アフリカのコンゴからもきているはずだ。その行方がわからない。ぼくがドイツの潜水艦U234に搭載されていた酸化ウランの詳細を、ドイツ語の記事にしてネット上で公開した時、記事を見つけてコンタクトしてきた。トムが徹底して資料を収集し、資料の信憑性を追求する信念には、いつも頭が下がる。

グローブスはマーシャル宛の八月一〇日の覚書で、第三の原爆の製造日程を伝えていた。それによると、原爆ユニットに組み込むため、ロスアラモス研究所からプロトニウム球体を八月一二日ないし一三日に発送し、次の原爆は八月一七日ないし一八日に完成させる。原爆投下は、八月二四日からの最も天気のいい日と予定されていた。軍部の他の資料には、二三日とするものもある。第三の原爆はプルトニウム爆弾。軍が計画していた攻撃目標は、東京だった。

マーシャルは覚書を受け取った後、手書きで覚書に「大統領の緊急許可（Express Authority）なしに、日本に投下されてはならない」と書き、署名している。これは、大統領の命令がなくても、原爆投下が政治的に統制されていた証拠だといえる。八月一五日、日本は玉音放送によって降伏する。第三発目は、直前に回避された。ロスアラモス研究所のオッペンハイマー所長も、すでにできあがったプルトニウム球体を発送していない。

ぼくは、碑文を修正したほうがいいと確信した。ニールスとウーヴェを説得しなければならない。原爆投下の命令については、一九四五年七月二五日付けの軍の命令書しかない。これを碑文に記録したほうがいい。しかし二人は、すでに決議された碑文に固執した。碑文に、間違った史実を

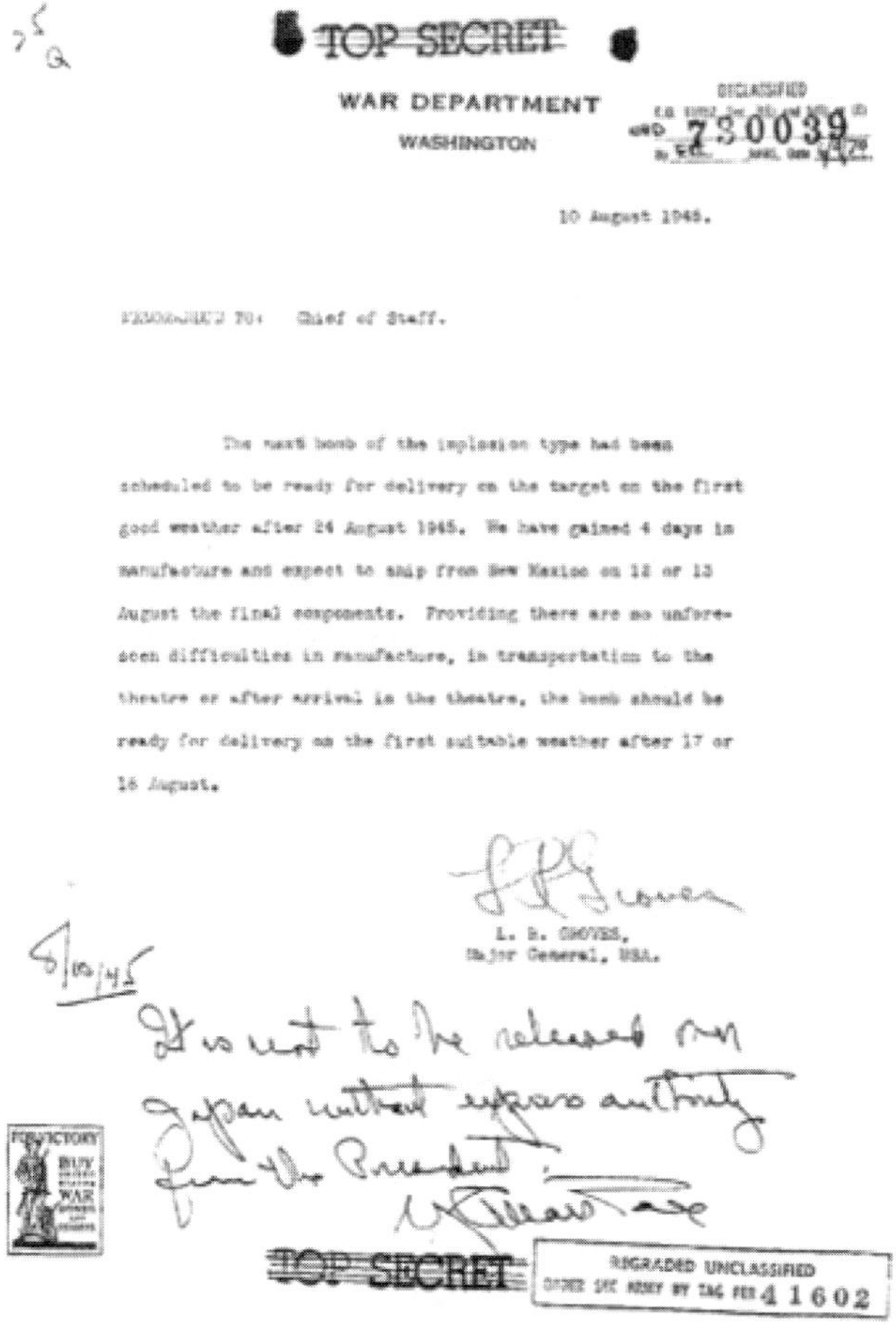

TOP SECRET

WAR DEPARTMENT
WASHINGTON

DECLASSIFIED
NND 730039

10 August 1945.

MEMORANDUM TO: Chief of Staff.

The next bomb of the implosion type had been scheduled to be ready for delivery on the target on the first good weather after 24 August 1945. We have gained 4 days in manufacture and expect to ship from New Mexico on 12 or 13 August the final components. Providing there are no unforeseen difficulties in manufacture, in transportation to the theatre or after arrival in the theatre, the bomb should be ready for delivery on the first suitable weather after 17 or 18 August.

L. R. GROVES,
Major General, USA.

8/10/45
It is not to be released over Japan without express authority from the President.

TOP SECRET

REGRADED UNCLASSIFIED
ORDER SEC ARMY BY TAG PER 41602

グローブスのマーシャル宛 1945 年 8 月 10 日の覚書
米国ジョージ・C・マーシャル財団（George C. Marshall Foundation）所蔵

残すわけにはいかない。慎重になるべきだと、ぼくは抵抗した。「一九四五年七月二四日」ではなく、軍の命令書にある日付「一九四五年七月二五日」を碑文に入れるほうが間違いがない。碑文を修正しようといい張った。ウーヴェはぼくに、碑文の修正案を出すようにいう。

ぼくは、秀人にも相談した。碑文を修正できるのなら、原爆投下に対する科学者の責任を問いたいと、秀人は主張する。ぼくは、政治家の責任についても入れたいと思った。秀人とぼくは、科学と政治に責任はないのだろうかと問いかける一文を入れることにする。最後に、核兵器廃絶を願う一文も入れたい。それが、記念碑の一番の目的だ。

ぼくはウーヴェとニールスに、最後に「科学と政治権力はなぜ、このようなことを認めたのか」と「核兵器のない世界を願って」の二文を追加したいと提案した。問題は、トルーマンの原爆投下命令についてどう記述すべきかだ。「トルーマン大統領の同意を得て、一九四五年七月二五日にワシントンから軍の原爆投下命令が下された」と、してはどうか。

この草案を下に、ウーヴェが緑の党を通して市議会に碑文の変更を申請した。少し経ってウーヴェから、市議会がポツダム現代史研究所の研究者をアドバイザーにしたと連絡がある。ヨッヒェン・ラウファーという研究者だった。同氏のコメントに、「この問題の研究において世界で最も信頼できるのは、カリフォルニア大のハセガワ教授だ」とある。ぼくは、これで決まったと思った。

碑文は最終的に、以下の通りとなる。決議されたのは、ドイツ語版だけだ。

一九四五年八月六日と八月九日に
広島と長崎に投下された原爆によって
犠牲となった人々を追悼して

連合国によるポツダム会談が
一九四五年七月一七日から八月二日まで行なわれ、
その間、アメリカのハリー・S・トルーマン大統領が
正面にある邸宅に滞在していた
一九四五年七月二五日、
アメリカ大統領の同意の下、
ワシントンから軍の原爆投下命令が下された
原爆の破壊力は、数十万人の人々を死に追いやり、
人々に計り知れない苦しみをもたらした
核兵器のない世界を願って

科学と政治の責任について問う文がない。どうなったのだろうか。ぼくは、ウーヴェに問い合わせた。原爆投下に対して、すべての科学者と政治家に責任があるわけではない。その文を入れるわけにはいかないと、市議会で反対されたという。秀人はがっかりした。しかしもう、どうにもなら

なかった。

科学の責任についてはその後、秀人と信、ぼくの三人で偶然に話すことがあった。その時、信は科学に責任はないと主張する。すると秀人が、猛烈に反発。いつも温厚な秀人が目を吊りあげ、顔を真っ赤にして反論した。ぼくは、秀人の血圧が上がって倒れるのではないかと心配した。その時のことは今も、鮮明に覚えている。秀人は科学者として、原爆投下を止めることのできなかった科学者を許すとができない。その責任をはっきりと追求できないことに、苛立っている。その苛立ちはいつも、ことばの端々によく感じられた。

ぼくは、ドイツ語の原文を日本語に訳して長谷川教授にメールした。教授からは、問題ないだろうと連絡がくる。こうして、碑文が最終的に確定した。碑文の日本語版は、ぼくが翻訳する。英語版は、ベルリンとロンドンに住むネイティブの友人の協力を得て翻訳された。

ポツダムで生きる

ソ連赤軍は占領後すぐに、ポツダムとバーベルスベルクの住民にラジオをすべて引き渡すよう命令した。しかしクラウス少年の家では、ラジオをすぐに回収場に持っていかなかった。命令がまもなく撤回される。住民は回収場からラジオを取り戻す時、できるだけいいラジオを持ち帰ろうとした。住民の間で取り合いになる。クラウス少年の家はラジオを渡さなかったので、ラジオがいつもあった。ソ連赤軍はベルリンのラジオ放送を、早くから回復させる。ポツダムでも、ベルリンからのラジオ放送を受信できた。ラジオは終戦直後の状況を知る上で、とても貴重な情報源だった。ただラジオがあっても、それほど意味があったわけではない。停電している時間帯のほうが多かった。

ポツダムで新聞が読めるようになったのは概ね、一九四五年秋になってから。まず発刊されたのは、共産党や社民党の党機関紙だった。ソ連赤軍は終戦後すぐに、ドイツ語の新聞を発行させる。「テークリッヒェ・ルントシャウ（Tägliche Rundschau、デイリーニュースの意）」といった。主にベルリンで販売される。その一部がポツダムでも販売されていた。ポツダムでは、新聞を求める住民が朝早くから長い行列をつくる。新聞を手に入れたのはごくわずかだった。十分な部数がない。終戦直後は紙不足が深刻だった。テークリッヒェ・ルントシャウは、一枚の紙を半分に折っただけのごく薄い新聞。四面紙ということだ。チラシのようだった。

ポツダムでは、道路も路面電車の線路も破壊されていた。路面電車の運転が再開されたのは、一九四五年一〇月になってから。使える車両があまりない。一日に運行される回数はごくわずかだった。バスも同じ状況だ。ベルリンに行くにはまず、ポツダムとベルリンの境界にあるグリーニッケ橋まで行った。そこで船に乗り、ベルリン郊外にあるヴァンゼー駅の舟着場に行く。駅から、ベルリンに向かうSバーン（都市鉄道）に乗った。

ベルリンは、何回もひどい空爆を受ける。しかしその都度、Sバーンがすぐに修復された。クラウスは「奇跡だった」といった。確かに一九四五年夏の新聞を見ても、Sバーンが早いテンポで開通しているのがわかる。短い区間ごとに修復され、可能なところから次々に運転が再開された。

ポツダムの周辺には、たくさんの湖や川、運河がある。船もたくさん走っていた。船は戦争中に、ほとんどが沈没する。クラウスは、「ドイツ側が意図的にそうしたのさ。ソ連赤軍に輸送手段として使われたくなかったからね」と説明する。新バーベルスベルクの北に面するグリープニッツ湖には、遊覧船の修理工場があった。グリーニッケ橋近くにも、造船場があった。しかしもう、水面に浮かぶ船は一隻もない。残っていた船はすべて、その場で沈没させられた。墜落した戦闘機も、水底にころがっている。船の運行を再開するにはまず、水底のスクラップを処分しなければならなかった。

一番頼りになる移動手段は、歩くことだった。クラウス少年も徒歩で移動した。そのほうが一番早く、目的地に着ける。

クラウス少年は終戦前後から、短波で英国ＢＢＣ（英国放送協会）国際放送のドイツ語放送を聞いていた。家族の中で技術のことがわかるのは少年だけ。父は戦地にいっていて、まだ戻ってこない。母は父の安否を心配して、戦地が今どうなっているのかを知りたがった。ナチス・ドイツのニュースは信用できない。事実でないのは、誰も知っていた。ＢＢＣのほうが情報は正確だろう。母はそう思った。息子のクラウスに、ＢＢＣのドイツ語放送を聞かせていた。英兵が四人、水をもらいにきたことがある。母は英兵から戦地がどうなっているのか、情報を得ようとした。少年が、辞書を片手に通訳する。英兵たちは、戦地のことは何も知らないといった。

少年の暮らすバーベルスベルクは一九三九年、ポツダムに統合されたばかり。それ以前は、ベルリン・テルトウ区の一部だった。バーベルスベルクの北に位置するヴァンゼー、ツェーレンドルフ、シュテグリッツも、テルトウ区に属していた。終戦とともにベルリンは、英米仏ソの管轄区域に分割される。ポツダムの一部となったバーベルスベルクは、ソ連管轄区となった。それに対し、バーベルスベルクに近いヴァンゼーとツェーレンドルフ、シュテグリッツは米国管轄区となる。

しかし終戦直後、住民にはまだベルリンが分割されたという実感がない。ポツダムやバーベルスベルクの住民は、夏の暑い日になると、よく米国管轄区のヴァンゼー（湖）の水浴場に通った。終戦後二か月にもかかわらず、水浴場がすでにオープンしていたのには驚かされる。住民は、その西側にあるポーレ湖にも泳ぎに行った。そこも米国管轄区だ。住民は、戦前と同じ生活圏にいる気分でいた。

一九四九年、東西ドイツが発足する。新バーベルスベルク邸宅街の後ろにあるグリープニッツ湖が、東西ドイツの国境線となる。正確には、英米仏管轄の西ベルリンとソ連管轄の東ドイツの国境線ということだ。バーベルスベルクは、東西ドイツの発足とともに東ドイツ領となり、生活圏は西ベルリンから切り離された。

記念碑の工事がはじまる

二〇一〇年四月、ヒロシマ広場記念碑の構想をポツダム市の関連当局にプレゼンテーションすると、すぐに同意を得ることができた。記念碑を設置する準備をはじめなければならない。まず決めなければならなかったのは、碑文をどう入れるかだった。記念碑を構想した石彫家の藤原信はまず、ブロンズ板で碑文を造り、それを平石に貼り付けることを考える。信は、教え子の一人和田礼治郎に見積りを取るよう依頼した。礼治郎は広島市立大卒。ベルリンで石彫家として活動をはじめたところだった。都合のいいことに、ブロンズ屋のことをよく知っている。

やはり、高い。碑文は、英語、ドイツ語、日本語で入れる。碑文の文字数が多いので、言語ごとにブロンズ板がそれぞれ一枚必要になる。ぼくたちには、ブロンズ板一枚を製作してもらう程度の予算しかなかった。ブロンズ板は無理。信も納得してくれる。

代案として、平石の表面に文字を彫り込むことを考えた。そこに、白いシリコンを入れる。墓石に文字を入れるのと同じ方法だ。文字はコンプレッサーで、研磨剤を吹き付けて彫る。碑文の型板が必要となる。ぼくが心配だったのは日本語だ。日本語の漢字の線は細い。きれいに仕上がるだろうか。ベルリンの墓石屋に問い合わせてみた。碑文を見せてくれという。問題ないだろうといわれた。

平石の横幅が三メートル弱、奥行きが二メートル弱もある。墓石屋は石が大きすぎて、自分のところで文字を入れることはできないといった。外注するしかない。外注先は、ドイツ南部バイエルン州のホーフにあるといわれた。ベルリンの墓石屋が碑文の型板を造って、ホーフに送る。平石は、ノルウェーからホーフの石屋に直接送ることになった。型板を造るにはまず、型紙を製作しなければならない。独日英ごとに碑文をデザインする。それをデジタルデータで渡す必要があった。碑文のデザインは、ベルリンでアーティストとして勉強する広島市立大卒の古堅太郎にお願いする。

平石はノルウェーでまだ、雪の下に埋もれていた。信が雪かきをして、地元の石屋に取りにきてもらう。そこできれいに切断し、表面を研磨した。その後、ドイツ南部のホーフに送ってもらう。ベルリンの墓石屋で、碑文の型板を見ておく必要があった。社長自らが大きなゴム板を広げている。型紙にしたがって、文字を一つ一つ手作業で切り抜いていた。仕上がったゴム板は平石に貼り付ける。そこにサンドブラストをかける。ゴム板で文字が切り抜かれている部分が、研磨剤によって削られる。

仕上がった平石は混載トラックで、ホーフからポツダムに送る。信の作品の大きな石は約三六トン。クレーンがないと降ろせない。平石と大きな石は同じ日に、ポツダムに届けてもらうしかない。大きな石はそのまま、広場の上に置くわけではない。地面を掘り下げ、そこに基礎として砂利を入れる。その作業を大きな石が届くまでに終えておかなければならない。

まず大きな石をどこにおくか、正確に位置決めをする。大きな石の下に、電線やガス管、水道管があってはならない。さもないと保守作業があるごとに、大きな石を移動させなければならない。ガス管がある場合、その両側を一・五メートルずつあけておくのが規則だった。

ポツダムのエネルギー供給会社から、配管配置図をもらった。トルーマンハウス前のカール・マルクス通り（元カイザー通り）に沿って、広場の下にガス管が敷設されているのがわかった。大きな石はかなり広場の内側に置かないと、一・五メートルの間隔を確保できない。しかし信は、ダメだといった。石はできるだけ、カール・マルクス通りに近いところに置きたいという。それは無理だ。信を説得するしかなかった。ガス管から十分な間隔がないと、ガス管を取り替える時に石を傷つけられる心配がある。信は渋々納得した。

大きな石の位置は、ポツダム市緑地課の職員とともに決めなければならなかった。広場の北側に、栗の木が二本ある。緑地課の職員は、石を木からできるだけ離れたところにおくようにという。木と根を保護するためだ。信には、栗の木が邪魔だった。伐採してしまいたかった。木の葉が石の上に落ちて、碑文が隠れる。石も汚れる。大きな石は広場からトルーマンハウスを見て、できるだけハウスの真ん中に見えるように置きたい。そのためには、石をできるだけ栗の木に近づけなければならなかった。

信とぼくは事前に、ガーデンセンターで細長い棒四本と紐を買っておいた。四本の棒で、大きな石の四つの角を位置決めする。信がまず、希望する位置に棒を立てた。棒は緑地課の職員によって、栗の木から離れた位置に修正される。その都度、もう少し栗の木に近づけたいといって拝み倒す。大きな石は、横幅が九メートル近くもある。四つの角に立てた棒を、買っておいた紐でつなげる。そうして、石の大きさと位置をイメージした。

信も、緑地課の職員も、それでいいといった。四本の棒は、基礎工事がはじまるまで立てたままにしておく。職員は、穴を掘る時に太い根は絶対に切らないようにと指示した。ぼくは、「わかってます」と応える。信はニタニタしながらぼくに、「そんなの絶対に無理」といった。日本語だった。職員には、信が何をいったかわからない。

工事に、どれくらいの日数が必要か。信は、一〇日くらいあればいいといった。穴を掘って、砂利を入れるまでにどれくらいかかるか。それに応じて、石を現場に持ってくる日を決めなければならない。大きな石の下に入れる砂利は、信の長年の友人で造園建築家のウード・ダーゲンバッハが寄附してくれた。

工事に必要なものも、用意しなければならなかった。工具は、信がノルウェーから持ってくる。シャベルを借りてほしい。工具などを保管するコンテナと、廃材を捨てるゴミ用コンテナが必要だった。それらは、ウーヴェが地元の工事業者から借りてくれる。被爆石を入れる平石を削るには、水が必要となる。水道局から特殊な工具を借りて、埋設されている水道配管から広場で直接取水できるようにした。

現場の工事は、信と弟子のパウル・ホフマン、藤江竜太郎がやってくれた。和田礼治郎も何回か手伝ってくれる。ぼくは毎日、日本レストランから弁当とお茶をテイクアウトして、昼食を差し入れた。

ノルウェーから大きな石がくる。朝早く、広場に到着する予定だ。ぼくは早起きして広場に行った。クレーンは朝七時にくるはず。しかし、大きなトラックが見当たらない。どうしたのかと不安になった。少し経つと、トラックが近くで待機しているのがわかる。広場のすぐ近くにある鉄道のガード下を、通り抜けることができなかった。トラックの牽引車の背が高すぎる。迂回できる道があるに違いない。地元の人に聞くしかなかった。トラックがバックして動き出す。トラックが見えなくなった。少しすると、トルーマンハウスの前に大きな石を載せたトラックが停車する。

大きな石を見るのは、はじめてだ。確かに大きい。石の側面がきれいに研磨されている。太陽の光の当たる角度によって、石の表面が明るくなったり、暗くなったりした。クレーンで石を引き上げる準備が終わった。クレーンのエンジンが大きくうなりはじめる。三六トンもある大きな石が簡単に、空に舞い上がった。壮大な光景だった。

周りの樹木を折らないように、石を移動させなければならない。石を樹木よりも高く引き上げた。そこで、クレーンが少し回転する。石が下がりはじめる。信と弟子たちが下で、石が降りてくるのを待っていた。石は、基礎の砂利より少し上で止まる。そこで、石の位置を最終調整する。信が指示した。信たちは石の位置がずれないよう、両手で石を抑えている。石がゆっくりと、基礎の上に降りる。砂利の上に座った。

大きな石が降りたところで記念撮影
2010 年 7 月 10 日、ヒロシマ広場で藤原信撮影

信がすぐに、みんなで石の上に上がろうといった。そこで記念撮影だ。みんな「やった!!」と、ポーズを取る。信はとても、安心した顔つきだった。顔をニコニコさせている。

平石も届いた。割れないように巾木で梱包されている。石の表面は、白い梱包材で特別に保護されていた。広場では平石の大きさに合わせ、すでに芝が切り取ってある。その上に、クレーンでゆっくりと平石を置いた。ぼくはすぐに、碑文がきれいに仕上がっているかをチェックした。日本語の碑文に二か所、修正しなければならないところがある。それは後で、ベルリンの墓石屋に直してもらう。

広島と長崎からきた被爆石が、緑地課の小型トラックで広場に運ばれてきた。被爆石は、信たちが平石に穴を彫って埋め込むことになっている。広島の被爆石は、路面電車の敷石だったもの。それは、そのまま埋め込む。広島からは、表面がもろくなっているかもしれないといわれていた。信は石を見て、「大丈夫、心配ない」といった。長崎からきた石は、茶色い。山王神社からもらいうけた。丸い形をしている。そのままでは埋め込めない。下の部分を切り取って埋める。

数日後、現場に丸い石を切り取った破片が残っていた。大きな破片の底に、何か文字が入っている。信は、「この部分は神社に返そう。何か意味があるかもしれない」といった。お寺の次男として生まれた信。信仰深い。ぼくは、文字が入っているところを写真に撮る。それをメールで、石をいただいた山王神社に送った。長崎の被爆石には、細い亀裂がある。そこは、シリコンで埋めておいたほうがいい。ドイツの冬は寒い。亀裂に溜まった水が凍ると、石が割れてしまう危険がある。

作業は、順調に進んだ。

日本が破壊される

ドイツでは戦争によって、ほとんどの新聞が廃刊ないし休刊していた。ベルリンでは、終戦直後から一般紙として二紙だけが発行されていた。ベルリン新聞（Berliner Zeitung）とテークリッヒェ・ルントシャウ（Tägliche Rundschau、デイリーニュースの意）。その他の新聞はほとんどが、一九四六年になって復刊する。

広島と長崎に原爆が投下されるまで、両紙には毎日、太平洋戦争の状況を報道する短い記事が掲載されている。主に、ロイター電だった。東京にとって最大の空爆となった三月一〇日の大空襲に関する記事が、六月になってもまだ掲載されている。六月の新聞では、沖縄戦の報道も絶えない。六月だけで、大阪と東京、横浜、大牟田、鹿児島、浜松、四日市が空爆されたとある。

七月二日、呉と下関、宇部、熊本の四都市が空爆された。全体で、四〇〇〇トンの爆弾が投下される。翌三日夜からは七二時間休む暇もなく、徳島と高松、高知、姫路が空爆された。四日は、茨城県と千葉県が攻撃される。米軍機は、レキシントン、エセックス、インディペンデンス、サン・ジャシントの四隻の航空母艦から発進してきた。

七月一二日、地上に待機していた日本軍の戦闘機一五四機が空爆で破壊された。東京とその周辺の空域は、米軍によって完全に制圧されたとある。

七月二四日のロイター電は二四日朝から午後にかけ、神戸と岡山、名古屋が空爆されたと伝える。同じ日、堺と和歌山、尼崎も空爆された。尼崎では、日本石油の製油所と石油タンクが破壊された。海軍基地のある呉が空爆され、駆逐艦八隻と戦艦二隻、航空母艦一隻、巡洋艦三隻が破壊される。

七月二八日のロイター電にそれまで、日本全体で四六都市が頻繁に空爆されたとある。四六の都市には、日本の人口の四分の一が暮らしている。建物の四一％が破壊された。

七月三一日、米軍の駆逐艦が駿河湾に侵攻。清水を砲撃した。

八月三日に米軍が発表したところによると、それまでに太平洋戦争に投入された爆撃機の飛行回数は全体で二万七〇〇〇回。一四万三〇〇〇トンの爆弾が日本に投下された。米軍側が失った爆撃機は、わずかその〇・五パーセントにすぎない。

米国トルーマン大統領と英国チャーチル首相はチャーチルがポツダムを離れる前、ポツダム宣言によって日本に無条件降伏を求めることで合意した。ポツダム宣言が公表されたのは、チャーチルがポツダムを去った翌日の七月二六日。二人はその前にポツダムで、空爆する前に日本国民に対して事前に避難する時間的な余裕を与えることでも一致した。

一九四五年七月二七日、一一の都市に空から空爆を警告するビラがまかれる。空爆されたのは、そのうちの六都市だった。七月三一日にビラが飛んできたのは、一二の都市。八月一日、そのうち四つの都市が被害を受ける。ドイツの報道では、空爆警告ビラが投下されたのは八月五日が最後となっている。原爆投下の警告ビラについては、報じられていない。

しかし広島と長崎への原爆投下前にもビラがまかれ、米軍は避難するよう警告した。日本はポツダム宣言を無視する。米国は原爆を開発し、投下することを決定した。原爆一個で、B29爆撃機二〇〇〇機分の破壊力があると通告する。サイパン島に住む日本人によって、日本語に翻訳されたという。

米軍は七月三〇日、空爆を事前通知することを公式に発表する。空爆七二時間前に空からビラをまいて、空爆の標的を日本国民に事前に知らせるとした。空爆の警告だけではなく、一九四五年五月一日から一か月間、東京と大阪、神戸、京都、横浜などの大都市に戦争放棄を求めるビラが空から、五〇万から一〇〇万枚まかれたとする報道もあった。ドイツの新聞報道によると、空爆警告ビラは最終的に全体で一五〇万枚、降伏を求める最後通牒ビラが三〇〇万枚日本上空でまかれたとある。その他にも毎週月曜日の朝、日本の新聞スタイルで印刷された英字週間新聞が、米軍機によって日本上空からまかれた。日本国民に、大本営によって操作されない戦争情勢を知らせるためだ。

しかし当時日本の一般市民は、米国の情報を信用できたのか。英語を理解できたのか。空爆を警告しても、日本国民に避難できたのか。はなはだ疑問だ。警告ビラでは、同じことが今、ガザ地区で繰り返されてきた。警告ビラは人道的なものではなく、攻撃を正当化する言い訳にすぎないのではないか。

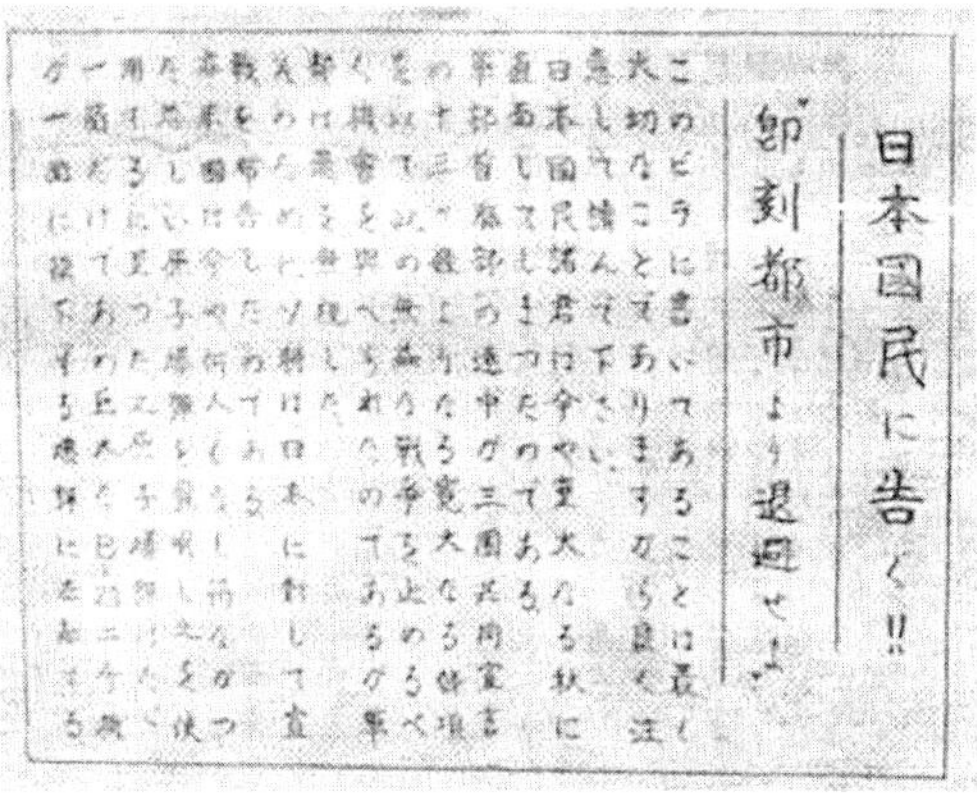

米軍が原爆投下を警告するビラ
アトミック・ヘリテージ財団国立原子力博物館
（Atomic Heritage Foundation National Museum of Nuclear Science and History）所蔵

ドイツでは、広島への原爆投下は八月八日の新聞で、長崎は八月一〇日の新聞で報道された。長崎への原爆投下の取り扱いはごく小さい。八月九日、ソ連が対日参戦を開始した。ドイツでは、そのほうが大ニュースだった。原爆投下の記事はいずれも、通信社が配信したものをベースにしている。降伏を求めるポツダム宣言を日本政府が受け入れなかった。だから原爆を投下した。トルーマン大統領の説明がそのまま引用された。

「原爆」といっても、報道では「新しい爆弾」というイメージで報道される。それがどういうものなのか。記事からはよくわからない。「科学研究の新しい展望」と見出しをつけ、新しい時代が到来したとする記事もあった。石油と石炭の時代が終わり、将来人類が新しいエネルギーを手にすると、原爆の到来を喝采する記事さえもあった。

米国陸軍省は、大きな原爆雲が発生した、被害の詳細はまだわからないとする。スティムソン陸軍長官は第一報としてトルーマン大統領に、広島の九〇%が更地のように破壊され、二〇万人が死亡したと報告した。日本からの情報はほとんどない。ただ一つ、「ラジオ・トウキョウ」を聴いた記事があった。日本放送協会（現在の日本放送協会の前身）の海外向け短波放送だ。それによると、広島では人と動物は文字通り、焼失してしまった。身元も識別できない。原爆投下時に外に出ていた市民は焼死。防空壕に避難した市民も、強烈な爆風とものすごい熱でみんな死亡したとある。

こうなるまで、なぜ戦争が続けられたのか。無防備な人を皆殺しにするのと変わらない。日本はすでに、瀕死の状態になっていた。それでも日本は本土決戦を覚悟し、自国民が皆殺しにされるのを惜しまない。米軍も無差別攻撃を続けた。原爆投下前からすでに、大量虐殺が進んでいる。もう戦争ではない。戦争の域を超えていた。生きるか死ぬかの人の生死に係わる問題だった。降伏しない日本と、攻撃を続ける米国。人の直面する悲惨な現実は完全に、無視された。

当時のドイツの新聞記事を読んで、たいへん驚かされたことがある。それは、ドイツでは市民が終戦後すぐに、率先して復興への道を歩き出していることだ。そのパワーはすごいと思った。それは、どうしてなのか。連合国軍の破壊の仕方に違いがあったのか。ドイツ人気質によるものなのか。あるいは、日本が絶滅するのを覚悟してまで戦い続け、復興するパワーを失ってしまったからなのか。それとも他に、何か要因があったのか。

千羽鶴を折る

千羽鶴は、病気回復や平和を願う象徴。広島で被爆した少女佐々木禎子は闘病中、千羽鶴を折った。折り鶴を千羽折れば白血病が治る。入院中の禎子は、そう信じた。禎子は一九五五年一〇月、一二歳で亡くなる。禎子の死を機に、こどもたちのイニシアチブでできたのが、広島平和記念公園にある原爆の子の像だった。千羽鶴はこうして、平和のシンボルとなる。「生きたい」という願いを込めた象徴だ。

禎子と千羽鶴のことを世界に伝えたのが、オーストリアの児童文学作家カール・ブルックナー。一九六一年、『サダコ、生きたいよ（Sadako will leben）』（日本での翻訳本は『サダコは生きる』（学研新書）、復刻版『サダコ』（よも出版））が出版された。これまで、七〇か国語に翻訳される。サダコ物語は、ブルックナーの本によって世界中に広がった。サダコと千羽鶴のことは、日本においてよりも、世界でのほうがよく知られているかもしれない。ドイツにおいても、千羽鶴というとサダコのことだと思っている人が多い。学校でも、サダコ物語が伝えられる。ドイツで、サダコと千羽鶴のことがこんなに知られているとは思ってもいなかった。

ヒロシマ広場記念碑のため、千羽鶴を折ってもらおうと思った。それを除幕式で披露する。まずベルリンで日本人有志に、折り紙を渡して折ってもらう。折った鶴をまとめて、日本通の友人ペーターに千羽鶴にしてもらった。

ウーヴェにその話をすると、ポツダム大学に折り紙クラブがあるという。ヒロシマ広場の催し物で、偶然知ったのだった。ウーヴェに話しかけたのは、クリスティーネ・ブラーゼクという女性。その話を聞き、ぼくはクリスティーネたちに千羽鶴を折ってもらいたいと思った。除幕式の一か月前に、平和首長会議を予定している。その時も会場で、折り紙を披露してもらえないだろうか。

二〇一〇年五月だったと思う。ぼくはクリスティーネに会った。一年ほど前の二〇〇九年夏に、友人と一緒にポツダム大学で折り紙クラブをつくったばかり。学生のオンライン・コミュニティサイトを通して、仲間を募集する。学校の先生になるため、教育実習するのを待っているところだった。地理と歴史の先生になりたい。サダコの話もよく知っていた。折り紙大好きというのが、よく伝わってくる。

クリスティーネは、千羽鶴を折るのも、平和首長会議で折り紙をデモンストレーションするのも、快く引き受けてくれた。

折り鶴を折るため、平和首長会議のある市議会議事堂前にテーブルと椅子を用意した。ポツダム市庁舎に入って、広い階段を上がったところにあるホールだ。みんな指の動きが早い。ぼくは、次どうするのだっけといちいち考えながら折る。それとは、まったく比較にならない。会議中、若者たちはおしゃべりをしながら次々に折り鶴を折る。おしゃべりのテンポが早いか、折り鶴を折る指が早いか。ほとんど同じという感じだった。

休憩時間に、会議の参加者に自分で折り鶴を折ってもらおうと思った。参加者のほとんどが、折り鶴を折ったことがない。クリスティーネたちはゆっくりと、一つ折るごとに次にどうするか、手取り足取りという感じで丁寧に教えた。

平和首長会議で折り鶴を折るポツダム大学折り紙クラブの仲間たち　2010 年 6 月、ポツダム市庁舎で撮影

クリスティーネによると、ドイツのほとんどの大学に折り紙クラブがある。大学ばかりでなく、折り紙同好会も各地にあるという。ドイツで、そんなに折り紙が普及しているとは知らなかった。ドイツ語でも「オリガミ（Origami）」。クリスティーネは学校の先生になっても、折り紙を続けるつもりだ。生徒たちにサダコのことを伝え、オリガミも教えたい。原爆の過去も知ってもらいたい。原爆はもう、二度と使われてはならない。それを折り紙で伝える。折り紙はとてもいい手段だ。折り紙一枚一枚は薄くて小さい。折り紙を折りながら、生徒たちは原爆投下と平和について考える。その実体験は、平和学習にほかならない。

これで、千羽鶴が二つ揃う。ぼくは、もう一つほしいと思った。三つあれば、広島と長崎、ポツダムでそれぞれ一つずつ千羽鶴を持ち合える。核兵器のない世界を願う気持ちを三つの都市で共有する。

ライプツィヒ大学に、折り紙クラブはないだろうか。ライプツィヒ大学では、ヴェルナー・ハイゼンベルクが一九二七年から一九四二年まで教授を務めた。ハイゼンベルクは、ナチス・ドイツにおいて原爆開発を進めたウランクラブの中心人物。一九三二年、ノーベル物理学賞を受賞する。その間にライプツィヒ大学を、ドイツの核物理学と量子物理学の中心に成長させた。日本の科学者も多数、ハイゼンベルクのところで学んでいる。後にノーベル物理学賞を受賞する朝永振一郎も、その一人だった。朝永は一九三九年二月、留学最後のゼミナールでフリッツ・シュトラスマンのウランの話を聴講している。朝永は『滞独日記』（江沢洋編『量子力学と私』、岩波文庫一九九七年発行に収納）に、「ちぎれる話」、「とんでもないことがあるものだ」と講義を聞いた感想を書いている。シュトラスマンは前年一二月ベルリンで、リーザ・マイトナーやオットー・ハーンとともに核分裂を発見したばかりだった。

友人小林敏明が、ライプツィヒ大学日本学科の教授だった。ライプツィヒ大学にも、折り紙クラブがあるという。敏明は、学生たちが喜んで千羽鶴を折ってくれるだろうといった。千羽鶴が三つ揃う。

ドレスデンでは文化公演がはじまる

ドイツ南東部の文化都市ドレスデンは、一九四五年二月一三日から一五日の間に四回の大空襲を受ける。ノーラ・ランクはその時、一三歳だった。すぐに家族と一緒に、防空壕に逃げる。まもなくして防空壕では危ないと、外へ逃げた。家族はそれで、一命を取り止める。

家族は空襲後すぐに、ドレスデン郊外に疎開。小さな一軒家に入った。空き家だった。家主家族はソ連赤軍が侵攻してくることを恐れ、早々に逃亡する。家主家族がまもなく戻ってきた。ノーラの家族五人と家主家族四人の共同生活がはじまる。総勢九人。小さな家に所狭しと暮らした。ノーラは空襲から六か月後の八月一二日、一四歳になる。ドイツ人にとって誕生日は特別な日。しかし誕生日など、祝うことはできない。普通の日と変わらなかった。

広島と長崎に原爆が投下されたのは、母から聞いた。それがいつだったかは、もう覚えていない。実際に原爆が投下されてから、かなり後のことだったと思う。ある日突然、母がノーラにたいへんなことが起こったといった。ドレスデンの空襲とは比較にならない。母は、とても悲しい表情をした。それが、原爆投下のことだった。原爆といわれても、何のことかよくわからない。想像もできなかった。母は誰か隣人から、原爆投下のことを聞いたに違いない。隣人は多分、ラジオから聞いたのではないか。ドレスデンでラジオ放送が許可されたのは、一九四五年九月になってから。隣人はその前に、他の都市から発信されるラジオ放送を受信していたのかもしれない。ノーラにはわからなかった。

一九四五年八月、ノーラは自宅から少し離れた中学校に通いはじめる。学校では、原爆投下のことを聞いた記憶がない。先生自体も原爆投下について、何も知らなかったに違いない。ちょうど、教育改革がはじまったばかりの頃。戦前と戦中に教師だった先生は、終戦後すぐに退職させられた。戦地から戻ってきたばかりの若い兵士が、短期間教育を受けただけで教職につく。読み書きを教えるのが先生の主な役割だった。教育のカリキュラムはまだない。ナチス・ドイツのファシズムから解放され、人道的な教育に復帰しなければならない。それだけが、若い先生たちに課せられた使命だった。ゲーテやシラーのテキストが教材として使われる。

ノーラはそれまで、ナチス・ドイツの下で教育を受ける。朝登校すると、教室では毎日、「ハイル・ヒトラー（ヒトラー万歳）」と挨拶しなければならなかった。その後に直立したまま、みんなでナチスの歌を合唱する。それが八年間続いた。ノーラにとって、とても苦痛な日々だった。

原爆とは何かを知ったのはもっと大きくなってからのはずだと、ノーラはいう。最初は、一九四五年八月に原爆投下のことを知ったと錯覚する。そうではない。原爆の現実を知らされた時、あまりにもショックだった。衝撃の大きさが、時間を勘違いさせたのかもしれない。

ドレスデン空襲によって、住民は地獄を体験したと思っていた。電気も水もない。病院も破壊された。終戦後必要でも、レントゲン撮影もしてもらえなかった。ドレスデンでは終戦後の夏、疫病が蔓延する。チフス、発疹チフス、ジフテリア、性病など。疫病で、たくさんの人が亡くなった。住民は、生死をかけて生きている。一九四五年夏は、食糧がまだそれほど不足していなかった。ちょうど収穫期に入るところ。食べ物は、比較的簡単に手に入る。食糧不足は、終戦一年後や二年後のほうが深刻だった。ノーラは毎日学校を休んで、食べる物を探しに出る。「（だから）学校の成績はよくなかったわよ」と、笑いながらいった。

ドレスデン旧市街は、空爆でほとんど全壊した。旧市街中心にある聖十字架教会も廃墟となる。

聖十字架教会では、広島に原爆が投下される二日前の八月四日、コンサートが行われた。葬送モテット《ドレスデンは何と荒涼としていることか》が初演される。モテットとは、宗教声楽曲のこと。教会の聖歌隊長ルドルフ・マウアースベルガーが作曲した。廃墟の会場は、住民でいっぱいだった。当時すでにコンサートができたとは、信じられない。合唱団などまだあるはずがない。ドレスデンの成人学校が、歌える市民有志や音楽家を募集した。

長崎に原爆が投下された翌日の八月一〇日には、ドレスデンで終戦後はじめてオペラ公演が行われる。演奏されたのは、モーツァルトの《フィガロの結婚》。会場は、ドレスデン劇場小ハウスだった。劇場は六か月前に、空爆で破壊されていた。すぐに修復作業がはじまる。ノーラの知人が、劇場の屋根を直す作業を手伝っている。知人は屋根職人ではない。山登りが好きで、屋根のように高いところで作業するのが得意なだけだった。芝居のほうはすでに、オペラ公演の一か月前から公演が開始されている。終戦からまだ二か月。そんなことがあるのかと、ぼくはたいへん驚いた。

ドレスデンは、中世ヨーロッパの三大文化都市の一つ。住民は空襲後、文化に飢えていたに違いない。文化生活を再開するため、猛烈なパワーが注ぎ込まれたのだと思う。文化の伝統は、戦争によって街が破壊されても生き続けていた。

ノーラはドレスデンでの戦後体験を語ると、「広島と長崎では、住民がもっと残酷で、悲惨なことを体験したのよね」と、顔を曇らせた。ドレスデンとは比べようがない。ドレスデンが生死の戦いなら、広島と長崎は死そのものだった。苦悩は想像もできない。原爆投下の影響も計り知れない。母親はよく、辛いことを体験した人たちのことを「かわいそうだ」といった。「広島と長崎で起こったことは、『かわいそう』では済まされない」。ノーラはそう続ける。

ドレスデンの西に、ウラン鉱山があった。ウランは戦後、ソ連向けに採掘された。東西ドイツが誕生すると、西ドイツには米国の核兵器が、東ドイツにはソ連の核兵器が配備される。それが、東西ドイツの安全を維持した。ノーラはそう信じている。成人してからも、原爆のことは頭から離れなかった。学校の教科書に、広島のサダコと千羽鶴のことが書かれていたことも覚えている。学校で、折り鶴を折ったこともある。学生時代には、原爆に反対して署名運動もした。一九五〇年代のことだった。

ノーラの平和に対する気持ちは今も、変わっていない。今、ドレスデン空襲体験者の一人として、ナチス・ドイツが空爆した都市の生存者と積極的に交流している。それは、「和解」の試みだ。ノーラは、「ドレスデンの平和大使」ともいわれる。ぼくがノーラと知り合ったのは、二〇〇六年の夏。広島の原爆体験者二人と一緒に、ドレスデン空襲体験者と交流した。その一人が、ノーラだった。ドイツと日本は、戦争加害国だ。同時に、日本の原爆体験者もドイツの空襲体験者も戦争の被害者である。お互いにそう、認識し合うことができた。

ぼくはその時はじめて、ノーラたちの和解の試みについて知る。信じられなかった。最初に交流したのは、スペイン・ゲルニカの空襲体験者だった。第二次世界大戦のはじまる前の一九三七年、ナチス・ドイツはゲルニカを空爆する。フランコ反乱軍を支援するためだった。ノーラは和解のため、一人でゲルニカの空襲体験者に会いにいった。

戦争加害国の戦争被害者にも人権があると、ノーラは強調する。その人権が守られていない。「わたしたちは戦争被害者の人権を守るため、お互いに協力するべきなのよ」と、力強くいった。戦争犯罪ということばがある。犯罪を犯したのは誰か。日本であり、ドイツだ。戦争責任が問われる。それは当然だ。しかしドレスデンの大空襲も、広島と長崎への原爆投下も、無差別攻撃だった。それによって、罪のない市民がたくさん虐殺された。爆撃を命令した米国は、たくさんの市民が犠牲になるのを知っていた。それにもかかわらず攻撃したのは、大量虐殺でしかない。これは、人が死ぬか、生きるかの問題だ。生きる権利が無視されたのだ。それが、戦争加害国の被害者の人権も守るべきだとする根拠だ。ノーラは「戦争がいけないの。戦争を繰り返してはいけないの。戦争そのものが、犯罪なのよ」と、机を叩いて強調した。

ドイツでは現在、ドイツが降伏した五月八日を「解放の日」と呼んでいる。終戦四〇年の一九八五年五月八日、当時のリヒャルト・フォンヴァイツゼッカー西ドイツ大統領がそう定義した。大統領はその四〇年前、幸運にもポツダム空襲直前にポツダムを離れ、無事だった。「解放の日」とは大統領にとり、ドイツとドイツ市民がナチスの国家社会主義の暴力から解放された日だった。でもノーラにとり、五月八日は単なるナチスから解放された日ではない。「戦争が終わった日なのよ」と、力強い口調でいった。「戦争から解放された日」なのだ。

ドレスデン旧市街では今、戦前のバロック様式の街並みを再現するため、早いテンポで復興工事が続けられている。ドレスデンは、過去の栄華を取り戻そうとしている。それがノーラには、不安で仕方がない。「この美しさは、（戦争によって）いつでも簡単に破壊されるからね」と、警告する。

戦争は何でも、簡単に奪ってしまう。人の命もだ。

被爆石は安全か

広島と長崎の生活は今、どうなっているのか。原爆が投下されたところに今、どうして人々が生活しておれるのか。ドイツではよく、こう聞かれることがある。日本にいると、広島と長崎で生活するのにまったく疑問を持たない。当たり前のこと。ドイツでこう質問されるのは、とても不思議に感じる。

ドイツ南部に一九八六年のチェルノブイリ原発事故後、放射性物質が飛来してくる。当時旧西ドイツでは、たくさんの市民が放射能汚染に対する不安からパニック状態になった。その体験から、広島と長崎では暮らせないのではないか。疑問に思うのは、当然なのかもしれない。

原爆が爆発すると、とても強い爆風が起こる。建物が破壊され、たくさんの物体が爆風によって飛散する。爆風は強い。放射能汚染の被害は主に、爆風の流れる方向に限られる。それに対して原発事故では、汚染が広い範囲に広がる。それが、原爆投下と原発事故による汚染の大きく違う点だ。

しかし原爆投下後、広島では雨が降る。空気中に浮遊する放射性物質が地上に落ちる。汚染が拡大した。それによって、被ばくした人も多い。地上のあらゆる表面に付着した放射性物質は、雨によって洗い流される。その後も長い年月に渡って、何回も風と雨が繰り返される。放射性物質は消えず、違うところに移動する。次第に、生活空間から取り除かれる。それでも放射性物質が蓄積し、汚染度の高いところ「ホットスポット」が残る可能性もある。

ドイツ人の疑問には、こう説明できるだろうか。それで、納得してもらえるかどうか。それは別問題だ。一旦不安に思うと、その不安を取り除くのは簡単なことではない。

広島と長崎から、当時被爆した石をポツダムに持ってくることになった。被爆石は、碑文の入る平石に埋め込まれる。ニールスが、「ドイツでは、被爆石の汚染を不安に思う市民が結構いると思うよ」といった。ぼくは、考えてもいなかった。広島と長崎では、当時被爆した石がまだ街のあちこちにころがっているはずだ。市民はそれを、まったく気にせずに暮らしている。それが、安全な証拠ではないのか。

ニールスは、「被爆石は、後で必ず問題になると思う」と繰り返す。ニールスとウーヴェは、当時広島と長崎で被爆した石だということは「伏せておこう」といった。ぼくは、とんでもないことだと思った。被爆石であることに意味がある。それを被爆石だといわなかったら、ヒバクシャをヒバクシャといわないのと同じだ。広島と長崎で被爆した人たちを侮辱するのと変わらない。原爆投下の犠牲者を追悼するどころではない。原爆投下の過去を伝えることを放棄することになる。記念碑はその意義を失う。ぼくは、猛烈に反発した。ちょっと考える。「それなら、碑文の下に被爆石は安全だと一筆入れてはどうだろうか」と提案した。二人は納得してくれる。

碑文には最終的に、以下の文章を追加する。市議会から許可をもらう必要はなかった。

上に埋め込まれた石のうち、
左が長崎から、右が広島からきた石です
石はあの日、原爆によって被爆しました
現在、もう石に危険はありません

碑文の入った平石
真上が広島の被爆石、下の丸い石が長崎の被爆石
2015 年 7 月 25 日、ヒロシマ・ナガサキ広場で撮影

ぼくには、一抹の不安があった。一般市民に対しては、これで問題ないかもしれない。被爆石は安全だといっても、それを裏付ける必要はないのだろうか。被爆石はドイツに持ち込む。その時、被爆石の安全性は問われないのか。調べてみるしかなかった。連邦国家のドイツでは、危険物の管理は州が監督している。ポツダムのあるブランデンブルク州の環境課に問い合わせた。広島と長崎から被爆石を持ってくることは、いわなかった。それで、寝た子を起こしても困る。電話で、「放射能で汚染された可能性のあるものを輸入する場合、どういう手続きが必要なのか」と聞いた。難しいことを早口でたくさん説明された。それをぼくなりに解釈すると、こうなる。

汚染されているかどうかは、ぼくが証明しなければならない。汚染があれば、危険物として輸入手続きをする。汚染がなければ、通常通りの手続きでいい。被爆石に汚染がなく、放射線防護上問題なければ、特別な手続きは必要ない。

安全性をどう証明するべきなのか。被爆石を測定してもらわないといけないのか。その場合、コストはどれくらいかかるのだろうか。日本で、いろいろ問い合わせてみた。しかし、埒があかない。返事のないほうが多かった。記念碑のために日本で募金活動をしている金子哲夫から、オーストリアの首都ヴィーンに広島の被爆石がいっていることを聞いた。広島旧市庁舎前にあった敷石だった。ポツダムに持ってくる石よりも大きい。その時の関係者に問い合わせてみるのがいいと、ぼくは思った。

被爆石がきているのは、千羽鶴のサダコのことを紹介したカール・ブルックナーの生地だった。ヴィーン郊外のオタクリング区。その区役所前に、広島の被爆石が記念碑となっている。ポツダムより一年早い二〇〇九年に除幕された。被爆石をアレンジしたのが、ヴィーンにある墺日協会だった。早速、墺日協会に問い合わせてみる。広島大学に安全だという証明書を作成してもらったという。そのコピーがメールされてきた。

それによると、一九八五年から二〇〇〇年の間に、爆心地から二キロメートル以内において無作為に石を採取して、汚染を測定する調査が行われている。証明書は、その調査結果をベースにしていた。被爆した痕跡が認められ、コバルト60とユウロピウム152が微量検出された。しかし被爆石から放出される放射線量は、自然放射線量以下。自然石と違いがない。人体に影響はないと記載されていた。使用した測定器も明確に提示されている。証明書を作成したのは、広島大学の静間清教授だった。これなら問題ないと思った。哲夫に知らせる。

調査は元々、葉佐井博巳教授らのグループによって行われたものだった。葉佐井教授はすでに引退。後任の静間教授が証明書を作成したのだった。哲夫が葉佐井教授のことをよく知っていた。教授に直接会って事情を説明する。教授が、弟子の静間教授に連絡してくれることになる。調査は広島だけでなく、長崎でも行われていた。広島と長崎で、別々に証明書を作成してもらう。証明書の内容は、ヴィーンのものと同じでいい。

これで、被爆石の安全性を保証できる。被爆石をドイツに持ち込むのは問題ない。ぼくはホッとした。一般市民にも、役所に対しても、確信をもって被爆石は安全だといえる。証明書の原本は、記念碑の除幕後にポツダム市長室に提出した。

女性は身を隠して生活する

一九四五年四月一四日、ヘルガ・シュルテはポツダムからベルリンに通じるグリーニッケ橋近くで空爆に遭う。この地区はポツダムの「フォアシュタット（Vorstadt）」に当たる。「郊外」という意味だ。八歳だった。

その日は、とても風の強い日だった。空襲警報が鳴ると急いで、母と一緒に自宅アパートの地下に入る。それで一命を取り止めた。それ以降、ヘルガと母は主に地下で生活する。ヘルガは、「ソ連兵が怖かった。身を隠していたのよ」という。ソ連兵が女性を見つけると、性的に暴行される危険があると思った。

若いソ連兵が何人も、自宅アパートのある建物にきたことがある。みんな地下から出るように命令された。一列に整列させられる。ヘルガと母は、何をされるのかととても怖かった。隣人の若い男性も一緒にいる。男性はどうなるのか。ヘルガは心配した。ソ連兵は、「人狼部隊の隊員はいないか」と聞く。「人狼部隊」とは、親衛隊全国指導者ハインリヒ・ヒムラーが戦争末期の一九四四年九月に立ち上げたパルチザン組織だった。ソ連兵は、一般住民の中に潜むナチスのパルチザンを探していたのだ。

ヘルガ・シュルテ（当時83歳）
2019年11月、本人自宅で撮影

パルチザンはいなかった。武装親衛隊の若い隊員が二人いる。戦争が終わり、親元に戻っていた。隣のアパートに、高齢だが兵士としてポツダムで最後まで戦った男性がいたことがある。その男性はソ連兵から逃れるため、すでに逃亡していた。アパートには、兵士の制服と武器だけが残る。それは、ソ連兵に見つからないようにすでに捨ててあった。

女性やこどもは、ほとんどが郊外の村に避難する。ヘルガと母が二人だけで街に暮らすのは、珍しいことだった。母は、鳥肉専門の肉屋を経営していた。終戦後、鳥肉が入荷しない。肉屋を続けるのは無理だった。

ポツダム会談のはじまる前、ポツダムで何が行われるのかまったく知らなかった。何か特別なことがある。それだけは感じていた。会談の会場となるツェツィーリエンホーフ宮殿のある新庭園にも、豪華な邸宅の並ぶ新バーベルスベルクにも、近づくことができない。

自宅周辺には、死亡した兵士や馬の死骸が道路に横たわったままになっている。ソ連兵は住民に、死骸を四日以内に撤去するよう命令した。ヘルガの暮らす地区は、ポツダム会談に出席する三首脳が宿舎の邸宅から仮設のグリーニッケ橋を渡り、会談会場のある新庭園に通じる道がある。帝国一号線だった。終戦直前に最後の独ソ激戦のあったゼーロウ高地からまっすぐ走ってくると、この通りに入る。家の窓は閉めたままにしておくようにも、命令された。

母は、米兵もポツダムにきているといった。でも米兵が、ヘルガの自宅にきたことはない。きたのはソ連兵だけだった。ソ連兵は何でも持ち去った。それを黙って見ているしかない。その度にヘルガは怯えた。その怖さは今も、忘れることができない。

一番の悩みは、パンが手に入らないことだった。パンなしには、生きていけない。それが、毎日の問題だった。パン屋の前に並んでも、パンは手に入らない。盗むしかなかった。ヘルガは食べる物を探しに、こっそりとデパートの中に入ったこともある。デパートは、閉まったまま。何とか中に入っても、ソ連兵がすでに持ち去った後だった。残っていたのは靴だけ。みんな片足だけが残っている。少女のヘルガは偶然、手押車（ワゴン）を見つけた。人形を入れるためにほしいと思った。食べる物は、どこにもない。役に立つかもしれないと思ったら、何でもそのワゴンに入れて持ち帰った。

自宅の地下に、ジャガイモと青豆が少し残っていたことがある。それをスープにして、建物にいるみんなで分けて食べた。最初で最後の贅沢だった。その後は、食べることができるかもしれないと思ったら、何でも口に入れて食べた。食べたことのない物ばかり。雑草や昆虫も食べた。目をつむって、無理やり口に入れて呑み込む。

東プロイセンとプロイセン州（現在ポーランド領とロシア領、リトアニア領）や、シュレジエン（現在ポーランド領とチェコ領）から、ポツダムにドイツ人難民が戻ってくる。ヘルガの住む家でも、難民を受け入れた。小さなこどもが六人もいる。家中どこも、人、人、人で溢れていた。みんなで重なるように、共同で生活する。それが、食糧事情をより悪化させた。食べ物はなくなるばかり。一人に配分される量が目に見えるように減った。

ドイツが敗戦したのは、街に貼り出されたチラシで知った。そこには、ドイツはもう大国ではないと書かれている。ドイツが降伏してから、もう何日も経っていた。「そんなことはもう、どうでもよかったのよ。生き残るのに精一杯だったから」と、ヘルガはいった。目にうっすらと、涙が浮かんでいる。ヘルガの口から次にことばが出てくるまで、ぼくはしばらく静かに待った。

ポツダム会談によって何が決まったのか。ヘルガはそれも知らなかった。住民には関心がない。ぼくは「広島と長崎に原爆が投下されたのも、当時は何も知らなかったでしょうね」と、聞いた。ところがヘルガは、母から聞いて知っていた。原爆が投下されてから、一週間ほど経ってからではないか。その時原爆といわれても、何のことかわからない。原爆投下のことは、学校が再開されてからようやく詳しく知らされた。学校は終戦後、一年間休校する。校舎は授業が再開されるまで、野戦病院として使われていた。学校では、原爆を投下するのは人間のすることではないと教えられる。原爆投下命令がポツダムから、米国トルーマン大統領によって出されたことも聞かされた。ヘルガは、「学校の教育は、反米だったしね」と付け加える。ポツダムはソ連占領地域。ドイツ分割によって東ドイツ領となる。反米教育されるのは当然だった。

米兵はポツダムのブラックマーケットでよく、ドイツ製高級カメラ「ライカ」を物色した。母がライカを探している米兵に、「ライカと交換に、何をくれるの」と聞いたことがある。米兵は、「板チョコ一枚だ」と答えた。「ライカなら、（当時でも）自動車がいっぱいになるくらいのチョコレートが必要だったよね」と、ヘルガは笑いながらいった。ぼくはそこではじめて、ヘルガの気持ちが暗い過去から少し解放されたように感じる。

何とかしてパンを手に入れたい。母は毎日必死だった。そのためには何でもした。母は縫い物ができる。布切れを受け取り、自宅で内履きを縫った。布切れといっても、渡されたのは手提げ袋など生地の薄いものばかり。それで内履きを縫うしかない。その縫賃の代わりに、パンをもらった。ほんの少しだった。それを二人で分けて食べる。

父は一九四四年歩兵として、ルーマニアに派兵される。そこから、ソ連に侵攻する予定だった。その途中、ソ連赤軍に囲まれる。捕虜となった。ソ連の捕虜収容所に入れられる。そこで、何か毒性のものを飲んでしまったらしい。父は四日後に亡くなった。収容所に捕虜として収容されたドイツ兵は三〇〇〇人。終戦後ドイツに帰還するため、六週間歩き続ける。生きて祖国に帰ってこれたのは、わずか約六〇〇人だけだった。ヘルガはかなり後になってから、父が亡くなったことを母から聞かされた。

帰還兵の中に、父の友人がいた。友人は、父が戦死したことを東ドイツ当局に伝える。その後すぐに、西ドイツに移住した。ヘルガと母には、父の死は知らされない。「当局が遺族年金を支払いたくなかったのよ」と、ヘルガは怒るようにいった。母は全国中の赤十字を回って、父のことを探して歩く。夫の安否を知りたかった。戦死しているなら、それを証明しないと遺族年金が給付されない。母は探しに探してようやく、東ドイツ当局に夫の死を知らせた父の友人に会うことができた。それではじめて、夫が亡くなったことを知る。母は、月五〇マルクの遺族年金をもらうことになる。月収の一〇分の一にもならないわずかなものだった。

ヘルガは戦後、二〇歳で結婚。二二歳の時に、長女が生まれる。二年後に長男も授かった。しかし三五歳で離婚。その後は一人で、二人のこどもを育てた。家庭ではこどもに、自分の戦争体験を語ったことがない。話したくなかった。こどもたちも関心を示さなかった。孫娘が何度か、ヘルガの戦争体験を聞きたいといったことがある。ヘルガは今、それをとてもうれしく思っている。

ぼくが電話で戦争体験を聞きたいといって問い合わせると、ヘルガはとても喜んでくれた。孫娘のノーラが仲介してくれたのだった。ぼくと話をしている時、ヘルガは時々過去を思い出して感情的になり、ことばが出てこなくなる。高齢になってようやく、戦争の苦しみを誰かに話せるようになったのだと思う。戦争体験についてこれだけたくさん話をしたのは、この時がはじめてだったのではないか。ぼくはヘルガと対話して、そう感じた。戦争体験者にとり、戦争体験を語るのは簡単なことではない。過去を思い出すのはつらい。そのハードルを乗り越えないと、過去を語ることはできない。伝えることもできない。

ヘルガはドイツ統一後、ポツダムのあるブランデンブルク州で女性政策評議会を共同で設立する。男女平等を求め、女性のために長い間積極的に活動してきた。ぼくと会う一年ほど前、脳梗塞で倒れる。障害が残る。ぼくと話している時も時々、話につまることがあった。今、車椅子がないと生活できない。入り口ドアまで行くにも、時間がかかる。玄関の入り口でベルを鳴らしても、心配しないで少し待っているようにいわれていた。

ヘルガは現在、ポツダム中心にあるアパートに一人で暮らしている。その辺りは、ポツダム空爆によって最も破壊された地区だった。ぼくがお礼をいって別れる時、ヘルガは「まだ何か聞きたいことがあったら、いつでも話しますよ。ぜひ、またきてくださいね」といった。ぼくがきた時に比べると、顔の表情が穏やかになっている。それが、とても印象的だった。

記念碑が完成する

米軍の原爆投下命令が出てから六五年。二〇一〇年七月二五日にトルーマンハウス前のヒロシマ広場（当時）において、いよいよ記念碑を除幕する。ウーヴェとニールスと一緒に、詳細を打ち合わせた。大きな石と平石には白い布をかけて、しっかりと除幕したほうがいい。そのために、大きな白い布を買った。石が大きい。既成の布地では小さすぎる。縫い合わせる必要があった。それは、専門の業者に頼んだ。テントと音響装置などは、ウーヴェがポツダムの公園から借りてくれる。よくイベントを開催している公園。いろいろ装置を持っていた。千羽鶴も三つ揃った。ポツダム大学とライプツィヒ大学の折り紙クラブ、それにベルリン在住の日本人有志で折ったものだ。

式典は公式には、ポツダム市が主催した。ポツダム市長名で招待状を送ってもらう。ウーヴェが式次第を、市長室と調整した。式典後、ポツダム市がワインと簡単な軽食を出してくれることになる。スポンサーがうまい具合に見つかった。

ぼくたちは、やるだけのことはやったという気持ちでいた。後は、当日がくるのを待つだけだった。一つ気になることがある。新聞に批判記事を書いた米国人ロバーツ・マッカイが妨害しないか。それが心配だった。

当日、式典のはじまる前から用心していた。除幕式のはじまる二〇、三〇分ほど前だったろうか。マッカイがトルーマンハウス正面の門の前に立っているのを見つけた。ぼくはウーヴェと、どうしようかと相談する。除幕式中に妨害があると困る。マッカイには、除幕式のはじまる前に引き払ってもらおう。ぼくたちは、マッカイのところに向かった。ウーヴェが会を代表して、この場から離れてほしいと要請した。マッカイは拒否する。ぼくたちは、とにかくこの場を出ていってくれと求めた。お互いの声が荒々しくなる。地元記者が何事かと近づいてきた。お互いに何をいっているのかよくわからなくなる。マッカイは、付き添いと思われる男性に誘導されるようにその場を離れた。

除幕式がはじまる。ウーヴェが司会をした。最初に、ポツダム市長代理エローナ・ミュラーが挨拶。ポツダム市長はこの時、夏休み中だった。次に、在ドイツ日本大使代理として藤田伸也一等書記官が挨拶する。日本大使には、ポツダム市長からかなり前に招待状が送られていた。しかし神余隆博日本大使には、他に公務があった。ドイツ南西部で開催されるバイロイト音楽祭のオープニングに〝出張〟することだった。その日、ヴァグナーのオペラ《ローエングリン》の新演出初演がある。取材にきた日本人記者のほとんどが、そのことを知っていた。「この日、この場にいなかったら、日本大使がドイツにいる意味がないのじゃないの」という声も聞かれる。

その後に、原爆体験者の外林秀人と石彫家の藤原信がスピーチした。秀人のライフワークが完成したのだ。秀人はゆっくりとした口調で、トルーマンハウスの前にできた記念碑には特別な意義があると話す。秀人の声が少し震えているようにも感じられた。信は、この仕事をできたことを光栄だと、感謝の意を述べる。信らしく、ユーモアたっぷりに話した。大きな石が何を意味するのか。その時も一言もいわない。一人一人で感じてほしいといった。ぼくはその間も、マッカイが戻ってこないかとハラハラしながら、周囲を注意していた。

碑文の入った平石から除幕する。次に大きな石が披露される。石がその姿を現す。除幕の主役は秀人だった。秀人は石にくっついたかのように、石から離れようとしない。この日まで、ドイツに暮らす原爆体験者として孤軍奮闘してきた。記念碑が除幕すると、大きな石の中にたくさんの被爆した仲間がいるように感じはじめる。原爆投下を二度と繰り返してはならない。そのために、共に戦う同胞ができたのだ。秀人はこれで、一人ではなくなった。そう感じたのではないか。

除幕後、秀人とポツダム市長代理エローナ・ミュラー、ポツダム大学折り紙クラブのクリスティーネ・ブラーゼクに、千羽鶴が一つずつ手渡される。まずドイツ人女性二人から、二つの千羽鶴が日本からきている金子哲夫と友人の久保薫に渡された。哲夫は、記念碑のために広島で寄附金を集め、記念碑に被爆石を入れることを提案した発案者だ。哲夫と薫には、千羽鶴を広島と長崎に渡してもらう。秀人の持つ千羽鶴は、ポツダム市長代理に託された。トルーマンハウス前の記念碑から、核兵器を廃絶したいと平和を願う思いが千羽鶴とともに、ポツダムと広島、長崎に届けられる。

式典には、五〇〇人近くが参加した。これほど集まるとは、予想もしていなかった。式典が終わっても、石の周りにたくさんの人が残っている。それぞれお互いに話し込んでいた。

除幕式で千羽鶴を持つ原爆体験者の外林秀人
2010 年 7 月 25 日、ヒロシマ広場で撮影

ぼくは、ウーヴェとニールスを見つけて抱き合った。何回も背中をポンポンと叩き合う。お互いに、「ついにできた。やったよ」、「ありがとう、ありがとう！」ということばしか交わせなかった。それ以上のことばが口から出てこない。

ぼくは秀人を探した。日本のテレビニュース用に、インタビューしなければならない。

やっとのことで捕まえた。秀人は成し遂げたという感じで、すっきりとした顔つきをしている。とても生き生きしている。ぼくは、今の気持ちを聞いた。

すると秀人はいきなり、「いや、あたなのおかげだよ」という。ぼくはすぐに、反応するができなかった。少しして「この発言は、ニュースでは使えませんよ」と、やり返す。「ぼくよりも、外林さんです。みんなの力の賜物ですよ」と続けた。秀人の晴れ晴れとした気持ちに感染されたのだろうか。ぼくの気持ちも、軽くなってくるように感じた。それまでの苦労が吹き飛ぶ。ぼくはその時、秀人に何を聞き、秀人がそれにどう答えたのか、もう覚えていない。秀人もそうだったと思う。お互いにテンションが上がり、頭の中は真っ白に近い状態だった。

秀人は広場から、離れようとしなかった。夜に、灯籠流しが予定されている。この日は、高齢な秀人にはかなりハードだ。とても暑かった。広場近くのホテルに部屋が予約してある。早く、ホテルに入って休んでもらうようにした。ぼくは灯籠流しがあるまで、映像素材を編集しなければならない。後ろ髪が引かれるような思いで、ぼくも広場を後にした。

戦争の現実を知らなかった

一九四五年八月、ハンスユルゲン・シュルツェエッゲルトは八歳だった。日本にいた。父ラインホルト・シュルツェは外交官として、在日ドイツ大使館に勤務する。当時ドイツ大使館は、東京から河口湖町の富士ビューホテルに移転していた。一九四三年に河口湖に移ったという。東京大空襲には遭わなかった。しかし、東京の大使館の建物と横浜の自宅は空襲で焼け、全壊する。ドイツ学校も大使館と一緒に、河口湖に移った。ハンスユルゲンは、河口湖でドイツ学校に入学する。

両親は一九三七年五月、日本に渡る。母はすでに、妊娠中だった。ハンスユルゲンは同じ年の八月、軽井沢で生まれる。ドイツ人にとり、東京や横浜で暑い夏を過ごすのは過酷だった。ドイツ大使館に務めるドイツ人家族は夏、軽井沢の別荘に避難する。ドイツ人村となっていた。

父は最初から、外交官として日本に赴任したわけではない。若い時から、ナチス党の熱狂的な支持者だった。全国青少年指導者バルドゥール・フォンシーラッハの下で、若くして全国青少年指導部の国際交流課長となる。

日本とドイツは一九三六年一一月、日独防共協定を締結。日本はすぐに、ドイツの青少年組織との交流を希望した。大日本帝国の青少年組織を設立するためだ。そのお手本が、ナチス党の青少年組織ヒトラーユーゲントだった。代表を日本に派遣してほしいと要請する。まず、ヒトラーユーゲントに日本にきてもらう。その後に、日本の青少年組織がドイツを訪問する。独日青少年交流のため、父ラインホルトは部下を日本に派遣することにした。日本へ出発する六週間前のこと。部下が急に、日本にはいけないといった。部下の妻が、頑として日本にはいきたくないという。

ラインホルトはすぐに、部下の代わりに自分が日本に行くことを決心する。ハンスユルゲンは「おやじの人生最高の決断だったね」と、笑いながらいった。「本当だよ」と、何回も繰り返す。両親は六週間後、船で日本に向かった。父はヒトラーユーゲントの代表として、在日ドイツ大使館に入る。

一九三九年、第二次世界大戦が勃発する。独日青少年の交流は終わっていた。父はすぐに、ドイツに戻って戦いたいという。しかし母が、猛烈に反対した。翌年父は、ドイツ大使館の文化担当官として外交官となる。父は日本語ができる。在日ドイツ大使の通訳も務めた。日本文化史の跡を追って、日本全国を旅行するのも好きだった。

ハンスユルゲンは父のおかげで、戦争がどういうものか、まったく体験しないまま暮らすことができた。ドイツ大使館のある河口湖町では、空襲にあったことがない。別荘のある軽井沢も、空爆されなかった。食糧不足も体験していない。いつもお腹一杯に食べることができた。移動する時は、運転手付きの車が待っている。

河口湖町ではよく、空襲警報が鳴った。すぐに母と一緒に、河口湖湖畔にある大きな岩影に逃げる。そこには、椅子が置かれている。父だけは、岩影に避難しなかった。防空責任者としてホテルに残り、大使館職員の家族が無事避難したかどうかを確かめる。河口湖上空は、米軍機の航路だった。しかし河口湖町は、空爆されない。爆撃機B29が何機も一緒に、富士山目がけて飛んでくる。爆撃機はそこから、北部と、東京・横浜方面、神戸・大阪方面に分かれて行った。それが、ハンスユルゲンの目にした唯一の戦争体験だった。

戦後、米兵の乗ったジープが河口湖や軽井沢にくるようになる。兵士は日系二世だった。ハンスユルゲンらドイツ人のこどもたちは、米兵と日本語で会話するのを楽しみにした。チューインガムやコカ・コーラをもらえるかもしれない。原爆投下を知らせたのも、米兵だった。ジープが、大使館のあるホテルの前に止まる。兵士が二人降りてくる。ドイツ大使館の職員などが、ホテルの大きな食堂で米兵と話し込んでいた。すると突然、大人たちが大きな声で興奮し出す。ハンスユルゲンは、何かたいへんなことが起こったと察した。「今から思うと、あの時に原爆投下のニュースが伝えられたのだと思う」と、振り返る。原爆投下からすでに数週間経っていた。

　ハンスユルゲン少年にとり、原爆とは何か想像もつかなかった。ドイツの学校ではじめて、原爆の恐ろしさを知らされる。「日本でも、原爆投下直後はそれが何だったのか、誰もわかっていなかったと思う」と、ハンスユルゲンはいった。ドイツに戻って、父のラインホルトと米国の原爆投下について話したことがある。その時父は、「あれは、戦争犯罪以外の何物でもない」と強調した。それを今もよく覚えている。ハンスユルゲンもそう思っている。

日本にいた頃のハンスユルゲン・シュルツェエッゲルト
2019年9月、本人自宅で写真アルバムから撮影

　日本が降伏すると、ほとんど軽井沢で過ごした。八歳と九歳の時だった。その時のことは、まだはっきりと記憶に残っている。浅間山のこともまだ忘れられない。

　父は日本の終戦後、米軍によって拘束された。一年間、巣鴨拘置所に留置される。母は父の過去からして、軍事裁判にかけられると思った。裁判がいつ行われるのか。いつも心配しながら暮らした。父はそれに対して、留置所で読書をしたり、手紙を書いたりと、たいへんのんびりと過ごしていた。ある日突然、日本の将官と一緒に釈放される。拘置所を出た。父はそのまま、軽井沢に戻ってくる。

釈放後も父は、米軍に拘束された形だった。ただ外交官として、米軍から特別に待遇される。一九四七年ドイツに帰国する時も、日本で使っていたものはすべて、ドイツに持って帰ることができた。ハンスユルゲン少年には、絶対に手放したくないものがある。こども用の自転車だった。少年はドイツでも、日本製の自転車を愛用して乗り回した。

ドイツに発つ時、米軍の車で軽井沢から横浜港に移動した。その間も、戦争の傷跡を見た記憶がない。家族は米軍の貨物船で、ドイツのハンブルク港に到着した。少年は、唖然とする。声がでなかった。そこではじめて、戦争の現実を目の当たりにしたのだ。ハンブルクではまだ、たくさんの建物が空襲で破壊されたままだった。負傷した兵士が自分の家族を探して、当てもなくあちこちを彷徨っている。

父ラインホルトは機械技師だった。しかし、若くしてナチス党に入党。機械技師として働いた経験がない。そのため父はドイツに戻っても、職が見つからない。祖父は造船技師だった。当時、造船所の社宅にいた。家には、旧ドイツ領の東プロイセンから逃亡してきた夫婦のほか、ドイツ人学生が一人一緒に暮らしていた。それを覚悟して、両親と姉、ハンスユルゲンの四人は祖父の家に入居する。そうするしかなかった。

父はナチス・ドイツが敗戦するまで、ナチス党にどっぷりと傾倒していた。ドイツに戻ってナチス党から脱党。復権した。ハンスユルゲンは、「父の過去について長い間、父と激論しなければならなかった」と語る。ナチスの思想に傾倒していたのは、許せなかった。父が過去の過ちを認めるまで、かなり長い時間がかかる。それまで、葛藤の日々を過ごした。父がなぜと、自問しなければならなかった。苦しかった。父は幸い、ドイツでも裁判にかけられない。「父は日本にいたおかげで、ユダヤ人の大量虐殺に加担しなくて済んだのだ。本当に幸運だった」と、ハンスユルゲンは安堵した。「おやじが日本に行くと決めたのは、本当に正しい決断だった」と、今も感謝している。

ハンスユルゲン・シュルツェエッゲルト（当時 83 歳）
2019 年 9 月、本人自宅で撮影

父はその後、旧西ドイツでリベラル政党自由民主党の党員となる。一九五八年、党のためにフリードリヒ・ナウマン財団を共同で設立した。財団の調査部長となる。ドイツの戦争の過去を調査するため、ソ連や東欧諸国、アウシュビッツ強制収容所跡などを訪問して回った。父はようやく、ナチスの現実を知る。フリードリヒ・ナウマン財団は現在、ポツダム会談中に米国トルーマン大統領が宿泊した邸宅（トルーマンハウス）を本部としている。

一九四五年五月八日にナチス・ドイツが降伏した時、日本にいたドイツ人たちはどう思ったのか。ぼくには関心があった。ハンスユルゲンからは、意外な回答が返ってくる。「ドイツはなぜ降伏したのか。ドイツが降伏するのはおかしい」と、日本人のほうから厳しく非難されたという。ドイツ人たちはそれに対して、「ナチスが悪いのさ。どうすることもできないよ」としか反論できなかった。

ハンスユルゲンは大学卒業後、旧西ドイツの首都ボンでドイツ農業省に国家公務員として勤務した。一九八〇年代中頃、旧西ドイツにパーシングⅡミサイルが配備される。ハンスユルゲンは配備に反対だった。抗議するため、ボンのある教会の牧師とともに平和運動団体を設立する。

二〇〇三年、再び日本を訪れる。すでに定年退職していた。一歳年上の姉と姉のこどもたち、それにハンスユルゲンの娘が一緒だった。姉はたいへんな日本びいき。日本語もよくできる。三年に一度、日本旅行を楽しんでいた。それに対してハンスユルゲンは、日本語をすっかり忘れている。それまで、日本に行きたいとも思わなかった。日本では、こどもの頃過ごした軽井沢を訪れる。当時暮らした家はもうない。別荘街や道路の感じは、当時のまま。とても懐かしい。浅間山が目に入ると、「ああ、故郷に戻ってきたなあ」と感じた。その時浅間山近くで、生まれてはじめて温泉に入る。

ハンスユルゲンも、大の日本びいき。日本のことがいつも、気になる。日本が今、国家主義的になっているのが心配だ。福島第一原発の原発事故についても、情報が隠されているとしか思えない。たいへんおかしいと思う。世界で唯一原爆を投下された国が、なぜ原子力発電に依存するのか理解できない。「日本こそ、原子力発電から撤退して、核のない世界をリードしなければならない」。ハンスユルゲンはこう強調した。

東西ドイツが統一されると、ボンからポツダムに移る。ポツダムのあるブランデンブルク州で、農業省を立ち上げるよう依頼された。退職後も、ポツダムに残る。二〇一五年にドイツで難民問題が起こると、難民を支援する市民団体で活動した。その後二〇一九年から、ヒロシマ・ナガサキ広場をつくる会の理事も務める。原爆はもう、二度と使われてはならない。「小さい時日本にいたことが、よりそう感じさせている」と、語った。

ハンスユルゲンはぼくに、DVDを一枚渡してくれた。父ラインホルトが日本赴任後、一九三八年五月に中部地方から関西、中国、九州、四国の各地方を講演旅行して回った時の映像だ。ラインホルトは、同じ年の夏に予定されているヒトラーユーゲント日本訪問の準備を兼ね、西日本各地を回ったのだった。

DVDは東京駅を出発した後、車中から見える富士山の映像ではじまる。一行は名古屋から宇治、京都を訪ね、岡山、広島へと向かった。宮島では厳島神社を参拝。映像からは、原爆で破壊される前の広島の様子を覗うことができる。

その後九州に向かい、阿蘇山、鹿児島、桜島、宮崎を訪ねた。その後本州に戻り、松江に移動。そこからさらに四国に行って、松山、宇和島で歓迎を受けた。最後は、大阪毎日新聞と大阪朝日新聞を表敬訪問している。

訪問地ではどこでも、盛大に歓迎された。日本の青少年が相撲や剣道、その他伝統芸能を披露。野球場などにたくさんの人が集まり、歓迎式典が行われる。一行には、少年団日本連盟理事長の二荒芳徳伯爵が随行した。少年団日本連盟は後に、ボーイスカウト日本連盟となる。

映像からは、戦争のはじまる直前の日本の様子がよくわかる。いくつかをスチル写真にした。

原爆で破壊される前の広島市内の様子
多分、川左側の建物のあるエリアが旧中島地区
今の平和記念公園のある辺りと見られる
橋は元安橋か

広島高等師範学校の校舎
原爆体験者外林秀人はここで、化学の授業中に被爆する

写真出典：いずれも日本中南部講演旅行（Vortragsreise durch Mittel-Südjapan）の映像から撮影

四国での歓迎の様子
先頭中央が父のラインホルト・シュルツェ、
写真その右が二荒芳徳伯爵

宇和島での歓迎の様子
横断幕には「ハイルヒトラー（ヒトラー万歳）、
ヒトラーユーゲント歓迎」とある

二〇二〇年一〇月二〇日、ウーヴェから急にメールがきた。ハンスユルゲンが一〇月一六日に急死したとある。ぼくは二か月前、ハンスユルゲンとメールをやりとりしたばかり。信じられなかった。

第三章　戦後のトルーマンハウス

トルーマンハウスが学校の校舎となる

三大国首脳会談が終わった。ドイツの分割統治がはじまる。会談の行われたポツダムは、ソ連占領区となる。米国トルーマン大統領が会談中滞在した邸宅（後にトルーマンハウスと呼ばれる）には、ソ連ドイツ占領軍最高司令官ゲオルギー・ジューコフ元帥が入居した。ジューコフはベルリンに侵攻するため、オーデル川沿いのゼーロウ高地で激戦を戦った司令官。ベルリンでドイツ帝国議会を占領したのも、ジューコフの部隊だった。その後、ドイツの降伏批准文書をソ連の代表として署名する。

地元の生き字引として知られるクラウス・アールトは、茶目っ気たっぷり。「バーベルスベルクの住民からすれば、会談後も米兵に残ってもらいたかったのだけどね」と、いった。現実には、ソ連占領下に入ったのだ。ジューコフがソ連ドイツ占領軍最高司令官だったのは、一九四六年三月まで。その後ソ連で、国防次官、国防相にまで出世する。一九五三年、バーベルスベルクの邸宅（トルーマンハウス）を引き払った。

その間、一九四九年に東西ドイツが発足。トルーマンハウスのある地区は、東ドイツ領となった。新バーベルスベルク地区の邸宅はすべて、東ドイツの人民所有となる。ほとんどの邸宅は、集合住宅として使われた。邸宅後ろにあるグリープニッツ湖の真ん中辺りが、旧西ベルリンとの国境。地区一帯が国境警備地帯となる。地区に入居できるのは、政府や党の要人、秘密警察員など特定の家族に限定された。一般市民が入居する場合、入居前に厳しい審査を受けなければならない。

ジューコフが去った後、トルーマンハウスには一九五九年まで法学研究所が入っていた。研究所はその後、東ドイツ国家法律アカデミーに編入される。クラウスによると、研究所が法律アカデミーの一部になると、トルーマンハウスではほとんど活動をしていなかった。

トルーマンハウスは一九六一年、第三三理工学校の校舎の一つとなる。東ドイツの理工学校とは、小学校から高校までの一〇年制の一般的な学校のこと。東ドイツは戦後産業復興を目的に、自然科学と工業技術の科目に力を入れた。そのため、一般校がそう呼ばれる。東ドイツ特有の学校制度に基づくものだった。普通の小中高統合学校といっていい。

その年の八月一三日、東西ドイツ国境が封鎖される。東西ベルリンの国境と、西ベルリンと東ドイツの国境がまず、鉄条網などによって遮断された。トルーマンハウスのある地区も、例外ではない。トルーマンハウスのある邸宅街ではその後、グリープニッツ湖の畔りに壁が設置される。それも、「ベルリンの壁」の一部だった。トルーマンハウスはこうして、東西ドイツ国境地帯の一部となる。東西冷戦のど真ん中に置か

東西冷戦時代、トルーマンハウスの裏には
写真のような「ベルリンの壁」があった
2020 年 1 月、グリープニッツ湖（写真右）畔りで撮影

れた。

学校はその後、一九六七年から「ヨルゲン・シュミットヒェン学校」と呼ばれるようになる。ヨルゲン・シュミットヒェンは、東ドイツ国境警備隊兵士だった。一九六二年四月、トルーマンハウス近くのグリープニッツ湖駅構内近くの線路上で死亡する。東ドイツ国家人民軍学校の学生に射殺されたのだった。学生は、西ベルリンに逃亡しようとするところをシュミットヒェンに見つかる。発砲した。ヨルゲン・シュミットヒェンはその後、東西ドイツ国境で亡くなった最初の兵士として、英雄視されるようになる。

シュテファーン・ヴォルゼクと知り合ったのは、偶然だった。シュテファーンは、ヒロシマ・ナガサキ広場から歩いて数分のところに暮らしている。広場では毎年一回、記念碑の碑文をきれいにする。碑文が砂で読めなくなるからだ。その時によく、手伝ってもらった。シュテファーンと直接知り合ったのは、二〇一九年三月ベルリン・ブランデンブルク門前であった反原発デモの時だった。シュテファーンは、ベルリン郊外にある研究炉に反対する運動の代表としてスピーチする。その時、「トルーマンハウスで、生徒として学んでいたことがある」と話した。

ぼくはそれまで、トルーマンハウスが学校の校舎として使われていたことを知らなかった。スピーチが終わると、すぐにシュテファーンを探す。近いうちに、学校時代のことについて聞きたいといった。ぼくがなぜ、トルーマンハウスと学校時代のことに関心があるのか。シュテファーンには、よくわからなかった。怪訝な顔をする。ぼくが研究炉の反対運動に無関心だと、思ったのかもしれない。ぼくの聞いたタイミングが悪かった。それでも、ぼくの申し入れを受け入れてくれる。

ぼくは名刺を渡し、後で連絡するといった。

ぼくが当時の話を聞いたのは、それから八か月余りも経ってからだった。シュテファーンはぼくに、当時の国境地帯の状況についても説明したいという。こどもの頃、トルーマンハウスから東側に歩いて一〇分余りのシュトゥーベンラオホ通り二八番地に暮らしていた。ちょうど西ベルリンとの境界にある。壁に囲まれていた。

シュテファーンが当時暮らしていた地区に行くため、トルーマンハウスの前ではなく、グリープニッツ湖駅で待ち合わせた。駅は、トルーマンハウスと昔の自宅のちょうど真ん中辺りにある。シュテファーンはその日、孫のロッテを一日預かることになった。ロッテは八歳。一緒に連れてきていいかという。ぼくは、もちろんだといった。グリープニッツ湖駅は東西ドイツが統一するまで、西ドイツと西ベルリンを結ぶ長距離列車の国境検問所だった。列車は、東ドイツ領域内をトランジットで通過。西ベルリンに向かう列車では、東ドイツを出国する検問が、西ドイツ方面行きの列車では、東ドイツへの入国検査が行われた。

ぼくがグリープニッツ湖駅で電車から降りると、シュテファーンとロッテがすでにホームで待っている。シュテファーンは、真っ青の素敵なコートを身につけていた。赤いフレームのめがねがよく似合う。孫がいるようには見えない。とても若々しい。シュテファーンはまずロッテに、祖父が当時暮らしていたところを知ってもらいたいといった。ロッテは今、学校の授業が終わると、トルーマンハウス横にある学童保育所に通っている。当時、シュテファーンも同じ学童保育所に通った。学童保育所は今、塀でがっちり包囲されている。当時、そんな塀はない。こどもたちはいつでも、自由に行き来できた。時代は変わったのだ。

ぼくたちは駅から出て、当時シュテファーンが暮らしていた東の方向に歩いた。歩きながら、国境地帯の生活について話す。シュテファーンは一九六三年九月四日、第三三学校に入学。一年生から四年生までの間、トルーマンハウスに通っていた。五年生と六年生の時は、本校舎と同じ通りにある別の校舎で勉強する。七年生から一〇年生の高学年になると、近くの本校舎に移った。本校舎のある通りをそこからさらに四〇〇メートルくらい歩くと、英国チャーチル首相がポツダム会談時に滞在した邸宅がある。

シュテファーン・ヴォルゼクは5人兄弟の真ん中
（写真右から2人目）
写真にいない5番目の弟クヴィントス
（5番目の意）だけがポツダム生まれ
後の兄たちは西ベルリン生まれだった
母は西ベルリン出身
4人目が生まれるまで、ベルリンの壁はない
母は、西ベルリンの実家で出産できた
2019年11月、本人自宅で写真アルバムから撮影

トルーマンハウスには全部で、一二の教室があった。一教室当り二五人から二七人の生徒が一緒に勉強する。教室の大きさはまちまち。大きな教室もあれば、小さな教室もあった。シュテファーンは、校舎の階段室がとても広々として、開放感があったのを覚えている。教室の中はどんな感じだったか。もう覚えていない。校舎の向かって右側に、冬の暖房用の石炭を地下に保管するための入り口があった。そこはい

つも、黒く汚れていた。暖房設備はかなり古い。冬になると、暖房用の配管がガタガタ音をたてるのが聞こえた。「(授業中)うるさくて、集中できなかったよ」と、シュテファーンはいう。

校舎の左側には昼になると、昼食の入った緑色の弁当箱がたくさん並んだ。生徒たちは、地下の食堂で昼食をとる。学校の給食を食べるかどうかは自由だった。シュテファーンは学校の給食ではなく、いつも自宅からお弁当を持参した。校庭が、校舎に向かって左側にある。昼休みや授業と授業の間の休み時間になると、生徒たちはそこに集まっておしゃべりをした。そこには現在、新しいガラス張りの建物が建っている。校舎敷地のすぐ裏のグリープニッツ湖の畔りには、ベルリンの壁があった。シュテファーンは当時、校舎が湖からどのように見えたのか知らない。東ドイツ市民には、国境地帯の湖に立ち入ることはできなかった。

自宅が国境地帯のど真ん中にあるとは、どういう生活だったのか。シュテファーンの自宅を訪ねるには、六週間前に許可を申請しなければならなかった。大工などの職人を呼んでも、職人は一人でくることができない。必ず二人できた。逃亡しないよう、互いに監視するためだった。国境警備隊員も一緒にくる。学校には自宅から、歩いて一〇分余り。学校右の道路に、頑丈なバリケードと検問所がある。シュテファーンはいつも、そこを通り抜けなければならなかった。一四歳になると、身分証明書を持たされる。とても変だと感じた。身分証明書は通常、一八歳で成人しないと発行されない。国境地帯に暮らすための特別な措置だった。

東ドイツでは、学校の新学期が九月一日にはじまる。先生と生徒が全員、校庭に集まった。秩序正しく整列させられ、始業式が行われる。軍隊の儀式のような式典だった。その時必ず、平和や戦争をテーマとするスピーチがある。東ドイツでは、九月一日は「平和の日」。レヴィーン校長が、低学年生の校舎（トルーマンハウス）から原爆投下の命令が出されたと話した。「多分一回か二回、そう聞いたことがあると思う」と、シュテファーンは振り返る。その時のことは今も、はっきりと覚えている。当時、まだ小学生。小さいながらも、原爆投下によって人間が実験台にされたのだと直感した。しかし原爆が住民にどういう影響をもたらしたのか。想像もつかなかった。

八年生を終了すると、転校する。一番下の弟だけが、ヨルゲン・シュミットヒェン学校に通った。学校は一九七四年、近くに新設された新校舎に移転する。校舎が国境地帯にあるのは、学校として適さなかったからだ。その後トルーマンハウスは、ポツダム市教育課によって管理される。学校の校舎としてはもう利用されなかった。長い間、机や椅子など学校で使う家具の倉庫として使われる。

一九八九年一一月九日、ベルリンの壁が崩壊する。冷戦が終わった。東西ドイツを分割する壁が撤去される。トルーマンハウスは、一五年の〝冬眠〟から目を覚ました。

研究炉とともに暮らす

シュテファーンは、大学で化学を専攻する。その後、東ドイツ農薬研究所で農薬の化学分析に従事していた。現在、ドイツ・リスク評価研究所で農薬の認可手続きを担当する。国家公務員だ。研究所はドイツ食糧農業省の下で、食品の安全と汚染、動物愛護、消費者保護の問題についてドイツ政府を科学的にサポートしている。すでに述べたが、シュテファーンは研究炉に反対して活動している。国家公務員であっても、一市民として反対運動に参加する。ドイツでは不思議なことではない。市民として独自の意見を持って行動できる。それは、個人の自由な権利だ。憲法でも保証されている。

シュテファーンが反対している研究炉は、ハーン・マイトナー研究所内にある。研究所は日本でいえば、国立研究所。研究所の名前は、一九三八年にベルリンで核分裂を発見したオットー・ハーンとリーザ・マイトナーに由来する。研究炉はグリープニッツ湖を挟み、トルーマンハウスから北東に一・五キロメートルしか離れていない。シュテファーンの暮らす今の自宅からも、二キロメートルほどだ。

シュテファーン（当時 63 歳）と
孫娘のロッテ（当時 8 歳）
2019 年 11 月、本人自宅で撮影

研究炉は一九五七年、運転を開始した。グリープニッツ湖対岸の旧西ベルリンにある。小さい時に育った実家は今より、研究炉に近いところにあった。シュテファーンは、「研究炉と一緒に生きてきたことをまったく知らなかった」と語る。それは、トルーマンハウスにとっても同じだった。研究炉の存在を知ったのは、東西ドイツが統一されてから。その時は、不安に思わなかった。自分も研究者だ。研究目的なら問題ないと思った。今から思うと、危険を無視していたのかもしれない。

二〇一一年三月、日本で福島第一原発事故が起こる。事故をきっかけに、バーベルスベルクで開催された研究炉反対イベントに参加した。その時はじめて、研究炉の危険について知る。研究炉には、原発ほどの安全対策が講じられていない。飛行機が研究炉に墜落すると炉が破壊され、核分裂連鎖反応の起こる可能性が大きい。事故はもう制御できない。莫大なエネルギーが放出され、研究炉が爆発する。研究炉周辺が放射能で汚染されるのは間違いない。とても危険だ。

それから二年余り経った。シュテファーンは積極的に、研究炉の反対運動に加わるようになる。研究炉に万一何かあった時に備え、ベルリン市が緊急災害対策計画を用意している。しかし計画は、災害対策が必要なのは事故後数日としか想定していない。現実は、そうはいかない。福島第一原発事故が、それでは済まされないことをはっきりと証明した。研究炉周辺の住民が危険な環境に置かれている。しかし、何も十分な対策が講じられていない。おかしい。シュテファーンは、無策な状態に我慢ならなかった。

二〇一九年一二月一一日、研究炉が最終的に停止される。重大事故の起こる危険はなくなった。しかし廃炉作業によって、放射性物質が飛散する危険がある。この問題に共同で対処するため、シュテファーンら反対派住民は研究所側と対話する道を探った。対話は、研究炉が最終停止する二年前にはじまる。シュテファーンは住民の一人として、ボランティアで対話に参加。対話の結果を逐次、ベルリン市にも報告している。はじめはそれによって、大きな成果が得られるとは思えなかった。自分の時間がとられるだけだと思った。「でも自分には、対話に参加する社会的な義務がある。その義務から逃れたくない」と、シュテファーンは強調する。

研究炉を廃炉にするため、住民参加によって共同で問題を解決する。それは、はじめての試みだった。これまで研究所と住民側は、二〇項目について合意した。研究炉を解体すれば、コンクリートの破片がたくさん排出される。ドイツの原子力法では、年間線量が一〇マイクロシーベルト以下となると、コンクリートの破片はもう放射性廃棄物ではない。微量だが、放射能で汚染されていても、道路工事などで再利用できるようになる。市民の生活に、放射能で汚染されたものが侵入する。福島第一原発事故によって発生した汚染土の再利用に対しても、同じ基準が適用される。日本も同じ問題を抱えている。

研究炉に反対してきた住民は、放射能に汚染されているものが一般生活に使われることに猛反発した。研究所側はそれに対し、汚染コンクリートの破片を新しく設置される大型加速器の基礎に再利用して、一般生活から手の届かないようにすると提案する。住民側は納得した。大型加速器はこれから、ベルリンの研究開発機関の集まるテクノロジーセンターの敷地内に建設される。研究所側との対話には、放射能汚染を心配する住民が参加している。住民参加が、法的に規定されているわけではない。しかしそれによって「住民が何か変化をもたらすことができる」と、シュテファーンは確信する。

シュテファーンは、農薬問題の専門家だ。その専門的な知見からすると、「基準値というのは一般的に、時代が進んで科学技術レベルが上がるのに伴い、下がるものだ」と主張する。時代ばかりでなく、国が違えば基準値も異なっていい。国ごとに、基準値を低く抑えることもできる。「今何もしなかったら、孫や次の世代のために何もしないことになる」。シュテファーンはそう、力強くいった。孫のため、孫に対して責任を持つために、今基準値を下げようと努力する。研究炉の廃炉問題で活動するのは、そのためだ。それが、今と将来に対して責任を持つことになる。「今を生きる自分に課せられた義務だ」と、シュテファーンは思っている。

シュテファーンのこの思いは、平和の問題にも通じる。戦争を二度と起こさない。原爆を二度と使わない。ぼくたちは今、それに対して責任がある。その今は、ぼくたちのこどもから孫へ、次の世代へと引き継がれる。今、何をするのか。その今が問われている。シュテファーンは今、ぼくたちの会において核兵器にも反対して活動している。

トルーマンハウスが売却される

一九八九年一一月九日、東西ベルリンを分割する壁が崩壊する。翌年一〇月一日、東西ドイツが統一した。それとともに、米国トルーマン大統領がポツダム会談中に滞在した邸宅は、元の持ち主であるミュラーグローテ家に返還される。ソ連に没収されてから、四五年以上も経っていた。邸宅が「トルーマンハウス」と呼ばれるようになるのは、ドイツ統一後だと見られる。

ミュラーグローテ家は、邸宅には戻ってこなかった。一九九〇年、コンピューター関係の会社が邸宅を間借りする。その時地元の生き字引クラウス・アールトは、顧客として邸宅に入ったことがある。クラウスは当時、農薬の研究機関で働いていた。すべての部屋を見学したわけではない。トルーマンの執務室がどの部屋だったのかも、よくわからなかった。暖炉のある居間には入った。それは覚えている。部屋はそれぞれ、木できれいに内装されていた。部屋と部屋の間や部屋と廊下の間の開口は、品のよい木造りになっている。各部屋の壁も、ほぼ半分の高さまで木の板で化粧されていた。一九世紀に建てられたビーダーマイアー様式のドイツの典型的な建物だった。

一九九二年、言語と経済を専門とする民間学校がトルーマンハウスに入居した。一九九三年邸宅を「トルーマン記念センター」として、米国トルーマン大統領の功績を記録する博物館として利用する話が持ち上がる。トルーマンハウスは一時、そう呼ばれていた。イニシアチブをとったのは、米国人ロバーツ・マッカイ。元ベルリン米国商工会議所会長（実際には、事務局長だったようだ）だった。博物館を設置する目的で、「トルーマンハウス大西洋友の会」を共同設立する。ヒロシマ広場（後のヒロシマ・ナガサキ広場）の記念碑を新聞紙上で批判した人物だ。しかしトルーマンハウスを博物館とする計画は、実現しない。資金が集まらなかった。一九九八年、邸宅と邸宅横の広い土地はフリードリヒ・ナウマン財団に売却される。

邸宅の入り口横に、トルーマンハウスの歴史を記録する銘板がある。トルーマンハウスを博物館として利用する目的で、一九九四年に取り付けられたと見られる。ぼくは当初、それが邸宅を所有する財団によるものかと思った。実際には、米軍の財団によるものだった。銘板の下に、「U.S. ARMY BERLIN, 1994」とある。トルーマンハウスの原爆投下に係わる史実は、どこにも書かれていない。

豪華な邸宅街となっている新バーベルスベルクでは、ドイツ統一後に邸宅を含む不動産が元の持ち主に返還される。一等地にあるとても高価な不動産。相続人同士の争いが絶えなかった。そのため不動産を売却できず、地域の再開発が進まない。トルーマンハウスの場合、持ち主のミュラーグローテ家に相続人が一七人もいた。それにもかかわらず、すべての相続人が売却に同意する。ほとんど奇跡に近かった。

トルーマンハウスが売却されたフリードリヒ・ナウマン財団は、リベラル政党ドイツ自由民主党系の財団。ドイツの政党の中でも、最も米国寄りで知られる。「リベラル」とは、本来「自由主義的な」という意味。「リベラル」は、自由な経済を求めて「経済界寄り」ということでもある。ドイツの自由民主党は主に、中小企業を地盤とする。日本では「リベラル」というと、「保守」に対する「平和主義」や「左派」と思っている人が多いかもしれない。それは日本だけのこと。誤解のないようにしてもらいたい。

トルーマンハウスの全景　2020 年 1 月撮影

売却された直後の一九九九年、トルーマンハウスで火事が起こる。放火だった。犯人は、まだ捕まっていない。動機もわかっていない。放火によって、ポツダム会談の歴史の一齣が消失した。トルーマンの執務室はもう跡形もない。居間の暖炉も焼けてしまった。木造りの貴重な内装ももう、見ることができない。邸宅の内部には当時の面影はない。外壁だけが、当時のまま修復された。邸宅横の広い土地には、モダンなガラス張りの財団本部が新築される。生徒たちが休み時間に集まった元校庭だった。

トルーマンハウス前の広場をヒロシマ広場と命名する時、財団にも協力を要請した。しかし財団に、その気はない。財団側は、トルーマンハウス前の通りを「トルーマン通り」と改名させたいと思っている。それが実現されれば、協力を検討してもいいといった。通りは戦中まで「カイザー通り」といい、終戦後のソ連統治下で「カール・マルクス通り」に改名される。財団の住所は今、カール・マルクス通り二一番地だ。米国寄りのリベラル系財団にとり、屈辱だといってもいい。

ベルリン在住の原爆体験者外林秀人が、トルーマンハウスで原爆体験を話すチャンスはないだろうか。フリードリヒ・ナウマン財団に打診したことがある。その時、財団は条件を提示した。ポツダム大学現代史教授マンフレード・ゲアテマーカーを一緒に講演させたいという。教授は米国で留学し、米国が原爆を投下したのはたくさんの人命を救うためだったと主張する。米国の弁明をそのまま代弁している歴史家だ。秀人の原爆体験に対抗し、米国の立場を擁護したいのだった。原爆体験者の秀人に対して、たいへん無礼だと思う。ぼくたちは、その条件を受け入れなかった。

二〇〇六年七月二四日、ヒロシマ広場（当時はまだ改名されていなかった）において広島の原爆体験者二名を招いて簡単な式典を行う。広場に、広島から届いた公式の原爆ポスターをパネルに貼って展示した。ポツダム市長が最初に挨拶す

トルーマンハウスを裏から見る
真ん中が邸宅居間のベランダ
2020 年 1 月撮影

る。フリードリヒ・ナウマン財団には事前に、式典のことを伝えてあった。せっかくのいい機会。広島の原爆体験者二人がトルーマンハウスを見学することはできないだろうか。財団に問い合わせる。答えは、「ノー」だった。

式典が終わると、ヤコブス・ポツダム市長が財団の広報担当の女性と二言三言ことばを交わしているのが見える。市長は、原爆体験者がトルーマンハウスを見学できないかと口添えしたのだった。原爆体験者だけならという条件で、財団は見学を認めてくれる。通訳も一人いいという。ぼくが通訳として付き添う。ぼくはこの時はじめて、トルーマンハウスに入った。案内されたのは、暖炉のあった居間と、居間から出たベランダだった。居間は火事で焼け、当時の面影はまったく残っていないと説明された。

ベランダに出ると、邸宅裏にあるグリープニッツ湖がとてもきれいだった。清々しく感じる。トルーマン大統領がポツダム会談時に滞在した時と同じ時期。景色は、変わっていないのではないか。大統領も、同じ景色を眺めていたに違いない。

ヒロシマ広場をヒロシマ・ナガサキ広場に改名する

トルーマンハウス前の広場は、「ヒロシマ広場」ではない。「ヒロシマ・ナガサキ広場」であるべきだ。ぼくははじめから、そう思っていた。広場は、広島と長崎が原爆の犠牲になったことをはっきりと伝えなければならない。「ヒロシマ広場」という名称は、変更したほうがいい。しかし現実には、そう簡単なことではなかった。

一緒に活動してきたウーヴェとニールスにはすぐに、広場の名称を変更しようとはいわなかった。まず、碑文を修正したほうがいい。碑文は永久に残るもの。史実の裏付けがなければならない。碑文の修正は、市議会で承認された。次は広場の改名だ。何かいいきっかけはないだろうか。碑文の平石に、広島と長崎で被爆した石を入れる。それが絶好の根拠になると思った。広場の改名は、除幕式前に終えておきたい。しかしそれには、市議会の承諾が必要だ。市議会の手続きには時間がかかる。まず内部で早いうちに、改名することを決めておいたほうがいい。ぼくはそう思った。

会の代表ウーヴェが二〇〇九年秋に、総会をやろうという。会で改名を決議するには、その時しかチャンスがないと思った。ぼくは事前に、広場の名前を「ヒロシマ・ナガサキ広場」に改名しようとウーヴェに話してみる。ウーヴェは、いやな顔つきをした。乗り気でないのがわかる。原爆は、広島と長崎に投下された。両市の名前を入れるのは当然だ。ぼくはそう主張した。ポツダム市がこれから両市と交流するには、改名しない限り公平に付き合うことはできない。ウーヴェは納得した。総会で票決になれば、改名を支持するという。

ぼくは総会の前に、会の名誉会員で原爆体験者の外林秀人にも、総会で改名を提案すると伝えた。秀人は票決になるのに備え、設立会員の一人で独日平和フォーラム代表のオイゲン・アイヒホーンと一緒に出席する。

総会がはじまる。ウーヴェが、活動報告と来年の活動計画について説明した。ニールスが会計報告する。ぼくたち三人の理事の再選も決まった。そこでぼくが、広場の改名を提案した。理由も説明した。それに対して会員の一人が、「ヒロシマ広場でいいではないか」という。「ヒロシマは原爆投下の象徴だから、わざわざナガサキを入れる必要はないと思う」と付け加えた。反対意見はこれだけだった。しかしウーヴェが突然、「この問題については決議しない。保留にする」という。

ぼくは「えっ、どうして」と思った。ウーヴェにははじめから、改名を決議するつもりはなかったのか。ウーヴェは、「碑文の修正が市議会を通ったばかりだ。今ここで広場の改名を申請しても、市議会の怒りを買うだけ。市議会はウンといわない。もう少し待とう」と説明した。しかし、除幕式までに広場を改名したい。ぼくの気持ちは変わらなかった。

二〇一〇年春になった。除幕式までもう数か月しかない。広場の改名はどうするつもりなのか。早く決めないと間に合わない。ウーヴェはまだ無理だといった。「除幕式の後、少し時間を置いてからのほうがいい」と主張する。除幕式前に広場を改名するのは、諦めるしかなかった。

夏、除幕式が終わる。それからぼくは何回も、ウーヴェに改名はどうするのかと聞いた。ウーヴェは、頑としてウンといわなかった。まだ早い。

ウーヴェは翌年二〇一一年の春、秀人にポツダム市の「金の本（das Goldene Buch）」に記帳してもらってはどうかと提案した。金の本に記帳するとは、名誉市民になることでもある。市側と交渉する。ぼくは秀人の功績からすれば、とてもいいことだと思った。それまでに広場を改名してはどうか。ぼくは探りを入れてみた。ウーヴェはまだ難しいという。改名すると、広場の標識を取り替えなければならない。「ヒロシマ広場（Hiroshima-Platz）」というバス停もある。それも変更しなければならない。地図も修正する。広場を改名するのは、そう簡単なことではない。ポツダム市にいろいろとコストが発生する。「もう少し待ったほうがいい」と、ウーヴェはいった。

秀人は広島で被爆した。金の本への記帳は、二〇一一年八月六日に決まる。市庁舎ではなく、ヒロシマ広場で行う。市庁舎以外で記帳するのは異例なこと。広場で八月六日に行事を企画するのも、はじめてだった。ただぼくはこれを機に、広場での行事がすべて八月六日に行われるようになっては困ると思った。広場での催し物は、広島と長崎に対して公平に行う。それが基本だ。ポツダムと原爆投下の関係からも、軍の原爆投下命令が出された七月二五日に行うべきだ。

当日はポツダム市が車を用意して、秀人と妻のアストリートをベルリンまで迎えにいってくれる。広場にはテントが立ち、机と椅子が置かれていた。金の本はまだない。ポツダム市長ヤン・ヤコブスはすでに、広場にきていた。まもなくして、秀人がポツダム市の車で広場に到着する。市長が秀人を迎える。秀人はテント内の椅子に座った。

ヤコブス市長が、ヒロシマ広場に記念碑を設置することに対する秀人の功績を讃える。「ポツダム市にとって、とても光栄なこと。その功績から、外林秀人氏に金の本に記帳してもらいたい」と説明した。金の本が、秀人の座るテーブルの上に置かれる。記帳するページが開かれていた。市長が記帳を促す。ページにはすでに、「核兵器のない世界を願って（In der Hoffnung auf eine atomwaffenfreie Welt）」と、秀人の名前がきれいなローマ字の装飾文字で記載されていた。この一句は、碑文の最後に記載されているものだ。

秀人はその下に、「外林秀人」と漢字で記入する。さらにその下に、小さく「Sotobayashi

Hideto」とローマ字で入れた。秀人は、ポツダム市の名誉市民となる。会場が拍手で包まれた。ヤコブス市長と秀人が握手をする。

すると秀人が市長に、「広場をヒロシマ・ナガサキ広場に改名できないだろうか」といった。絶妙のタイミングだった。事前に打ち合わせてあったわけではない。ぼくは「してやったり」と思った。ヤコブス市長はすぐに、会の代表ウーヴェに手続きをはじめるよう指示する。ウーヴェはこの時、緑の党選出のポツダム市議会議員になっていた。ウーヴェが緑の党から、広場の改名提案を市議会に提出すればいい。ポツダム市長のお墨付きだ。もうひっくり返される心配はない。

広場に取り付けられたヒロシマ・ナガサキ広場
（Hiroshima-Nagasaki-Platz）の新しい標識
後ろがトルーマンハウス
2012 年 1 月 12 日撮影

心配なのは、秀人の健康のほうだった。黄疸が出ている。糖尿病で長い間、インシュリンを打ち続けている秀人。肝臓の状態が悪化したのだろうか。アストリートに容態を聞いた。秀人はすでに、一回入院していた。黄疸は回復してきた。ただまもなく、検査のためにもう一度再入院することになっているという。

ポツダム市議会は二〇一一年一二月、賛成多数で「ヒロシマ広場」を「ヒロシマ・ナガサキ広場」に改名することを決議した。翌年一月一二日、広場の標識が取り替えられる。これで広場は正式に、「ヒロシマ・ナガサキ広場（Hiroshima-

Nagasaki-Platz)」となった。

原爆体験者が亡くなる

記念碑の大きな石の表面には、細かい結晶がくっきりとよく見える。白い結晶もあれば、黒い結晶もある。結晶は、太陽の光によって表情を変える。明るくなったり。暗くなったり。それがとてもきれいだ。これが、この石の特徴だ。

秀人は、石の結晶を原爆で亡くなった犠牲者の目のように感じていた。「記念碑の前に立つと、仲間ができたように感じる。その目が、秀人がんばれよと励しているようなんだ」と、語った。仲間が大きな石の中にいる。記念碑に通って、大きな石に宿る原爆犠牲者とともに対話したい。それが楽しみだった。記念碑が除幕してすぐに、「高齢だし、広場にベンチがないのがつらい」と、秀人はこぼした。

ぼくたちは、広場にベンチを置くことにした。そのためには、カンパを集めなければならない。記念碑をつくる時、ポツダムではほとんど寄附金が集まらなかった。ウーヴェが、今度はポツダムで集めたいという。地元企業などに声をかけた。すると、ポンという感じでカンパが集まる。記念碑という形になるものができたことが、大きかったのだと思う。地元ポツダムにおいてようやく、記念碑に関心が持たれるようになったともいえる。記念碑によって、原爆投下の史実がポツダムにより近いものに感じられるようになったのかもしれない。集まったカンパは、ベンチを設置するには十分だった。

記念碑を構想した石彫家の藤原信も、すぐに賛成してくれる。ベンチをどこに置くべきか。図面で、簡単に指示してくれた。それをウーヴェに渡す。ポツダム市内の公園では、統一されたベンチが使われている。緑地課からは、ポツダム規格のベンチがいいといわれた。ベンチが二つ設置される。二〇一一年一一月頃だった。

それから少し経って、秀人から急に電話がある。一二月前半だった。「ベンチはどうしただろうか」という。ベンチはすでにあると説明した。とても息苦しそうに感じられる。ぼくは秀人が入院中で、病院から電話をしているのかと思った。自宅にいるという。ちょうどヒロシマ広場を「ヒロシマ・ナガサキ広場」に改名することが、ポツダム市議会で決議されたばかりだった。ぼくはそれも伝える。秀人は、「よかった」というのがやっとだった。かすかな声で、今にも途切れそうだった。容態がたいへん気になる。少しして、秀人は再入院した。

一二月二八日、独日平和フォーラムのオイゲン・アイヒホーンからメールがくる。メールには、秀人が病院で亡くなったとだけ書かれていた。ぼくは、くる時がきたかと思った。八二歳だった。広場が「ヒロシマ・ナガサキ広場」と改名されたことを、生前中に伝えたることができた。それは、せめてもの救いだった。今から思うと、秀人が電話してきたのは、自分がもう長くないことを悟っていたからではないだろうか。秀人のライフワークである広場が今、どうなっているのか。それを知りたかった。「広場のこと、これからも頼むぞ」と、ぼくにいいたかったのかもしれない。

秀人は今、ヒロシマ・ナガサキ広場から歩いて一〇分ほど離れたゲーテ墓地に眠っている。樹木

ポツダム・ゲーテ墓地にある外林秀人の墓石
秀人の名前の下に、
赤で妻のアストリートの名前も入っている
2012 年 10 月撮影

葬された。大きな石に宿る「秀人の仲間たち」の元にいったのだ。信が秀人のために、ノルウェーから墓石を持ってきてくれた。墓石には、秀人がポツダム市の金の本に漢字で記帳した直筆の名前が彫られている。その下に、妻のアストリート直筆の署名を仏教式に赤で入れた。アストリートもいずれ、秀人の横に入る。アストリートの名前を赤で入れるため、ポツダム市の墓地管理課から特別に許可をもらった。アストリートも同意してくれた。

米国大統領が広島を訪問する

戦争加害国であるドイツと日本の戦争被害者に、人権はあるのか。ドレスデン大空襲の体験者ノーラ・ランクを訪ねた時、その問題について話すことになった。ノーラは、戦争加害国の市民であっても、すべての市民の人権は擁護されなければならないと主張する。ドレスデン大空襲は無差別空爆だった。標的となる市民の人権は無視する。それが、「無差別」という意味だ。原爆投下も同じだった。原爆犠牲者の人権は黙殺された。

二〇一六年五月二七日、米国オバマ大統領が現職の米国大統領としてはじめて広島を訪問する。

ぼくはその時、ドイツのニュース専門チャンネルN24のライブ放送で、ベルリンのスタジオからコメンテーターとして発言した。N24は、ドイツ最大メディア企業アクセル・シュプリンガー社系のテレビ局。ドイツの最大大衆紙ビルトも、同じ系列だ。ドイツで最も保守的なメディアだといっていい。ぼくは最初、こんなテレビ局でコメントして大丈夫だろうかと思った。でもいい機会だ。引き受けることにした。

テレビ局は、オバマ大統領が平和記念公園に入る時間を正確に把握していなかった。余裕を持って、早目に局に入ってほしいといわれる。局に入ると、すぐに化粧室に連れていかれた。その後スタジオ横で、耳にイヤフォンをつけられる。出番がくるのを待った。事前の打ち合わせはまったくない。キャスターとも、スタジオではじめて会った。キャスターの質問に答えてくれればいいとだけいわれる。

スタジオには、カーブのかかった長い大きなテーブルがある。キャスターがカーブの頂点に座っていた。ぼくは、その左側の少し離れた席に座る。ぼくの正面に、テレビカメラが一台あった。それが大砲のように見える。スタジオでは、広島から送られてくる映像がモニターから流れている。坪井直が原爆体験者代表の一人として、最前列に座っているのが見えた。直は二〇〇五年夏、語り部としてドイツを訪問する。ぼくはその時、講演の場をアレンジして、一緒に歩いた。原爆体験者の佐々木愛子も同行していた。愛子にはその縁で、亡くなるまでの間、広島で記念碑のために募金をお願いすることになる。

直はドイツで講演のあるごとに、シューベルトの歌曲《鱒》や《野ばら》をドイツ語で歌って聞かせてくれる。いつも大喝采だった。会場が盛り上がる。あれだけ凄まじいことを体験しながら、直の明るく、前向きな姿勢。それには、学ぶところがたくさんあった。直の語りには、心の和む場面が必要なのだと思う。直の被爆体験はあまりにも酷い。一か月半も意識のない状態が続いたにもかかわらず、一命を取り留めたのは奇跡に近かった。凄まじい体験を持ち帰っても多分、誰にも話せないだろう。衝撃に打ちのめされた気持ちを、ドイツ語の歌によって和やかにする。歌を聞いた人たちは、直の明るさに希望を持ち、凄まじい体験を自分の中で消化する。そのプロセスがないと、直の原爆体験だけを聞いてもそれを自分の体験として誰かに伝えることはできない。

ニュース専門番組といっても、民放の番組だ。放送中、頻繁に比較的長いコマーシャルが入る。その間に、キャスターと簡単に次の打ち合わせをした。世間話もした。ライブ放送が終わりに近づく。キャスターは、オバマ大統領の広島訪問をどう思うかと質問する。「現職の米国大統領としてはじめて広島を訪問したのは、歴史的なことだと思う」と、ぼくはいった。するとキャスターは、「オバマ大統領は、原爆投下に対して謝罪しなかったが、どう思うか」と聞く。

「謝罪しなくてよかったと思う。米国は、原爆投下によってたくさんの（米国人の）人命を救ったと弁明している。米国は自分勝手に、誰が生き残るのか、誰が死ぬのかを選別した。そんなことは、誰にもできないはずだ。第三者が人の生か死を選別してはならない。それにもかかわらず、米国は無差別に原爆を投下した。犠牲者の生きる権利は無視された。そこに人権はない。その根底には、人種差別もある。

日本は太平洋戦争において、他のアジア諸国の罪のない市民たちを無差別に殺害した。日本は、アジアの人たちの生きる権利を無視した。そこにも人権はない。その根底にも、人種差別がある。日本と米国の戦争の過去からして、まず日本が、アジア諸国と市民に対して謝罪しなければならない。米国はその前に、日本に謝罪するべきではない」

ぼくはこう答えた。キャスターが、びっくりしたような表情をする。「日本は、まだ謝罪していないのか」と、続ける。「遺憾の意は表明したが、公式には謝罪していない」と、ぼくは述べた。

なぜ謝罪なのか。謝罪することではじめて、お互いが対等になれる。加害者側が謝罪しない限り、犠牲者は人としての尊厳を取り戻して、人権を回復することはできない。日本政府は戦争に対して、アジア諸国に損害を賠償したという。しかしお金だけでは、人の心にまでは達しない。人の尊厳と人権を認めたことにもならない。

全体で、二〇分あまりの短い時間だった。コマーシャルの合間にスタジオを出る。その時キャスターは、「あなたの立ち位置がはっきりしているのに、びっくりした」といった。ぼくは、「あなたの番組には、合わなかったかもしれない」と応える。キャスターは、「そんなことはない」という。キャスターと、握手をして別れた。

ぼくがドレスデンでノーラを訪ねたのは、それから三年後だった。ノーラが終戦後にドレスデンで、広島と長崎への原爆投下をどう知ったのかを知りたかった。その時話は、戦争加害国における戦争被害者の人権問題へと発展する。ノーラはぼくに、「オバマ大統領が広島を訪問した時、謝罪しなかったのはおかしくないかしら」と聞いた。ぼくは、ニュース専門番組に出演した時にも、同じ質問をされたことを話した。その時、どう答えたのかも伝える。

ノーラはそれを聞きながら、ゆっくりと首を二、三回縦に振った。何もいわない。ノーラの表情は、「そうだったわ、そうだわね」といっているかのようだった。

ポツダムで灯籠流しをはじめる

石彫家藤原信は、「石が周りを変えてしまうぞ」とよくいった。ヒロシマ・ナガサキ広場の記念碑を構想した。大きな石は日が経つにつれ、信のいう通りになる。

石は次第に、その場に馴染んでいった。一つの構成要素になり、周辺の雰囲気を変えていく。広場では、こどもたちが遊ぶようになる。近くのカフェテリアでアイスクリームを買い、大きな石に座っておいしそうに食べる。広場の向かいにあるフリードリヒ・ナウマン財団の職員も昼休みになると、広場で昼食を取ったり、のんびりと休憩する。この財団こそトルーマンハウスを所有し、ヒロシマ・ナガサキ広場の記念碑を好ましく思っていない。その財団の職員にとってさえ、記念碑は日常の一つになったのだ。

トルーマンハウスのある新バーベルスベルク地区は、週末になると、市民のサイクリングコースになる。サイクリング中に大きな石を目にすると、自転車から降りて碑文を読む人も多い。ベンチに座って、ゆっくりと水を飲んで休憩することもある。広場横の道路を車で通る時も、大きな石が目に入る。その石が何なのか。車を止めて、碑文に目を通すこともある。先日広場で、碑文が痛んでいないかチェックしていた時、男性が一人車から降りてきた。「いつも車から大きな石を見ているけど、降りてきてはじめて、碑文があるのを知った」といわれる。男性に記念碑について話すと、「ああ、そういう意味があったのか。知ってよかった」と、うれしそうな表情をする。男性は何かいいことがあったかのように、車に乗って走り去った。

広場と記念碑は、こうして生活の一部になる。原爆投下の過去が日常生活に組み込まれる。広島や長崎で起こったことは今、繰り返されてはならない。自分の生活においてそう思えるようになればいい。こうした日常のプロセスを、ぼくは「マイクロプロセス」や「小さなプロセス」と呼んでいる。「日常における個人の体験」といってもいいと思う。この概念は、ドレスデン大空襲の体験者ノーラ・ランクらのグループを通して知った。グループは、ナチス・ドイツが破壊した都市や村の被害者と和解を求めて交流する。和解のきっかけをつくったのは、スペイン北部の町ゲルニカだった。ゲルニカは、第二次世界大戦が勃発する前の一九三七年四月、ナチス・ドイツによって空爆される。世界ではじめての無差別空爆だった。それをテーマに描かれたのが、パブロ・ピカソの反戦作品『ゲルニカ』だ。

ゲルニカのあるバスク地方は長期に渡り、スペイン内戦とフランコ独裁体制による抑圧に苦しんだ。過去が、市民の心の底に苦悩として残っている。市民には、深い被害者意識がある。スペインに対する憎悪も強い。過去の苦しみから解放しようとする試みが、一九九〇年代にはじまった。自分の生まれ育った地域の痛い過去を、平和を求める文化に切り換える。前を向く運動といってもいいかもしれない。今がいかに平和か。過去の苦しみを乗り越えて、生活において実感する。平和な今を満喫しようではないか。それが、平和の大切さについて考えるきっかけをもたらす。個人が平和を実感し、意識できるようにする。

中心となったのは、ゲルニカの平和研究センターだった。センターで平和プロジェクトを企画するドイツ人のアンドレアス・シェフターは、「被害者意識を持ち続けるのは、不健康だ」という。被害者意識を「消化」することで、「ゲルニカは犠牲者の町から、平和の町に生まれ変わった」と語る。自分の生活からかけ離れた世界平和ではなく、自分の生活に密着する身の回りで平和を追求する。平和を実感する。それによって市民は、過去の苦悩から解放される。アンドレアスはそれを、「マクロ的な平和からマイクロ的な平和に切り換えるプロセスだ」といった。ローカルな平和は、世界平和に比べると「小さな平和」かもしれない。しかし小さな平和を求める個人が増えれば、世界の大きな平和に結びつく。個人で平和を実体験する。そのプロセスを増やすことだ。それが第一歩になる。

ぼくはヒロシマ・ナガサキ広場と記念碑も、「小さな平和」を体験するプロセスだと思っている。信のいうように、記念碑の石は生活の一部となった。市民は石を見る度に、原爆投下と平和について考える。平和なこの地に今、原爆が投下されてはならない。市民はそう思うに違いない。自分の生活で見つけた平和（小さな平和）は、破壊されたくない。それはいずれ、核兵器廃絶（大きな平和）を求める気持ちに拡大される。こうして下から、市民の圧力が強まればいい。これは、過去を現在にもたらすプロセスでもある。過去は、個人的な小さな体験があるから今に伝えられる。

核兵器禁止条約が二〇二一年一月二二日発効した。それとともに、核兵器の開発と保有、使用などが禁止される。条約は、核兵器の禁止を政治的にモラルで訴える。しかし、核保有国と安全保障において核の傘に依存する国は加盟しない。日本は唯一の被爆国。しかし核の傘に頼り、条約に加盟しない。オブザーバーにもならない。それに対しNATO加盟国として米国の核兵器を共有するドイツは、二〇二一年の政権交代を機にオブザーバー参加することになる。

条約の試みは「大きな平和」だ。一般市民の多くは、核兵器を条約で禁止することを支持するだろう。大切な試みだと思う。しかし核兵器を禁止するという政治的なコミットメントは、生活からは程遠い。市民は、その大切さを生活で実感できるだろうか。条約の意義を生活とどう結びつけるのか。生活において、小さなプロセスからはじめたい。日本が核兵器禁止条約に加盟するには、日本の戦争責任をはっきりさせ、戦争被害国に対して公式に謝罪することが前提ではないかとも、ぼくは思っている。そうしないと、日本の暴力の犠牲となった市民の尊厳と人権は回復されない。戦争被害国とともに対等に、核兵器禁止を求めることもできない。

信が芸術家として石に思う感覚は、この小さなプロセスのことをいっていると思う。単なる知識ではない過去を個人で体験し、過去から現在の平和を感じ取る。「石が周りを変えてしまうぞ」とは、石によってそういうプロセスに入る空間ができることなのだ。第二次世界大戦後長い間、大きな戦争のない平和な時代が続いた。しかし今が平和だということが、どれだけ認識されているだろうか。時が経つにつれ、戦争体験者が失なわれる。戦争を体験した生き証人のいない社会では、戦争の過去は忘れ去られてしまう。日常において個人が何か体験しない限り、過去は伝えられない。原爆投下の過去は、記念碑の大きな石があるから今の日常に伝えられる。そして今、自分が平和な場所にいることを実感する。信は石によって、その空間をつくってくれた。ぼくは、信が大きな石

2010 年 7 月 25 日夜、ヒロシマ・ナガサキ広場近くで行われた灯籠流し
グリープニッツ湖畔りで撮影（Ⓒ YAJIMA Tsukasa）

に固執してくれたことに感謝しても感謝しきれない。

ヒロシマ・ナガサキ広場では五年ごとに、米軍の原爆投下命令の出された七月二五日に追悼式典が行われる。その日の夜、トルーマンハウス近くにあるグリープニッツ湖の船着場で灯籠流しを行う。追悼式典と灯籠流しを七月二五日に行うのは、広島と長崎を区別しないためだ。最初の灯籠流しを予行演習を兼ねて、記念碑の除幕式前年の二〇〇九年に行った。ポツダムの七月は、日が暮れるのが遅い。夜九時をすぎても、灯籠流しをするにはまだ明るすぎる。日が暮れるのを、首を長くして待たなければならない。

グリープニッツ湖は、東西に細長く横たわる。市街を流れる川と違い、自然に囲まれた湖の水面では風が強い。灯籠を水面に置くと、すぐに早いスピードで流される。湖の畔りに押し上げられることもある。風が強すぎて、押し倒されることもある。それでも灯籠流しは、できるたけたくさんの人に体験してもらいたい。それが、核兵器のない平和を求める気持ちを育むと思う。グループニッツ湖は日中、貨物船や遊覧船の航路となる。船の安全のため、解き放った灯籠は夜の間にすべて撤去しなければならない。灯籠流しが終わると、カヌーを二、三隻出して湖面に浮かぶ灯籠をすべて回収する。

灯籠をどうつくるのか。それは、広島から学んだ。広島で募金活動をしてもらった金子哲夫が除幕式に合わせ、モチーフの入った灯籠紙をいくつか持ってきた。灯籠は当日につくる。ヒロシマ・ナガサキ広場の近くに、アーティストたちが共同生活するプロジェクトハウスがある。広場での追悼式典が終わると、そのプロジェクトハウスに集まる。そこでみんなが一緒に灯籠をつくる。折り鶴も折る。あちこちでおしゃべるする声も聞こえる。おいしいケーキも用意してある。

参加するのは、こどもから大人まで誰でもいい。自分の手を使って工作する。灯籠をつくるために自分の手を動かせば、原爆投下について思いを巡らすきっかけができる。参加者と一緒に原爆投下と平和について、語り合うこともある。それが個人体験だ。個人で体験するから、その後に誰かに伝えることもできる。灯籠流しによって、個人で過去を体験する。できるだけたくさんの地元市民に参加してもらいたい。地元の行事として、定着してほしい。灯籠流しが生活の一部として、「小さな平和」のプロセスになることを願っている。そうしていつまでも、原爆投下の過去とポツダムでの生活を結びつけてもらいたい。

五年ごとの七月二五日に、もう一つ大切にしていることがある。それは、ポツダム市長からアジア諸国の在ドイツ大使に追悼式典への招待状を出してもらうことだ。まずウーヴェを説得して、市長室に要請してもらうことになった。広島と長崎への原爆投下で犠牲になったのは、日本人だけではない。朝鮮人など他のアジアの市民も犠牲になった。ヒロシマ・ナガサキ広場は、広島と長崎で犠牲になった人たちすべてを追悼し、原爆投下を警告するものだ。犠牲者が日本人かどうかではない。原爆を投下した米国の在ドイツ大使にも、招待状を出してもらう。核兵器を廃絶するには、みんなが協力しなければならない。そのメッセージをポツダムから発信したい。

しかしこれまで、ポツダム市長の招待状に反応があったことはほとんどない。中国大使から一度だけ、中国に滞在中で参列できないという返事をもらった。それ以外は、まったく反応がない。でもぼくは、続けるべきだと思っている。これは、一つの和解の試みでもある。戦争被害国の大使は、何が和解だと思うかもしれない。しかし、互いに心を開くきっかけができないだろうか。これはアジアを離れ、ポツダムに記念碑があるからこそできることではないかと思う。

原爆投下八〇年の二〇二五年には、広場で記念式典と湖畔で灯籠流しを行うほか、青少年たちと一緒にできることを計画している。ちょうどその時期にポツダムの姉妹都市フランスのボビニーから、青少年がポツダムにくることになっている。それを利用して原爆投下をテーマに、ポツダムとボビニーの青少年と一緒に過去を個人で体験できることを企画したいと思っている。ポツダムの学校では生徒たちと一緒に、千羽鶴を折りながらサダコのことも考えたい。すでに、ヒロシマ・ナガサキ広場の近くにある学校が関心を示してくれている。二〇一〇年に千羽鶴を折ってもらったクリスティーネを中心に、折り紙クラブにも手伝ってもらう予定だ。クリスティーネは今、ベルリン郊外の小学校で先生をしている。

ポツダムではヒロシマ・ナガサキ広場の記念碑を通し、地元市民に「小さな平和」が次第に定着しようとしている。

++つまずきの石++

ドイツに、「小さな平和」を実践するすばらしい活動がある。「つまずきの石（シュトルパーシュタイン＝Stolperstein）」という。ドイツ人芸術家グンター・デムニクがはじめた。石の大きさは、縦横九六x九六ミリメートル。深さは一〇〇ミリメートルと、小さい。上部表面に真鍮板がついている。そこに、ナチスの強制収容所に連行された故人の記録が記載される。姓名、誕生日、拘束日、死亡日などだ。石は、故人が拘束前に居住した建物の前に埋め込まれる。埋め込むのは歩道。建物の出入り口前か、通り番号標識のある前。建物から少し離して埋め込む。そうしないと、石が目につかない。

一九九六年、最初の石がベルリンで埋められた。その後ドイツをはじめとして、ヨーロッパを中心に三〇か国以上につまずきの石がある。二〇二三年五月、一〇万個目のつまずきの石が埋め込まれた。九〇%以上を、グンター自らが埋め込んだ。「小さな平和」が積み重なり、すごく大きな力になっている。

埋め込み作業をするグンター・デムニク

埋め込まれたつまずきの石

いずれも 2020 年 2 月 21 日、ベルリンで撮影

水晶の夜を前に、
つまずきの石をきれいに磨く女性
2024 年 11 月 8 日、ベルリンで撮影

水晶の夜の日になると、
つまずきの石にロウソクが灯る
2024 年 11 月 9 日、ベルリンで撮影

アウシュヴィッツ強制収容所が解放された一月二七日や、ドイツが降伏した五月八日、あるいはシナゴーグ（ユダヤ教会）が放火された水晶の夜の一一月九日になると、住民がつまずきの石をきれいに磨く姿が見られる。小さな花が置かれ、ロウソクが灯っていることもある。日常生活において、ぼくたちは歩道を歩く。住宅のある建物にも出入りする。石は小さくても、誰の目にも止まる。強制収容所の過去を日常に埋め込み、絶対に忘れないようにする。それが、つまずきの石の哲学だ。ぼくは、「天才的なすばらしいアイディア」だと思う。

つまずきの石を依頼するのは、故人の家族や当時の隣人、あるいは現在の住民などだ。その前に、故人の記録を調べておかなければならない。各地域にあるつまずきの石を支援する市民グループがサポートしてくれる。グンターによると、国によってはつまずきの石が認められないところもある。規制が厳しいからだ。ドイツ南部のミュンヒェンでは、ユダヤ人協会がつまずきの石を拒否している。故人の記録が足で踏まれる。それが理由だ。グンターは反論する。石が地面に埋め込まれているから、頭を下げて石を見る。そうして亡くなった人を追悼し、敬意を表する。これも、個人体験だ。

ぼくはグンターに、「つまずきの石は、何か社会を変えただろうか」と聞いた。「変えたと思う」と、グンターはいった。学校の生徒たちが、つまずきの石に記録された故人の個人史を自分で調べるようになったことがある。ある学校ではつまずきの石をきっかけに、過去の歴史を調べるプロジェクトがはじまった。つまずきの石は過去を、今に持ち込んでくれる。強制収容所の過去の歴史が若い世代に伝えられる。平和を思う気持ちが育まれる。「小さな平和」の哲学そのものだと思う。

グンターによると、韓国ソウルの日本大使館前にある慰安婦少女像の元にも、元従軍慰安婦のつまずきの石が埋め込まれている。北海道には、強制連行されて亡くなった朝鮮人強制労働者のつまずきの石もある。

石彫家も逝く

石彫家の藤原信はいつも、オレンジ色のズボンをはいていた。長ズボンだ。それが、信のシンボルマークだった。エスカレータやエレベータは、絶対に使わない。階段は二段ずつ上がった。元気の塊だった。いつも石を叩いているから、元気なんだろうと感心していた。

信はよくノルウェーからメールで、制作中の作品の写真を送ってきた。どれも大きな作品ばかり。信の生活する石切り場近くの公園が、制作した作品の展示場のようなものだった。晩年になっても、大きな作品だけを創り続ける。そんな作家はいないと思う。すごいとしかいいようがない。

信は、若い石彫家の面倒見もよかった。毎年六月になると、若い石彫家を集めて、ノルウェーの石切り場で石彫家シンポジウムを開催した。シンポジウムではみんなが一緒に共同で生活しながら、それぞれが自分の作品を制作する。コミュニケーションによって、お互いを刺激し合うのだ。

信は石彫家シンポジウムの生みの親である石彫家カール・プラントルの下で、最初の石彫家シンポジウムを体験する。一九五九年夏だった。オーストリアの首都ヴィーン近くの村で行われた。信はその時、ヴィーンで生活していた。はじめての石彫家シンポジウムは、作家として重要な転機だったのだと思う。ぼくは信から、何度となく当時のことを聞いた。それを毎年、自分の石切り場で続けてきた。

信からは前触れもなく、突然会おうと連絡がくる。二〇一八年の秋もそうだった。今ノルウェーから、ハノーファーの自宅に向かっている。その後すぐに、ベルリンに行く予定だ。橋本佳美の作品のオープニングがある。そこで会おうといった。佳美は、旧西ベルリン芸大で信の後任として講師になった石彫家。待ち合わせ場所は、ドイツ・ザールラント州のベルリン代表部だった。招待状がなくても入れると思う。身分を証明するため、パスポートを持参するほうがいいと書いてある。招待状がなくて公的な施設に入場できるのか。ちょっと不安だった。しかしそれは、取り越し苦労。簡単に中に入れる。

代表部の裏庭で、佳美の作品が除幕される。佳美の作品を「ヨーロッパ平和ロード」の一つとする式典でもあった。ヨーロッパ平和ロードとは、ドイツ南西部ザールラント州にある市民団体が行っているプロジェクト。ヨーロッパで彫刻作品をネットワーク化して、ヨーロッパ平和ロードとして結びつける。ぼくははじめて知った。ポツダムのヒロシマ・ナガサキ広場にある信の大きな石も仲間に入れてもらえないかと思った。式典が終わると、すぐに関係者を探す。信の作品について話すと、たいへん関心を持ってくれた。翌二〇一九年の春ベルリンで、ヨーロッパ平和ロードの催し物がある。その時に、ポツダムで作品を見たいといわれた。

信は、長年の友人で造園建築家のウード・ダーゲンバッハもザールラント州代表部に呼んでいた。ウードも招待状を持っていない。大丈夫か、会場に入れるかと心配して、ぼくに電話をかけてきた。「ぼくもそうだ。行ってみるしかないよ」と、返事をした。

式典の後、ウードの車に乗って移動する。どこを走っても、渋滞だった。車が前に進まない。ウードは移動中、どこかいいレストランがないかと聞いた。信はベルリンにくると、必ず日本食を食べる。その日は、すしが食べたいといった。ちょうど車が渋滞に巻き込まれたところの近くに、寿司屋がある。そこで少し時間をつぶし、渋滞が緩和するのを待とう。信は中央駅から列車で、ハノーファーに帰る予定だ。そこからだと、中央駅までは車で一五分ほどでいける。ちょうどいい。

寿司屋で席につくとすぐに、信の乗る列車の時間をスマートフォンで検索した。列車の時間がわかった。信はまだ、乗車券を持っていない。久しぶりにきたベルリンで、どうしていいかわからない様子だった。ぼくが一緒に中央駅で乗車券を買って、信を見送ることにする。

左からウード・ダーゲンバッハ、筆者、藤原信
2018 年 10 月 10 日、ベルリンの寿司屋で撮影

ぼくたちは、桜の木について話した。信は前々から、ヒロシマ・ナガサキ広場に桜の木を入れたいといった。ソメイヨシノでないとダメだという。ソメイヨシノの白に近い薄紅の色がいい。花びらが一夜にして、散ってしまうのも見事。「それしかない」と、よくいった。日本から、ソメイヨシノをポツダムに持ってくるわけにはいかない。気候が違う。すぐに枯れてしまう危険がある。根のついた植物の輸入手続きはとてもたいへんだった。その代わりになるものを、ドイツで手に入らないか。ぼくは何回となく、信とメールでやりとりした。日本のソメイヨシノの代わりになる桜の花の写真をメールした。信は決して、どれがいいとか、気に入ったとは

いわない。返信してくる文面から、どれに傾いているかを推測する。

桜の木を植える時に、広場のベンチも入れ換える。ベンチが大きすぎる上、信の指示した場所に置かれていない。しかしポッダム市の緑地課から、許可をもらうのにたいへん時間がかかっている。木は通常、秋から春にかけて植える。それも考えなければならなかった。

ぼくはすでに、信がドイツで手に入る西洋ソメイヨシノがいいと思っているのを察していた。桜の木を入れる場所もわかっている。ウードがそれを図面にして、ポツダム市の緑地課に提案した。しかしそれがまだ、実現しない。もう何年かかっていることか。

ウードが信とぼくを、中央駅まで送ってくれた。すぐに、自動販売機で乗車券を購入。信を列車に乗せ、ホームで別れる。ぼくはその時、信が少し老けたように感じた。八〇歳だ。当然かなとも思った。信とはその後も、メールで何回かやりとりした。

翌二〇一九年六月四日、突然、ウードからメールがくる。タイトルに、「信のニュース」とある。何のことかと思った。メールを開ける。「昨日、信が石切り場のハウスで亡くなった。眠るように、静かに亡くなったようだ。明後日、信のところに行こうと思う」と書いてあった。信じられない。ちょうど石彫家シンポジウムのはじまる頃。信はそれで、忙しくしているはずだ。そう思っていたところだった。

すぐに、ウードに電話をする。ウードは、詳しいことを知らなかった。ノルウェーに行ったら、詳細を知らせるという。「信は絶対、一〇〇歳まで大丈夫だと思っていたのに」と、ぼくはいった。ウードもそう思っていた。しかしウードは、「石彫家として長い間石を叩いてきた。パワーが尽きたのだろう。最後の最後まで彫刻を続け、まったくいい死に方だよ。うらやましい」と話す。たいへん見事な死に方だった。あっぱれだと、ぼくも思う。八一歳だった。

亡くなったのは、石彫家シンポジウムの初日だった。午前中作業をして、昼食後自室で休んでいた。それでもう、出てこない。原爆体験者の秀人と同じように、列車に乗せたのが信との最後の別れになった。オレンジ色のズボンで颯爽と階段を上がる信。その姿が今も、ぼくの目の前に現れるのではないかと思えてならない。

記念碑の石の表面には、
結晶（写真で白い点に見える）がよく目立つ
写真真ん中の左が長崎、右が広島で被爆した石
2021 年 3 月 21 日、ヒロシマ・ナガサキ広場で撮影

信は生前、大きな石がどういう意味を持っているのか決して語ろうとしなかった。「ぼくにもわからないよ。自分で感じるのが一番いい」と、よくいった。信はウードに、石の小さな結晶一つ一つに原爆投下で犠牲になった人たちの魂が宿っていると語ったことがある。信が亡くなった後、ウードから聞いた。ぼくはそれを聞いて、やはりそうだったかと思った。

石を構想した石彫家の信も、原爆体験者の秀人も、石に対して同じ思いを抱いていたことになる。石には、原爆犠牲者の声があり、願いがある。「もう二度とぼくたちのような犠牲者を出してくれるなよ」。そうメッセージを発信している。その強い願いが、周りを変える大きなパワーになっている。秀人と信も、石に宿る仲間の元に呼ばれて行ったのだ。二人の平和への願いは今、あの大きな石にある。残されたぼくたちに、平和を追求する責任と希望が託されている。

ポツダムだから可能だった

二〇一二年一月一二日、ヒロシマ広場の標識が「ヒロシマ・ナガサキ広場（Hiroshima-Nagasaki-Platz）」に交換される。その時珍しく、オイゲン・アイヒホーンが一緒にいた。オイゲンもはじめから、広場は「ヒロシマ・ナガサキ広場」でなければならないと思っていた。広場が改名されたことをとても喜んでくれる。

オイゲンは数学者。教授として退職後も、ベルリン技術専門（ボイト）大学で平和講座「ヒロシマ・ナガサキ・ピーススタディコース」を続けている。一般市民も参加できる公開講座だ。オイゲンは、ぼくたちの会を立ち上げた時からの設立会員。作家小田実のイニシアチブで立ち上がった独日平和フォーラムの代表でもある。独日平和フォーラムは日本で、ドイツの若者を社会福祉施設などで働けるように仲介する団体。ドイツにまだ兵役義務があった時、兵役に服する代わりに、日本で非軍事的役務に就く道を開いた。

ぼくたちは、ポツダム市の職員によって標識が取り替えられるのを見ていた。標識は全部で三つある。ぼくはとっさに、古い「ヒロシマ広場（Hiroshima-Platz）」の標識一つを記念にもらえないだろうかと思った。オイゲンもほしいという。

標識の交換が終わると、オイゲンとぼくは古い大きな標識を持って、近くのスーパーマーケットに入った。その中に小さなカフェがある。セルフサービスたっだ。そこに座って話をした。オイゲンはいきなり、「お前たちを見ていて、記念碑ができるとは思っていなかったよ」という。それが正直な印象だった。ぼくもそう思っていた。ぼくたちの会では、実質的に三人しか活動していない。ウーヴェとニールスは緑の党の党員。選挙があると、選挙運動で忙しい。選挙を理由に、会の活動はよく中断された。寄附金も集らず、やきもきする。碑文の入った平石は、ぼくたちの会が自力で負担できた。それだけでも上出来だったと思う。大きな石まで負担できなかったのは、とても無念だ。信の善意に頼らざるを得なかった。今も心が痛む。信には感謝のしようがない。

記念碑が除幕するまで、決して順調だったとはいえない。オイゲンが不安に思ったのも不思議ではない。記念碑は完成し、核兵器のない世界を求める大きなシンボルとなった。原爆体験者の外林秀人と石彫家の藤原信の尽力なしには、実現できなかった。二人のおかげで、原爆犠牲者を含め、原爆がもう二度と使われてはならないと願う人たちの強い思いが束ねられる。平和を求める強い気持ちの渦巻く空間ができ上がった。

オイゲンは、「記念碑はポツダムでなかったら、無理だっただろうね」ともいった。ぼくもそう思う。もしポツダム会談（三大国ベルリン会議）がベルリンで開催され、記念碑をベルリンで設置することになっていたら、どうなっていたことか。そう考えると、目の前が真っ暗になる。たいへん大きな政治的な圧力があったと思う。記念碑は何年経とうと、設置できなかったに違いない。ポツダムにおいてさえ、ポツダム市長のところにドイツ連邦議会（下院）議員から抗議の手紙が送られてきた。送り主は、保守系キリスト教民主同盟の国会議員だった。メルケル元首相の政党だ。議員は手紙で、米国とドイツの友好な関係に傷がつくと厳しく批判した。市長は手紙に反応せず、無視する。

ヒロシマ・ナガサキ広場の記念碑（手前）と
トルーマンハウス（後ろ）
2021 年 3 月 21 日、ヒロシマ・ナガサキ広場で撮影

記念碑を実現できたのはひとえに、連合国三国によるベルリン会談がベルリンではなく、ポツダムで開催されたおかげだった。歴史のいたずらだったといってもいい。「みんな、よくやったよ」と、オイゲンはねぎらってくれた。ぼくは冗談交じりに、「何ということをしたんだと、米国を平手打ちにしたかもね」といった。オイゲンはウンウンと数回うなずき、ニコニコする。

ぼくたち市民には原爆を投下した米国に対し、それくらいのことしかできないのだろうか。

そうではないと思う。「米国を平手打ちにする」とは、ぼくたちのような一般市民でもやろうと思えば、何かできるということだ。それを象徴していった。大きな石の結晶には、原爆投下で犠牲になった人々の魂が宿っている。それは、人の命の大切さを象徴する。

記念碑は犠牲者を追悼するとともに、人の命を無視して犠牲にしてはならない、そんなことがもう二度と起こってはならないと警告している。残されたぼくたちは、警告を受け止め、原爆が二度と投下されないことに責任を持っている。記念碑は後の世代に、そう永遠に語り続ける。終わりはない。責任を追うのは、犠牲になった人たちの願いを実現することでもある。ぼくたちは今、そうすることでしか犠牲者の尊厳を回復することができない。

ドイツの憲法に相当する基本法第一条第一項に、「人の尊厳は、傷つけてはならない」とある。戦争が起こると、人の命と尊厳は無視される。シリアやウクライナ、ガザ、レバノンの現状を見ても、よくわかると思う。「今」は、プロローグに書いたように永遠に続いている。今は、ぼくたち個人の生活とともにある。今の生活は平和でなければならない。そのために、ぼくたちは今の生活において何をするのか。その一つ一つが大切になる。意味がないよ、何にもならないよというものはない。一人一人が自分の生活において、平和のために今自分にできることを考える。考えたことを実行する。それが、小さなプロセスによって「小さな平和」を求めることになる。ウーヴェとニールス、ぼくの三人でさえ、オイゲンの心配に反して、トルーマンハウスの前に原爆投下記念碑をつくってしまった。まず、はじめてみることだと思う。

オイゲンとぼくはベルリンに戻るため、グリープニッツ湖駅に向かった。手に、「ヒロシマ広場（Hiroshima-Platz）」と書かれた古い標識を持っている。標識は、一・五メートルほどの長さがある。鉄製でたいへん重い。ぼくたちは電車の中で、向かい合って座った。大きな標識二つが、膝の横に立っている。とても目立ったと思う。このおじさんたち、あんなに大きな通りの標識を持っているけど、どうしたんだろう。盗んできたのかな。他の乗客から、そう疑われても仕方がなかった。

二〇二〇年五月二九日、オイゲンが新型コロナで亡くなる。七五歳だった。オイゲンは二月末から、日本にいっていた。日本に任意で派遣され、社会福祉関係の役務に従事するドイツ人若者たちのために、平和講座を開くためだった。新型コロナ蔓延の影響で、ベリルンに戻るのは三月末になる。その後に、新型コロナに感染していると判明。入院して治療を続けていた。しかし、新型コロナには勝てない。核兵器廃絶と平和を求めて戦う市民が、また一人亡くなった。

エピローグ

戦争体験者が若者に戦争を伝える

ドイツ南東部の文化都市ドレスデンは、一九四五年二月一三日から一五日の三日間に、四回の大規模な空爆を受けた。ドレスデンでは空爆の日に合わせ、空襲体験者と若い世代が対話して戦争を伝えるイベントが行われる。ドレスデン大空襲を記録する市民グループが企画している。空襲七五年となる今年二〇二〇年は、空襲の日の前日二月一二日に世代間で交流する催し物が行われる。ぼくはそれを取材するため、ドレスデンに向かった。

ノーラ・ランク（左）とフアン・グテェレス（右）
2020 年 2 月 12 日、ドレスデン文化会館で撮影

会場は、改装されたばかりの文化会館内にある図書館のロビー。階段を上がると、ロビーに椅子が並べてある。ぼくは、空いている椅子に座った。正面を向くとちょうど、ドレスデンの古市場の広場が見える。冬になると、ドレスデンのクリスマスマーケットが立つところだ。クリスマス市では、ドレスデン名物「シュトレン（Stollen）」が屋台に山のように並ぶ。日本で「シュトーレン」といわれる砂糖にまぶしたケーキのこと。ぼくの冬の大好物だ。もう二月。シュトレンの季節は終わっている。多分もう、手に入

らないだろう。食べたかったのに残念。そう思っていた。

ふと後ろを振り返ると、ちょうど空襲体験者のノーラ・ランクがきたところだった。すぐに立ち上がって、挨拶に行く。ノーラと握手をして挨拶すると、いきなり「この男性、誰かわかるかしら?」と、ぼくの向かって右側に立つ男性のことをたずねる。ドイツ人でないことはわかった。ぼくが困っていると、ノーラは「フアン・グテェレスさんよ」といった。ぼくはまったく予想していなかった。「あのゲルニカのフアンさん!」というと、「もちろんよ」とノーラが誇らしげにいう。

フアンは、ドレスデン空襲体験者がスペイン北部バスク地方のゲルニカを訪問することをお膳立てした立役者だった。しかし、バスク地方の分離独立を求めてテロなど非合法的活動を続ける組織ETA(バスク祖国と自由)の過去がある。ドレスデン空襲体験者は怖いと、誰もゲルニカに行こうとしなかった。空襲体験者グループに参加してまだ数年しか経っていないノーラだけが、いってもいいという。スペイン語も英語もできない。それでも何とかなると思った。ノーラは一人で、ゲルニカにいく。一九九九年だった。こうして、ドレスデン空襲体験者と、ナチス・ドイツによって無差別空爆されたゲルニカの生存者との交流がはじまる。それをきっかけにノーラたちドレスデン空襲体験者は、ナチス・ドイツの被害者と和解しようと立ち上がる。

フアンは、ゲルニカの平和研究センターの創立者。ゲルニカのあるバスク地方で、「小さな平和」の哲学をはじめる提唱者だ。市民は長い間、スペインのフランコ独裁に抑圧されてきた。その苦悩を内面的に消化するため、生活に密着して平和を追求する。市民は被害者意識を乗り越え、自分を解放する「小さなプロセス」を歩みはじめた。

ドレスデンの世代間の交流では、空襲体験者と若者たちが小グループに分かれて対話する。「小さな円卓対話」とでもいったらいいだろうか。ぼくの座っているテーブルに、偶然ノーラが加わった。一四歳と一五歳の女子生徒が一緒にいる。順番に自己紹介しているところに、高齢の男性も参加した。男性は九〇歳。ヴェンツェルという姓だという。ドレスデン郊外のラーデボイルという町からきた。男性はいきなり、「空襲直後だというのに、ラーデボイルからドレスデン市街まで路面電車で簡単に移動できた」といった。ドレスデン市街が空爆で全壊したことを思うと、想像もできなかった。信じられない。男性は頑なに、事実だと主張した。

男性は、「ヒトラーユーゲント」だった。何のこだわりもなく、白状する。当時青少年たちは政治的な背景から、ナチスの青少年組織ヒトラーユーゲントに加入したわけではないという。「何も考えないで、ヒトラーユーゲントになった」と、男性は語る。しかし、ヒトラーユーゲントの過去は消えない。東ドイツは、反ファシズム国家だった。東西ドイツの壁は、ファシズムから東ドイツを守るために設置される。東ドイツの青少年もヒトラーユーゲントと同じように、何も考えずに独裁政党の青少年組織である自由ドイツ青少年団（ＦＤＪ）に加入した。さもないと、大学に入学することはできない。自分の希望する職業に就くこともできなかった。

ドレスデンは東ドイツ領だ。男性のヒトラーユーゲントの過去が、明らかになる。男性はＦＤＪから除名された。過去の過ちを受け入れざるを得ない。

男性の娘は、大学に進学したい。しかし父親に、ヒトラーユーゲントの過去がある。大学には進学できないといわれた。男性は娘のため、忍耐強く当局と戦う。政治的な思想から、ヒトラーユーゲントになったわけではない。それをはっきりと立証しなければならなかった。娘の大学進学が認められる。こどもたちは、父親のヒトラーユーゲントの過去に関心を持とうとはしなかった。こどもたちと自分の過去について議論した記憶はない。むしろ孫たちのほうが、祖父の過去を聞きたいといった。男性は躊躇することなく、ヒトラーユーゲントの過去を孫たちに話して聞かせる。なぜ、ヒトラーユーゲントになったのか。それは、自分の過去と正面から向き合うことでもあった。

男性はその後、自分の戦争体験を若い世代に伝えたいと思うようになる。だから、若者たちとの対話の場にきたのだった。

ノーラは、イスラエルに行った時のことを語る。イスラエルのこどもたちを前に、ドレスデンでの空襲体験を話した。その時ノーラはイスラエルのこどもたちから、「あなたは、戦争の被害者なんかではない」と断言される。ユダヤ人を大量虐殺したドイツからきたからだ。ノーラは、円卓を囲む二人の女子生徒に聞いた。「わたしは本当に、戦争の被害者ではないのかしら」。女子生徒たちは、困ったような顔つきをする。一人は「いや、被害者だと思うわ」と、はっきりいう。もう一人は「被害者でもないし、加害者でもない。どちらでもないのかな」と、自信なさそうに返答した。

それは、女子生徒たちの意見だ。個人の意見に、正しいも間違いもない。ノーラは、「そうだわね」とだけいった。女子生徒に、戦争について考えるきっかけを与えたかったのだ。ドイツの空襲体験者は、被害者なのか、そうではないのか。女子生徒たちは、深く考えさせられたと思う。とても難しい問題だ。頭の中が真っ白になったかもしれない。ノーラ個人の体験から、若者たちが自分で戦争について考える。空襲体験者として、若者に戦争を伝える「小さなプロセス」だ。

二〇一八年のドレスデン空襲記念日には、もっと大きなサークルで世代間の対話が行われた。スペインのマドリッドとハンガリーのブダペスト、ボスニア・ヘルツェゴビナのサラエヴォから、若者たちと戦争体験者が集まった。若者たちはまずドレスデンで、平和をテーマにパーフォーマンスを共同創作する。その後に、マドリッド、ブダペスト、サラエヴォを訪問する。その都度、グループに分かれて平和とは何か、戦争をどう伝えるのかについて対話する。

空襲体験について対話するドレスデン空襲体験者と若者たち
2018 年 2 月 13 日、ドレスデン三王教会で撮影

世代間の対話では、円卓ごとに若者たちと戦争体験者が一緒に座った。テーブルの上には、「戦争における英雄」の描かれたカードが置かれている。あるカードには、こどもを助けた兵士や医師の絵が見える。またあるカードには、看護師や戦争を生き延びた高齢の男性が描かれている。あるいは、ナチスに抵抗して処刑されたショル兄妹（白いバラ抵抗運動の主要メンバー）のカードもある。円卓ごとに、カードに描かれた英雄をテーマに世代間で対話がはじまる。戦争において、英雄とは誰だろう。英雄をどう思うか。それとも、英雄はいるのだろうか。生き証人から空襲体験を聞いて、若者たちの英雄像が

変わったかもしれない。空襲を生き延びるのは、とてもたいへん。若者たちは今、空襲を体験できない。空襲体験者と膝を付き合わせて、空襲体験を直接耳にする。現実感がすごい。直接、質問もできる。対話自体が、若者たちにとって貴重な個人体験だ。

ぼくはその後、ドレスデンの若者二人と直接話をすることができた。他の国からきた若者たちと一緒に活動、交流することで、若者たちは何を学んだのだろうか。

ヤーナ・シューベルト（当時一六歳）、女性

「みんなでオープンに対話するのがとても楽しかった。新しい人たちと知り合えて、とてもうれしい。

みんな、ヨーロッパが一つだと意識しているのがよくわかったわ。国はそれぞれ、違った歴史を持っている。若い世代はみんな、もう二度と戦争を繰り返したくないのよね。そのために、みんなが手をつなぐの。国が違っても、気持ちはみんな同じだと思ったわ。

他の国の若者たちと話し合えたのは、とてもすばらしい体験だった。それぞれ考え方が違うしね。みんなで一緒に議論してみると、少し考えを変えたほうがいいのかと思う時もあった。わたしの考えに、新しい風が吹いたように感じたの」

シェンヤ・ゲクス（当時一五歳）、男性

「学校では、ドレスデンの空襲について知るチャンスなんてないんだよ。だから、ここにきたん

だ。これからどうやって戦争を伝えるのか。過去を伝える文化とよくいうけど、それが必要なのだと思う。戦争をもう二度と繰り返さないためにね。

空襲体験者が実際に体験したことは、ぼくたちにはもう体験できないし、わからない。その体験から、学ぶことがたくさんあると思う。そこから学ぶことが大切なのだよ。そうすれば、戦争はもう二度と起こらないよ。

みんな戦争に反対で、平和を望んでいる。たくさんの国が戦争を体験したのは確かだ。過去について、みんながそれぞれ違った意見を持っている。ぼくは、ブダペストとサラエヴォからきた男子生徒と一緒に、共産主義について一時間も議論した。みんな、共産主義を違うように見ているんだ。

これから社会はどうなるべきか。みんなで一緒に話してみると、みんな思っていることは同じ。平和なんだよ。平和が必要なんだ。ぼくたちはまだ若いし、将来他の人たちとどう話し合い、どう付き合うのかを学んでいかなければならない。違った考えを受け入れて、お互いに妥協しなければならない時もあると思うんだ。エゴイスティックに自分の考えだけを押し通そうとすれば、ナチスのようなことを繰り返すだけだよ」

ドイツで取材する時、ぼくはできるだけ若い人たちにインタビューするよう心がけている。その度に、一〇代半ばの若者たちがしっかりとした自分の考えを持っていることにいつも驚かされる。この時も、例外ではなかった。

ドレスデンでは毎年、こうして空襲体験者と若者たちが少人数に分かれて、和やかに直接対話する。二〇一八年のように、国外から若者や空襲体験者が招待される時もある。円卓には必ず、進行役が一人配置される。生き証人が自分の体験を講演するようなことはしない。個人同士が顔を突き合わせて、直接質疑応答しながら対話が進む。世代間の対話の主役は、空襲体験者ではない。若者たちなのだ。若者たちが、空襲体験者から何を学ぶのか。何を考えるのか。何を体験するのか。その場を提供するのが、世代間対話の役割だ。

ノーラはドレスデンにも、ゲルニカのように平和センターができればいいと望んでいる。活動はこれまで、市民運動として行われてきた。それを公的な組織とすることで、長く続けていけるようにしたい。そう願っている。センターは、空襲体験者と若者たちが世代間で戦争体験を伝える場となる。空襲体験者は、自分個人の体験を話す。若者たちは教科書からではなく、個人的な戦争体験から戦争の現実を知る。今自分がいかに、平和なところで生活をしているのか。平和とは何か。具体的に実感できる。戦争のないことがいかに大切か。個人で学ぶことができればいい。活動は、空襲体験者がいなくなっても続けなければならない。そのための平和センターだ。

若者たちはセンターで体験したことを、自分の生活でどう反映させるのか。友人や家族に話すかもしれない。自分の身の回りにおいて、これまで気づかなかった平和を見つけるかもしれない。自分の生活において差別をなくすために、自分は何をすべきなのか。みんなが共生できるようにするには、どうすべきなのか。自分で考えるきっかけを見つける。難民がどうして発生するのか。それも考えてほしい。難民をサポートする活動に参加することになるかもしれない。学校でいじめがあった時、自分はどうすべきなのか。社会から暴力をなくすために、何をすべきなのか。あるいは、みんなで一緒に折り紙を折りながら、サダコのことを思い出してもいい。気候変動や原発の問題、あるいは新型コロナなどの感染症における差別の問題で、社会の一員として自分はどう行動すべきなのか。自分で考え、生活において実行する。

戦争に係わる一つ一つの個人の体験と行為はすべて、「小さな平和」のプロセスである。ノーラのいう平和センターは、みんなで小さな平和について語る場、小さな平和を積み重ねる場であると思う。その枠組みをつくる。そうすれば、戦争の過去が持続的に継承される。戦争をもう繰り返さないことに対する責任も、次の世代に引き継がれる。

ノーラとはもう、二〇二〇年の二月以来、五年も会っていない。その時は、ドイツで最初のコロナ感染者が見つかったばかり。感染者は、中国からきていた中国人同僚から感染したと見られる。ぼくがドレスデンに行く列車のコンパートメントに入ると、他の乗客がいやな顔をして心配そうにする。その時はなぜか、気づかなかった。後になって、ぼくがアジア人なので、コロナのことでそう反応されたのかと思い当たる。

ノーラたちの活動も、二〇二〇年二月の世代間対話以降、中断されていた。しかし空襲八〇年の二〇二五年二月に再開すると、ノーラたちのグループ（ドレスデン空襲を記録する会）の代表マティアス・ノイツナーから聞いていた。マティアスからのメールで、空襲の日の二月一三日午後、ドレスデン市庁舎の市議会議事堂で催し物があると連絡がある。

ぼくはその時、ノーラと直接話をできないかと思った。ただ新しい住まいの電話番号を持っていない。九三歳のノーラがまだ、メールをできるかどうか不安に思った。思い切ってメールを送ってみる。するとすぐに返信があり、新しい電話番号が書いてあった。早速、電話をする。

市庁舎でのイベントは、世代間対話だった。しかしその日は、話している時間がないといわれる。翌日一四日、ノーラを訪ねることにした。

ドレスデン市の空襲 80 年ポスター
2025 年 2 月 14 日ドレスデンで撮影

ノーラは今、高齢者専用の集合住宅に一人で暮らしている。それがどういうものかも、興味があった。ドレスデン新都市駅に着いてから少し時間がある。トラムに乗らず、歩くことにした。すると目の前に、握手する手だけが描かれたポスターが見える。ぼくはすぐに、ひょっとしたらと思った。近づくと、「一九四五年（戦後）八〇年（過去を）継承することによって将来を（1945 80 Jahre Zukunft durch Erinnern）」とある。ドレスデン市の公式ポスターだった。高齢者の手と若者の手が握手をしている。世代間による過去の歴史の継承を意味するポスターだった。ドレスデン市もようやく、こういうポスターを出せるようになったのか。ひょっとしたら、市議会議事堂での世代間対話も市側が主催したのではないかと思う。

下でベルを鳴らし、建物入り口のドアを開けてもらった。上の階に上がっていくと、ノーラは玄関入り口のドアの前でぼくを待っている。とても元気そうに見える。久しぶりの再開。まずは、お互いの近況を話すことからはじまる。ノーラが前に住んでいたヨハンシュタット地区は、旧市街の中心から少し離れていた。ただその地区で生まれただけに、五〇年以上も暮らした住まいを離れるのはつらかった。しかし隣人が、目まぐるしく入れ替わる。ノーラは変化についていけなくなる。年齢も考え、後ろ髪を引かれる思いで、空襲で破壊された旧市街中心に近い高齢者専用の集合住宅に引っ越した。屋上に上がると、聖母教会など旧市街を一望できる。教会は空襲で破壊され、長い間破壊されたままになっていた。ドイツ統一後、修復される。ノーラにとり、旧市街を見るのが今、一つの楽しみになっている。旧市街は絵に描かれたように、過去の面影を取り戻していく。昔の隣人たちも遊びにきてくれる。新しい生活には、たいへん満足している。

ぼくはまず、ノーラが希望していた平和センターのことについて聞きたかった。計画はどうなったのだろうか。すぐに、チャンスはもうなくなったという。平和センターのことで共に活動してきた有志や支援者が、高齢で亡くなっていった。平和センターを望んでいるのはもう、ノーラとマティアスくらいしか残っていない。「自分たちだけでは、もう無理よ」と、ノーラはいった。

空襲体験者の活動には、基盤となる固定した空間はなかった。学校に出向いて、生徒たちと一緒に対話をする。青少年たちと一緒に、空襲前のドレスデンの街を段ボールで再現したこともある。その段ボールの模型を持って、街が今、どう変わったかを見て歩いた。ノーラは、「自分たちの活動に、決まった空間はいらないのよ」と、諦めるような口調でいった。

ぼくは、「昨日の世代間対話はひょっとしたら、ドレスデン市が主催したのではないですか」と聞く。そうだという。それなら、はじめてのことではないのか。ぼくは強調した。ノーラは、「空襲体験について青少年と学校で対話をするようになって、もう三〇年よ。ようやくだわね。市がやるのは。でもまだ、自分たちがしてきたことの一部しか実現されていないのよ」という。「一部でも、三〇年かかってようやく、市が重い腰を上げたのはすごいことですよ。ひとえに、代表のマティアスさんやノーラさんなど空襲体験者が若者たちと対話を続けてきたおかげです」と、ぼくは力説した。ノーラの表情が、明るくなったように感じる。「マティアスは、これからはもっと、市が自分でいろいろやってくれるようにしたいといっているわ」と続ける。「しかし、一緒に活動してきた空襲体験者たちが次から次に亡くなるの。わたし一人になっていくのよね」と、寂しげな表情をした。ノーラの幼馴染アニータ・ヨーンも、一昨年六月に亡くなったという。空襲前、毎日一緒に遊んだアニータ。しかし空襲後は、離れ離れになる。再会したのは五〇年後だった。アニータは空襲体験を記録する活動をしていた。空襲体験を書いてほしい、語ってほしいと、偶然、ノーラのところに頼みにくる。ノーラがドアを開けて、お互いにびっくりした。ノーラはそれをきっかけに、マティアスたちのグループに参加する。

空襲体験者がいなくなるのは、スペイン・ゲルニカのほうがもっと深刻だった。ナチス・ドイツによるゲルニカ空爆は、ドレスデン空爆より八年前の一九三七年だった。この差は大きい。平和研究センターを設立したファアンももう、九二歳。生き証人はほとんどいない。

ノーラが二〇二二年三月、マティアスと一緒にゲルニカを訪ねた時の話をしてくれる。ファアンとは毎日のように会ったという。忘れられないのが、ルイス・オリオンドとの再会だった。ルイスとは一緒に、たくさんの活動をしてきた。ルイスは一〇〇歳。認知症で、ノーラのことはもうわからない。ルイスと会えるのはもう、最後になるかもしれない。ノーラはルイスの写真をぼくに見せようと、スマートフォンで何度となく思い出の写真を探す。しかし見つからない。ぼくも手伝ったが、出てこなかった。でも翌日、「あなたがいってからちょっとして、見つかったのよ」と、写真をメールしてくれる。ノーラとルイスが一緒に、笑顔で写っている。とても素敵な写真だ。

スマートフォンに保存されている
スペイン・ゲルニカ旅行の写真をみせてくれるノーラ
2025 年 2 月 14 日、ノーラの自宅で

ノーラは二〇二二年四月、自宅においてクライナの一五歳と一六歳の少女二人と、三人だけで話をする。少女たちはロシアの攻撃を体験した後、ドイツに避難してきていた。その他には、誰も来てほしくなかった。三人はロシア語ができる。通訳もいらない。

ノーラはまず、三人がそれぞれ自分の戦争体験について語ろうといった。それで気づいたのは、三人とも空爆とともに手が震え、抑えようがなかったことだ。ノーラの手の震えは、今も続いている。いろいろ検査をしてもらった。しかし原因がわからない。ノーラは、空襲の後遺症だと思っている。

第二回目の空爆が特に、強烈だった。その時、「助けて（Hilf mir）！」と何度となく叫んだ。しかし、誰も助けてくれない。その時のどうしようもない絶望感。それが忘れられない。その恐怖が、手の震えが続く原因ではないか。その時「Hilf mir」と叫んだ声はまだ、耳から離れない。八〇年経った今も、鮮明に残っている。

ノーラは午後の世代間対話が終わると、例年のように追悼コンサートに参加した。演奏されたのは、ブリテンの《戦争レクイエム》。演奏中、どこかでスマートフォンが鳴り出す。誰だろうと思った。自分は切っておいたはずだ。自分のものだとは思ってもみなかった。ところが、ノーラのスマートフォンからだった。慌てて、消音しようとする。しかしできない。焦れば焦るほど、うまくいかない。横に座っている人たちが助けてくれた。

その時は幸い、会場ではとても大きな音が響いていた。ノーラはそれでも、「わたしとしたことが。何と恥ずかしいことをしたのか」と何度も何度も悔いた。「空襲八〇年はもう、一生の汚点になるわ」と語る。「誰にでも起こることなので、気にしないでいいですよ」と、ぼくは慰めるしかなかった。

ノーラが〝スマホ事件〟をしきりに悔やむのには、理由があった。戦後の節目となる年に空襲体験者としてしっかり活動できるのは、この空襲八〇年が最後だと思っている。「これが最後だわね」と、電話でもはっきりいっていた。よりによって、その最後の年にこんな失態を演じるなんて。何ということをしたのだと、恥じているのだと思う。

ぼくは敢えて、ドレスデン市がはじめて企画した公式の世代間対話を取材しなかった。それよりも、ノーラと直接話をすることを優先させた。ノーラと空襲体験者による和解の試みについては、二〇一五年に出した拙書『小さな革命・東ドイツ市民の体験』（言叢社刊）に詳しく書いている。しかし、最近のことをもっと知りたい。そして、世代間対話はこれからどうなるのだ。

ホロコーストの生き証人の中には、一〇〇歳になっても語り続ける体験者もいる。ぼくはノーラに、「まだまだ大丈夫ですよ。ぜひ続けてください」といった。しかしドレスデンで三〇年続けられてきた空襲体験の世代間対話は、終わりを迎えようとしている。それはもう、避けることができない。ぼくたちはまもなく、「生きる記念碑」といってもいい戦争体験者を失ってしまうのだ。

記念碑は何のためにあるのか

トルーマンハウスの前に原爆投下記念碑をつくる。それをきっかけとして、若者たちがコンタクトしてきた。最初にコンタクトしてきたのは、ロミー・シュタルケだった。ドイツ北西部ミュンスター大学歴史・哲学部で文化・社会人類学を専攻する女子学生。ロミーは、ヒロシマ広場（当時）を設置する活動自体を学士論文のテーマとした。

ぼくは二〇〇九年四月、ロミーのインタビューを受ける。ロミーはその後、原爆体験者の外林秀人と記念碑を設置する会の代表ウーヴェ・フレーリヒ、ポツダム市の保守系政治家にインタビューした。ぼくはロミーに、「ぼくの記念碑に対する思いは多分、原爆体験者である秀人とも、ポツダム市民のニールスやウーヴェとも違うだろう」といった。ぼくにとり、日本が戦争加害国だということが大前提だ。原爆投下は、無差別的な大量虐殺だった。その背景に、日本人に対する米国人の人種差別があるのは間違いない。しかし、日本が他のアジアの人たちを無差別に虐殺したことを忘れてはならない。そこには、アジア人に対する日本人の人種差別がある。原爆投下の犠牲者を単に、被害者としてだけでは捉えない。それが、ぼくの原爆投下に対する基本的なスタンスだ。

ニールスとウーヴェは市民として活動し、核兵器廃絶を求める。日本の戦争犯罪、戦争責任についてほとんど知らない。太平洋戦争のことも知らない。原爆投下によってたくさんの犠牲者が出た。だから犠牲者を追悼する。二度とそれが繰り返されてはならない。それを政治的に主張し、世界の「大きな平和」を追求する。

秀人は原爆体験者だ。原爆体験者として原爆投下を見る。口癖のように、「ぼくたち（原爆体験者）は、実験台にされたのだよ」といった。それが、秀人個人の原爆体験だ。そこから、核兵器廃絶を求める。生き証人として、「小さな平和」も「大きな平和」もない。最もインパクトのある立場にあるといわなければならない。

米国トルーマン大統領がポツダムで原爆投下命令を出したか、出さなかったか。それについても、それぞれ立場が違った。ニールスは、史実を大切にした。ウーヴェは史実よりも、ポツダムから原爆投下命令が出されたことに大きな意義を置く。それが、原爆投下とポツダムを密接に結びつける。その接点がないと、ポツダムと記念碑の価値が下がるかのように思っている。

秀人は科学者として、原爆投下に対する科学の責任を問う。科学はなぜ原爆を開発し、原爆が使用されるのを止められなかったのか。同じ科学者として許せない。政治に対しても、同じ感情を抱いていた。

原爆投下は、政治的、軍事的なプロセスを経て決定された。原爆投下命令は、そのプロセスの一齣にすぎない。ポツダム宣言を含め、ポツダムで起こったことはすべて、そのプロセスに属していた。原爆投下命令が実際にポツダムから発せられたのかどうかではない。原爆が使用されるのはすでに決まっていた。原爆は必要な過程を経て、投下される。米国の政治権力がポツダム会談のため、ポツダムのリトルホワイトハウスに集まっていた。その時そこで、原爆投下に向けた最終プロセスが完結する。その意味でポツダムは、特別な場だ。原爆が実際に投下された広島と長崎を除くと、原爆投下を記憶するには、ポツダムとトルーマンハウス以外に意義のある場所はないだろう。トルーマン大統領がポツダムにいた時に原爆投下命令を出そうが出すまいが、それにはそれほど大きな意義はない。

ロミーは学士論文で、ぼくたちが記念碑の設置に対して、それぞれ異なる個人的な動機と考えを持っていたと書いた。その違いをはっきり認識していた。それにもかかわらず、ぼくたちが一つにまとまって記念碑を設置できたのはなぜか。ロミーは、原爆投下による被害の大きさを全面に出し、それを記憶に止めることだけに集中したからだと断定する。ぼくたちが、戦争に対するモラルと責任の問題についてしっかり議論しなかったからでもある。それが、内部で対立するのを回避した。

ぼくたちは実際、記念碑を設置することだけを考えていた。日本の戦争責任について、議論すべきだという意識もなかった。そうなるまでには、ドレスデンの市民グループのように、和解という地道な積み重ねが必要だったと思う。和解の基盤には、戦争責任の意識がある。しかしここでは、戦争責任は日本の問題だ。ポツダムでは、記念碑を設置するのがまず第一歩。その後に「小さなプロセス」を積み重ね、戦争について議論する枠組みを築く必要がある。

ヒロシマ・ナガサキ広場では、原爆投下による被害の記憶を記念碑の中に埋め込むことはできた。記憶は、時とともに内面化される。記念碑が過去の史実と密接に結びつけば、記念碑と広場は、核兵器廃絶を訴える場としてより聖なる輝きを発するようになる。原爆投下という過去の記憶が文化的なインパクトを持つ。広島と長崎以外において、「原爆投下の過去を伝えるための神聖で、文化的なアンサンブル」が形成される。ロミーは論文で、そう分析した。ぼくたちの試みは、うまくいったのだと思う。これからはポツダムにおいて、地元市民が記念碑とともに「小さな平和」を見つけ、お互いに平和を結びつける番だ。

「過去を伝える文化」を実践する手段の一つが、記念碑であるのは間違いない。その記念碑の意義を研究対象にしたいとコンタクトしてきたのが、マルコ・コレンベルクだった。当時二八歳。ポツダム大学で現代史の講師を務める。マルコは二〇一六年六月、ぼくにメールを送ってきた。来る七月二五日、ヒロシマ・ナガサキ広場で何か催し物が予定されていないかという。偶然広場のことを知り、関心を持ったのだった。記念碑をテーマに修士論文を書こうと考えている。

マルコは小さい時から、歴史が大好きだった。ナポレオンなど過去の英雄に魅せられた。大学に入学するなら史学部しかない。修士課程に進み、暴力の文化史について研究したい。学士課程で学んだのは、古代史と中世史が中心。次は社会の将来を考えて、歴史を学びたい。そのためにできるだけ、現代に近い歴史についてもっと深く知りたい。そう思うようになった。現代史においては、戦争が暴力として重要なテーマとなる。

修士課程において暴力の文化を専攻できるのは、ドイツにはポツダム大学しかなかった。ドイツ西部からポツダムに移ってくる。記念碑は過去を現在にもたらし、現在に近いところで起こった暴力の過去を伝えて警告する。マルコは、記念碑の意義に関心を抱いた。ポツダムには、歴史が山ほどある。記念碑もたくさんある。マルコにとり、ポツダムは理想的な場だった。ヒロシマ・ナガサキ広場について話すため、ぼくは広場近くのカフェテリアでマルコと会った。

マルコには、ヒロシマ・ナガサキ広場があまりにも無名すぎるのだった。マルコは不思議に思った。広場には、核兵器廃絶という大義がある。しかし知名度では、ベルリン・ブランデブルク門横にあるホロコースト記念施設とは比較にならない。無名だ。ポツダムの歴史名所からも離れ、人を引き付ける場としては不利。マルコにはそれが、とても残念だった。

マルコの気持ちはよくわかる。ヒロシマ・ナガサキ広場が有名になることに越したことはない。たくさんの人が訪れるようになれば、たいへんうれしい。かといってブランデブルク門横のホロコースト記念施設のように、観光地化しても困る。観光客がその場で過去のことを知っても、観光地は観光地だ。その場とその時だけのことで終わってしまわないだろうか。原爆投下の日にだけ犠牲者を追悼しても、核兵器廃絶を実現できるわけではない。

現在、戦争を知る世代は少なくなるばかり。戦後の平和な時代しか知らない世代のほうが多い。

戦争を知らない世代は、平和しか知らない。現在がいかに平和か。それも実感できない。ベルリンの壁が崩壊し、冷戦が終わって三〇年以上が経った。冷戦さえ知らない世代も増えている。マルコにはそれが、とても不安だ。戦争が、世界各地で起こっている。それが、難民問題を引き起こす。しかし市民の多くは、難民問題が戦争によるものだとは想像もできない。戦争は、遠く離れたところで続いている。自分の生活とは関係がない。

戦争がどういうものか。ぼくたちの多くには想像もつかない。この環境において戦争反対や核兵器廃絶を訴えて、どの程度実感があるだろうか。実感はないと思う。実生活と直接に関係がないからだ。ホロコースト記念施設を見学して、その過去をどう伝えるのか。その場で知った過去の残酷な出来事は、今と結びつかない。それでは体験は、すぐに忘れられる。友人や知人にも、自分の体験を伝えることはできない。ぼくはマルコに、「自分が実際に体験している生活と、過去をもっと密接に結びつけるべきではないだろうか」といった。

福島県の高校生が毎年夏、ドイツにきて震災・原発事故体験を伝えている（NPO法人アースウォーカーズ主催）。

ベルリン・ホロコースト記念施設の石
2015 年 6 月 19 日、ベルリン・ホロコースト記念施設で撮影

高校生たちがベルリンにくると、ぼくは一緒にホロコースト記念施設に行く。マルコのいう歴史の名所、ベルリンの観光名所だ。高校生たちにはまず、記念施設を構成する石の間を自由に歩いてこようという。二〇分から三〇分後に戻ってきてもらう。石は積み木のように四角い。二七〇〇個余りある。石の高さはまちまち。縦横に規則正しく並べられている。石と石の間は狭い。通路も平坦ではない。山道のように下がったり、上がったりしている。高校生たちは、狭い通路を探索して歩く。

高校生たちが戻ってくる。ぼくは「石と石の間を歩いている時、どう思ったか、何を感じたか」と、高校生たちが体験したことを聞く。ある生徒は、「狭い通路を歩くと、ぞーとした」という。またある生徒は、「背筋が冷たくなる思いがした」などと語る。次に、「どうして、石をこのように並べたのだろうか」と質問する。生徒たちは考える。しかしこの質問には、返答がない。ぼくは、「ナチスの強制収容所で、囚人たちがどう感じていたか。それをここで、疑似体験してほしいのだ」と説明する。ホロコースト記念施設を設計した米国建築家ペーター・アイゼンマンがそう構想した。さらに、「どうして、ドイツはこの施設をつくったのだろうか」と聞く。高校生たちの顔が深刻になる。少しすると、「ホロコーストのことを知ってもらいたいから」とか、「亡くなったユダヤ人たちを追悼したいから」などの意見が出てくる。ぼくはいくつも、意見が出てくるのを待つ。そのうちに、「ホロコーストが二度と起こってはならないから」という意見も出てくる。「そうだよね。ホロコーストは二度と起こってはならないよね」と、ぼくは相槌を打つ。一つ一つは高校生たちの意見。自分の意見をいうのが大切だ。正解も間違いもない。

こうして、高校生たちが今そこで実感したことから対話をはじめる。記念施設の地下には、ホロコーストに係わる展示室がある。しかし、そこにはいかない。これまでの経験からすると、残酷な写真は見たくないと拒否する高校生が出てくる。写真が残酷だと、高校生は自分で考えるのを停止する。それよりも、高校生が何か実体験できることを優先させる。これも、「小さなプロセス」で「小さな平和」を体験する試みだ。その体験があるから、日本に帰って友だちや家族に自分の体験を話すことができる。

ベルリン近郊ザクセンハウゼン強制収容所跡の門の前で
福島県高校生を記念撮影
2023 年 8 月 4 日撮影

　二〇二三年夏、福島県の高校生たちとベルリン近郊にあるザクセンハウゼン強制収容所跡に行くことにした。高校生と強制収容所跡を見学するのは、はじめてだった。ぼくはそれまで何度となく、行こうか行くまいかと悩んだ。高校生たちは一五歳から一八歳。ドイツの強制収容所跡の近くに青少年教育のため、青少年研修センターが設置されている。ドイツ南部バイエルン州・ミュンヒェン近郊のダッハウ強制収容所跡近くにあるマックス・マンハイマー研修センターの所長と以前、話したことがある。所長は、「バイエルン州では一〇年生（一五歳ないし一六歳）になると、強制収容所跡を見学することが義務付けられている。しかし自分は、早すぎると思っている」といった。ぼくもそう思っている。一〇代半ばで残酷すぎる写真を見ると、平和の問題について考えなくなる。しかしどうすれば高校生たちと一緒に、強制収容所跡を見学できるか。慎重に思案し、思い切って行ってみることにした。

高校生からもう見たくないといわれないようにするため、残酷な写真のある展示は見せない。強制収容所とは、どういうところだったのか。それを知ってもらうことに重点をおいた。高校生はナチスのことも、強制収容所のことも知らない。まずそこから、説明しなければならなかった。収容所跡に入ると施設ごとにその前でまず、何のための施設だったのかを説明する。高校生に入ってみるかどうかを聞いた。火葬場だけは、行きたくないという生徒が数人出る。

収容所跡を離れて高校生たちの姿を見ると、最後はもう疲れ切った感じだった。たいへんな体験だったと思う。しかし日本に戻ってからの高校生の反応は、行ってみてよかったととても良好だった。そのうちの何人かの高校生はその後福島市で、訪日していたドイツの高校生と交流する。福島市の高校生はドイツの高校生を前に、見学した強制収容所跡について発表した。ドイツの高校生とも強制収容所跡について対話する。それを聞いて、ぼくはとてもうれしかった。高校生たちは、自分で見た強制収容所の過去を伝えることができたのだ。

戦争を体験した生き証人と対話できるのが理想だ。しかし生き証人は、戦争から時間が経つにつれて失われる。生き証人なくして、戦争をどう伝えるのか。戦争の過去に関心を持つきっかけを、もっとつくらなければならない。そのためには、大きくて有名な記念碑である必要はない。ちょっとしたことで生活において、戦争の過去に触れることができればいい。それで自分で調べたり、考えるきっかけができる。

ヒロシマ・ナガサキ広場は無名だ。しかし日常生活において、広場と記念碑を頻繁に目にする機会を提供している。その度に、原爆投下について思い出すはずだ。その積み重ねによって、原爆投下を二度と繰り返してはならないという気持ちが育ってくれればいい。原爆投下の過去を調べ、考えることになるかもしれない。自分で調べて考え、友人や家族と対話することになるかもしれない。すぐに結果を求める必要はない。時間をかけてじっくり蓄積する。

ヒロシマ・ナガサキ広場は、平和について考える一つの小さな場となっている。それでいいではないか。日常生活にはその他にも、そういう場や機会がもっとあるはずだ。それを、個人で発見してほしい。

マルコはヒロシマ・ナガサキ広場と観光名所のホロコースト記念施設を比較し、広場が無名なことを残念だといった。ぼくはだから、そう話した。

若者たちが戦争の過去を継承する

マルコには今、とても気になることがある。社会が戦争の残酷さを忘れていることだ。それが、右翼の台頭と外国人排斥感情を招いている。歴史が、都合のいいように書き換えられる。インターネットの普及で、歴史に対する自分勝手な主張やフェイクニュースが簡単に発信される。情報が溢れるばかり。何が事実なのか。それを判断するのがたいへん難しい時代になった。

社会は、簡単な結論を求める。過激な主張が横行する。過激であればあるほど、ネット上で「いいね」をもらいやすい。社会は過激化し、割れていく。割れた社会に対話はない。マルコは歴史家の卵として、それに抵抗したい。「インターネットの情報を批判的に見るように、若い世代を教育したい。それがとても大切だと思う。情報を健康に疑うことを若者たちに学んでほしい」といった。

マルフィン・ドナートは二〇一九年秋、ポツダム大学に入学した。一九歳。若いマルフィンも、マルコと同じ危機感を抱いている。「若者たちは、インターネットの情報が正しいかどうか、自分で調べていない。自分の考えを持たないで、情報に影響されているだけだ」と、映る。それが、同じ世代として苛立たしい。

ぼくはマルフィンに、「若者が自分の考えを持てるようにするには、どうすべきなのだろうか」と聞いた。「自分の考えを形成するには、できるだけ中立に見て、いろんな見方があることを知ることが必要だと思う。違う考え方があることを理解することでもあるよ」と、マルフィンはいった。たとえば難民問題。なぜ、難民の受け入れに反対するのか。それは、反対する市民の声を聞かないとわからない。異なる意見を理解してから、難民問題をどう考えるべきかを自分で考える。そこではじめて、自分の意見を持つべきだ。マルフィンはそう思っている。

マルフィンが最初にメールでコンタクトしてきたのは、二〇一七年一一月だった。当時は、ポツダム郊外に住む一一年生の高校生。「ギムナジウム」といわれる大学進学を目的とした中高統合校で勉強していた。大学入学資格を取得する準備をはじめるところだった。一二年生を終了する前に、大学入学資格を取得する試験を受ける。歴史の試験で論文を書くため、自分のテーマを決めておかなければならない。マルフィンは歴史の論文のテーマとして、トルーマンハウスとヒロシマ・ナガサキ広場を選んだ。そのために、情報がほしいという。

ぼくはマルフィンに、原爆投下やトルーマンハウスの参考となる資料をメールした。ヒロシマ・ナガサキ広場に関しては、直接会って話そうかといった。会ったのは、一一年生の授業の終わる翌年二〇一八年六月だった。ヒロシマ・ナガサキ広場のベンチに一緒に座る。日差しが強く、とても暑い日だった。ぼくたちは、顔が真っ赤に日焼けするまで十分に話し込んだ。

トルーマンハウス前に立つ
マルフィン・ドナート（当時 19 歳）
2020 年 2 月 11 日、ヒロシマ・ナガサキ広場で撮影

マルフィンは歴史を伝えるという視点から、自分のテーマに合う記念碑を探していた。今生活する場から、できるだけ近いところがいい。個人的に気に入ったと感じるのも大切だ。ドイツの学校では、歴史はヨーロッパを中心に教えられる。ヨーロッパ以外の地域の歴史は、取り上げられないことも多い。しかしマルフィンには、太平洋戦争に興味がある。最初に関心を持ったのは、ミッドウェー海戦。それをテーマに簡単な感想文を書い

たことがあった。日本がなぜ戦争をはじめたのか。日米関係は当時どうだったのか。自分でいろいろ調べた。

次の論文も、日本をテーマにしたい。論文を指導するチューターから、ポツダムにヒロシマ・ナガサキ広場があることを聞いた。それで、広場に関心を持つ。記念碑をどう実現し、資金をどう集めたのかなどを知りたいという。ぼくは、広場を命名した経緯や、記念碑の設置、寄附金を集めた時の問題などについて話した。広場と記念碑の意義についても語った。マルフィンには、記念碑がもたらした変化について話すのもとても大切だった。「小さなプロセス」と「小さな平和」のことだ。

アウシュヴィッツ強制収容所は、一九四五年一月二七日に解放された。その七〇周年となる二〇一五年一月二七日を前に、ぼくはアウシュヴィッツとクラクフで若者たちを取材したことがある。その時の体験についても、マルフィンに話した。

ぼくは、ドイツとポーランドの若者二人をインタビューする。二人には意図的に、一緒に横に並んでもらった。若者たちは、ドイツ連邦議会（下院）が毎年アウシュヴィッツ解放日の一月二七日に際して企画する国際青年交流事業に参加していた。交流事業には、ドイツのほか、ポーランド、フランス、ロシア、イスラエルなどからドイツ語のできる若者たちが集まる。戦争被害国と戦争加害国の若者たちが一緒に交流するのだ。

若者二人をインタビューしたのは、クラクフの歴史博物館内だった。ユダヤ人を救ったドイツ人実業家オスカー・シンドラーの工場跡地だ。インタビューが終わると、ポーランド人のマティアス

（当時二六歳）がすぐに聞いた。「ぼくたちをなぜ、戦争被害国と加害国の若者に分けるのか」。マティアスは「今の世代には、そんなことは関係ないよ」と、疑問を投げかける。ぼくは、ハッとした。もう一度、二人に話を聞きたい。

次に二人をインタビューしたのは、クラクフのゲットー（ユダヤ人隔離地区）にあるイーグル薬局の前だった。薬局のポーランド人経営者が密かに、ユダヤ人を助けたところだ。マティアスは、「今の若者は、世代が違うのだよ。パースペクティブが違うからね」という。「今、ポーランドとドイツの若い世代は仲がいいだろう。ぼくたちはそこから、両国の関係を築いていけばいい。過去の歴史や政治的な関係だけから見てはダメ。それでは、今の若い世代の関係を邪魔するだけだ。それはおかしいよ」と、主張する。「ドイツ人がホロコーストの歴史をどう見るか。ポーランド人がホロコーストをどう見ているか。違いがあって当たり前。その違いをお互いに理解して、お互いを尊重する。そこから関係がはじまるのだよ」と、はっきりとした口調でいった。

ドイツ人の若者は横で、何回も首を縦に振っている。「人間は、みんな同じなんだよ。国籍、人種が違っても同じなんだ。今の若い世代は、過去の歴史を知っている。そこから学んでいるはずだ。若い世代が今、どういう関係にあるのか。そのほうが大切なんだ。お互いの見方に違いがあって当然。それを知るのも大切だ。お互いを尊重しなければならない。それによって、新しい世代が協力して、平和を求めるパースペクティブが生まれるんだ」。マルフィンはその時、耳をそばたてるように聞いていていた。

ヒロシマ・ナガサキ広場で会ってから一年半。マルフィンは今、どうしているだろう。大学に入学しただろうか。会ってみたい。二〇二〇年二月、再び会うことにした。マルフィンは、ポツダム大学教育学部に入学。歴史とドイツ語で高校（ギムナジウム）の先生になりたいという。それを知って、ぼくはたいへんうれしかった。すぐに、高校の歴史の先生になる動機について聞いた。

マルフィンの考えでは、高校生たちが学校教育を終えるまでに、人は多様で、それぞれ異なる意見を持っていると認識するのがとても大切だ。次の世代が、そうなれるように教えたい。だから、高校の先生になりたいと思ったという。歴史を一面的に捉えない。世界大戦を各国の視点から見る。戦争について社会的、経済的な側面からも調べる。たくさんの異なる意見があることがわかるはずだ。マルフィンは、「それが、過去を正しく伝えることだ」という。いろいろ多様な見方があることを知って、将来起こることを自分で分析できるようにする。自分の考えも持てるようにする。歴史の先生は生徒たちに、そういう能力が育まれるように努力するべきだ。マルフィンはそう思っている。

マルフィンは、歴史家になることも考えた。しかし、「（歴史にとって）偉大な歴史家は、生き証人しかいない」といった。歴史家は紙から、歴史を学んでいる。それに対し、生き証人には自らの体験がある。生活がある。感情がある。歴史は、個人に係わるもの。個人史は、誰にとってもわかりやすい。生き証人の個人的な体験から、歴史は若者にとって身近かになる。

マルフィンには、教科書通りの形式だけの歴史がいやだ。「歴史を伝えるだけではつまらない」と主張する。歴史は数学と異なり、確定していない。歴史の見方は、時とともに変わる。それが、歴史の魅力である。歴史の本質でもある。生徒たちに教科書だけで、歴史を伝えてはならない。なぜ歴史を学ぶのか。歴史から何を発見できるのか。一人一人が学ばなければならない。生徒たちが自分で考えて学ぶ歴史。それが、歴史教育なのだ。「それが、歴史の先生の基本的な役割だと思う」と、マルフィンはいった。現在、歴史意識が失われている。それを取り戻したい。「どうすれば、今をよくできるのか。若者は自分で考えるべきだ。それを歴史から学んでほしい」。マルフィンの歴史に対する思いは、尽きることを知らない。

マルフィンは、「日本と米国の若者の間でも、対話が必要なんだよ」といった。原爆投下における日米の関係を意識して、そういったのだった。同じことは、日本の若者たちと、韓国や中国など他のアジア諸国の若者たちとの間にもいえるはずだ。異なる歴史背景を持った若者たちが、個人的に理解し合い、お互いを尊重する。それは、過去から現在を意識することでもある。

マルフィンのいう歴史意識とは、自分で考える個人的な小さなプロセスからはじまると思う。それこそが、「小さな平和」を求めるプロセスだ。マルフィンはきっと、立派な歴史の先生になる。歴史の先生として、若者たちに歴史意識を育ててほしい。

原爆体験者の秀人も、石彫家の信も、もうこの世にいない。二人の遺産が、ロミーとマルコ、マルフィンの三人を原爆投下の過去と結びつけてくれた。ヒロシマ・ナガサキ広場の記念碑がある限り、原爆投下の過去は必ず「今」にもたらされる。「小さな平和」を求めるきっかけをつくってくれる。

ぼくは二〇一八年二月一三日、ドレスデンにいた。ドレスデン空襲の日だ。あれから七三年経った夜、聖母教会横の街頭で、市民が横断幕を掲げているのを見つけた。聖母教会は戦後長い間、空襲で破壊されたままの形で残されていた。戦後六〇年を経て、ようやく再建される。横断幕にはドイツ語で、こう書かれていた。

Ihr seid nicht verantwortlich für das, was geschah
Aber dass es nicht wieder geschieht, dafür schon

日本語にすると、こうなる。

きみたちには、起こってしまったことに責任はない
でもそれが、もう繰り返されないことには責任があるからね

ドレスデン空襲の日に見つけた横断幕
2018 年 2 月 13 日、ドレスデンで撮影

横断幕下に、マックス・マンハイマーのことばとある。マックス・マンハイマーはユダヤ人。一九二〇年生まれ。アウシュヴィッツとダッハウの強制収容所に収容されながらも、奇跡的に生き延びた生き証人だ。二〇一六年、九六歳で亡くなる。戦後、過去の自分の収容所体験を積極的に発表し、学校などで語り部として講演を続ける。ナチスに

ヒロシマ・ナガサキ広場に集う市民たち
2021年5月30日、ヒロシマ・ナガサキ広場で撮影

よる虐殺を伝えるため、一生を捧げてきた。

このことばには、強烈なメッセージがある。次の世代に向けて永遠に託されたことばだと思う。ぼくたちは生きている今、過去の戦争や虐殺が繰り返されないことに責任がある。その責任はさらに、次に生きる世代の「今」に引き継がれる。

たいへん重いことばだ。末長く、深く受け止めたい。このことばを向けられ、残されたぼくたちには何ができるのか。一人一人で異なると思う。何ができるかというよりも、オロオロするだけかもしれない。しかしぼくたちには、自分の生活において平和のために何かできるはずだ。それを自分で見つける。ほんの小さなことでいい。自分のできることをする。それを社会に蓄積して、みんなで一緒に大きな力にできればいい。

自分に今、何ができるのか。いつまでも一人一人が考えたい。

あとがき

この本は、ヒロシマ・ナガサキ広場の市民の活動を記録しながら、原爆投下に係わる戦中からポツダム会談、戦後の歴史について書いている。市民活動の記録ということから、できるだけ中立に事実を伝えることに心掛けた。感傷的な表現も避けた。広場に記念碑を設置するには、原爆体験者の外林秀人さんと石彫家の藤原信さんの存在がなくてはならなかった。しかしぼくは、市民の活動に主役を作りたくなかった。みんなが主役だ。ぼくが活動したことも書きたくなかった。しかしぼくが記念碑の実現に深く関わってきた以上、それを避けることはできなかった。

市民の活動に主役を作るべきではない。それは、ベアント・カンターさんの活動から学んだ。ベアントさんのことは、すでに拙書『小さな革命、東ドイツ市民の体験』（言叢社刊）でも書いた。ベアントさんは、東ドイツ時代に設立された平和図書館・反戦博物館の創立者。創立者とはいえ、市民がみんな共同で活動している。自分の名前だけが表に出てはならないといった。取材にも、応じようとしなかった。徹底していた。

市民運動の目的は、市民が考えるきっかけをつくることにある。自分たちの主張を活動によって市民に押し付けてはならないとも、ベアントさんはいった。ベルントさんは、ぼくの先生といってもいい。

ぼくは主役をつくることでこの本を脚色し、感動的なものにはしたくなかった。市民の活動は地味で、地道なもの。それならこの本も、そうあるべきだ。

ぼくがこの本で主張したいのは、平和は下から起こること。そのためには、互いに対話することが大切だ。一人一人が平和について考え、自分の家族や友人とともに平和について対話してほしい。それが、社会をボトムアップする。平和は、家庭の中、生活の中から生まれるのだ。

そこには、派手さはない。感動もない。ただ何か、考えるきっかけになるものがあればいい。それが、この本を書いたコンセプトだ。そんな本は多分、そんなに売れないと思う。この本で書いたことが、一人一人に地道に浸透すればいい。生活において立ち止まり、平和について考える市民が一人でも増えればいい。

こういう本だ。どうすれば出版できるだろうか。ありがたいことに、電子書籍という手段がある。一人でも多くの読者に、この本が電子書籍として届けばと思う。

ぼくは、そう願っている。

この本を電子書籍にしたもう一つの理由は、紙の問題だ。日本では、FSCマークのついた紙がほとんど使われていない。FSCマークは、持続可能な林業を目的に、森林が環境上適切に管理されていること、経済利益だけが追求されないこと、林業地域にも利益がもたらされることを認証する。

日本で出版される本には、FSCマークのついた紙が使われていない。ぼくは気候変動危機の問題から、森林を持続的に維持、管理することがとても大切だと思っている。ＦＳＣマークのついていない紙で出版することには、ためらいがあった。電子書籍であれば、紙は不要。ぼくはすぐに、電子書籍に傾いた。

この本をまとめることができたのは、インタビューに応じていただいた方、情報を提供していただいた方、いろいろアドバイスをいただいた方など、ひとえにたくさんの方々のおかげだ。それぞれの方のお名前を挙げないが、この場を借りて、心から感謝したい。みなさんのご協力なしには、この本はできなかったと思う。

ポツダム・トルーマンハウスの前にできたヒロシマ・ナガサキ広場の記念碑には、亡くなられた外林秀人さん、藤原信さんをはじめとして、たくさんの方々の思いが込められている。記念碑の設置でご協力いただいた方々にも、この場を借りて深く感謝申し上げたい。感謝の気持ちを伝えるため、活動を記録に残しておきたいと思った。この本を捧げたい。

この本によって、ポツダムのヒロシマ・ナガサキ広場の記録が残り、広場のことが日本でもたくさんの人に知っていただけたら幸いである。

二〇二一年二月、ドイツ・ベルリンから

まさお

紙の本出版に寄せて

二〇二一年三月、電子書籍『きみたちには、起こってしまったことに責任はない　でもそれが、もう繰り返されないことには責任があるからね』（ベルリン@対話工房発行）を公開した。その後世界では、戦争がより身近に迫っている。

二〇二二年二月二四日、ロシアがウクライナに攻撃を開始。戦争は長期化し、今、当事国のウクライナ抜きで米露が停戦交渉しようとしている。そんなバカな話はない。しかし不動産ディーラーの米国大統領は、ウクライナの将来など考えない。自分の名声を得るため、ロシアのいいなりに停戦を単独で決めてしまうのだと思う。米国がウクライナ抜きに、勝手に無条件降伏するようなものだ。ヨーロッパが黙っていないことを期待したい。今後の展開を見るしかない。ただそうなってしまうと、国際法に違反して国境線を超え、先に相手国の領土を占領してしまったほうが勝ち。あるいは侵略されないように、核兵器を持つしかないという危険な前例ができてしまう。

二〇二三年一〇月七日には、パレスチナ・ガザ地区を支配するイスラム主義組織ハマスがイスラエルに侵攻した。人質を拘束する。それに対してイスラエル軍が、ハマスを解体するためにガザ地区に進撃。戦争状態となる。イスラエル軍はハマスを支援する政治・武装組織ヒスボラを解体するため、レバノンにも侵攻した。現在、イスラエルとハマスは停戦状態に入っている。米国大統領はガザ市民を追い出し、中東の高級リゾート地を建設したいとする。地元に生きる市民の権利は、まったく念頭にない。不動産のことしか考えない。どうなるかはまったく、見通しがつかない。中東は依然、とても危険な状態にある。

イスラエルは核兵器を持っている。ハマスやヒスボラを後ろから支えるイランも、核兵器の開発に躍起になっている。ウクライナ侵攻戦争では、ロシアのプーチン大統領が核兵器を使用するカードをちらつかせ、ウクライナを支援する西側諸国を牽制する。

核兵器の使用される危険が高まっているのは間違いない。それどころか、ロシア軍がヨーロッパ最大の原子力発電所ウクライナのサポリージャ原発を制圧。管理下においた。戦争において原発が破壊されると、被害は計り知れない。放射能で汚染される地域は、核兵器以上に広範囲になるだろう。戦争相手国の原発が、一種の核兵器として使われようとしているといっても過言ではない。

ぼくは二〇一四年にネット記事で、社会は一九三〇年代に入ったようになったと書いた。もちろん、当時がどういう時代だったかは知らない。しかし社会の揺れ方がこんな感じで、社会全体がはっきり意識ないまま、戦争に走ってしまったのではないかなあと感じた。

あれから、一〇年以上が経つ。世界は平和になるどころか、より右傾化する。ポピュリズムが横行する。民主主義と世界の秩序を無視する権威主義的な、さらには独裁的な国家首脳まで登場している。世の中は、より危険な状態になっている。

背景には、インターネットの普及、拡大もある。歴史と事実に対して、自分勝手な主張やフェイクニュースが発信される。過去と現在の事実が都合のいいように、簡単に書き換えられる。情報が溢れ、何が事実なのか判断するのも難しい。社会は、単純な論理と簡単な結論だけを求める。過激な主張が自由に広まり、社会は割れていくばかりだ。

ぼくが二〇一四年に感じた以上に、今、戦争の起こりやすい状態になっている。戦地のウクライナと中東は、ぼくの暮らすドイツ・ベルリンからはもう目の先だ。日本で生活するよりも、それだけ戦争に対して強い危機感を抱く。

日本は平和だろうか。そうとはいえない。覇権国に成長する中国とそれを阻止したい米国が対立する。その行き末は見えない。米国がウクライナ問題でロシアと折り合いをつけると、次は中国だ。北朝鮮はミサイル発射実験を繰り返し、存在感を誇示しようとしている。日本もう、安全とはいえない。

地政学的リスクばかりではない。インフレーションで物価が高騰。一般市民の生活は苦しくなるばかりだ。戦前の世界恐慌とまではいわないが、貧困に苦しむ市民が増えている。生活できない人たちがさらに増えるのは間違いない。市民は経済的なリスクに怯え、不安になる。不満も貯まっていく。ヨーロッパではそれに加え、難民問題が社会をより不安にさせている。市民は右傾化し、ポピュリズムに扇動されやすくなっている。

ぼくの悪い予感は、さらに進行している。こういう不安な状況だからこそ、自分の生活と身の回りにおいて、「小さな平和」を見つけるのがとても大切になっている。危険な状態にあっても、できるだけポジティブなものを見つけるということでもある。生活の一齣において平和を実感できれば安心し、気持ちが安定する。自分でちょっとした平和を見つけて実感したい。政治やメディア、あるいはネット上で騒がれていることに振り回されず、市民が冷静に、クールに足元をみることができるようになればいい。お互いに助け合う気持ちが生まれ、共生できる道も見えてくるのではないか。ぼくがこの本で書いた「小さな平和」の意義は現在、ますます大きくなっていると思う。

戦中における日独原爆開発協力のテーマについては、この本と関係なく取材を続けている。いずれそれを主題にして、まとめることができればいいと思っている。しかしそれまでには、時間がかかる。まだまだわからないことも多い。どこまで取材できるかもわからない。地道に続けていくしかない。

今年は原爆投下と戦後八〇年。ちょうどいい機会なので、これまで日独原爆開発協力に関して得た新しい情報を加えて電子書籍の内容を更新し、紙の本にするのがいいのではないかと思うようになる。紙の本では電子書籍のサブタイトルにある「小さな平和」をより強調し、本のタイトルにしたほうが、今の時代の危険な流れによりマッチすると思った。

本では登場人物が高齢から、次から次に亡くなっている。この本が単なる鎮魂本とは思われたくない。しかし、「生きる記念碑」ともいえる原爆体験者や戦争体験者を失ってしまうのはもう、目の前に迫っている。更新して出すには、戦後八〇年の今年が最後のチャンスだと思う。電子書籍を出した時も、紙の本でも出版してほしいという要望が結構あった。

問題は、電子書籍にした理由でもある紙のことだった。日本の出版界では依然として、環境問題を考えた紙が使用されていない。しかし紙の本にするには、どうしても持続可能な森林管理を認証するＦＳＣマーク付きの紙で出したい。元々は、この本を最初にＦＳＣマーク紙で出版することを考えていた。そのため事前に、ＦＳＣジャパンにも問い合わせている。日本でもＦＳＣマーク紙で出版できることがわかった。

原稿の更新がまだ終わらない状態で、ＦＳＣマーク紙で出版してもらえる出版社を探しはじめる。関心を持っていただいたのが、あけび書房の岡林信一代表だった。ＦＳＣマーク紙を使うのも問題ないといわれる。

岡林代表には、ぼくのわがままを聞いていただくことになる。それならと、電子書籍『検証：ドイツはなぜ、脱原発できたのか？』の原稿も見ていただく。それは、東日本震災・原発事故の日の三月一一日前に出したいといわれる。決まったのが昨年一二月。二冊を共同出版することになる。脱原発の本は『原発の町から普通の町に　ドイツはなぜ、脱原発できたのか？』として、ネット上ですでに公開していた記事をいくつか追加し、最初にＦＳＣマーク紙を使って出すことになった。

ＦＳＣマーク紙で一度に二冊も本を出すことになるとは、思ってもいなかった。岡林代表には、たいへんお世話になる。感謝につきない。

インターネットの普及で、紙の本が売れなくなっている。しかし、紙の本でなければ届かない読者層もある。紙の本には不利な時代に、割高で手間のかかるＦＳＣマーク紙を敬遠するのは、わからないこともない。しかしぼくは、オピニオンリーダーとしての本の役割を放棄したくない。脱炭素化へと転換しなければならない時代にＦＳＣマーク紙を使わなかったら、ぼくには本において気候変動問題と脱炭素化について議論することはできない。平和について述べることもできない。ドイツの本では当然のように、ＦＳＣマーク紙やカーボンニュートラル仕様の紙が使われている。ぼくがそのドイツで生活しているから、ＦＳＣマーク紙を使いたいと思うだけなのだろうか。いや、そうではない。意識の問題だと思う。

将来、地球の温暖化がさらに深刻になると、気候難民が流入してくるのは間違いない。北半球の北では、凍土が解けて住めなくなる。南では、暑すぎてもう住めない。農業もできなくなる。その時の難民数は、今の戦争難民の比ではない。難民がどれだけの規模になるか。想像もできない。食糧難でたいへんなことにもなる。生活空間と食糧を求め、熾烈な争奪戦がはじまる。戦争がもっと起こりやすくなる。平和は、気候変動の問題にも深く依存している。

ドイツのＥＵ（欧州連合）外交の専門家に聞いたところ、ヨーロッパではすでに、この問題が認識されている。しかしわかっていても、手をつけられない。ヨーロッパでは他に問題が多すぎて、そこまで手が回らないという。将来、気候難民が南北から中央ヨーロッパに大移動してくる時には、まったく無防備だ。政治は見ないようにしているといってもいい。これは、ヨーロッパだけの問題ではない。世界全体の問題だ。

この状況で今、ぼく個人に生活する中でできることはないだろうか。

それが、ＦＳＣマーク紙を使って森林を守ることだ。森林は、温暖化の原因となる二酸化炭素を吸収してくれる。もちろん、ぼくのできることはごく微々たるもの。でもぼくにとり、ＦＳＣマーク紙で本を出すのは「小さな平和」を求める小さなプロセスともいえる。だから平和について書いたこの本でも、ＦＳＣマーク紙にこだわった。

これは、ぼくが著者としてできること。読者のみなさんであれば、ＦＳＣマーク紙を使用しない本を買わないという選択肢がある。出版社にＦＳＣマーク紙を使ってほしいという声を届けることもできる。日本でも、食品や飲み物を包装する箱やパックにＦＳＣマークのついているものが増えてきた。どの商品を選ぶかは、自分で判断してもらうしかない。みんなが意識すれば、世の中、少しは変わるかもしれない。一人一人が今、自分に何ができるかを冷静に考える。危なくなった世の中では、それが大切だと思う。

日本でも、ＦＳＣマーク紙や脱炭素化を考えた紙の使用が増えることを望みたい。もちろん平和もだ。

二〇二五年二月、ドイツ・ベルリンから

まさお

本書の内容に係わる簡単な年表

一八九一年―一八九二年
カール・ミュラーグローテが新バーベルスベルクに豪邸を建設（後に、トルーマンハウスと呼ばれるようになる）

一九一八年
ツェツィーリエンホーフ宮殿完成

一九三三年一月
ヒトラー政権誕生（全権を掌握するのは八月から）

一九三八年四月
新バーベルクスベルクがバーベルスベルクに統合される

一九三九年四月
バーベルスベルクがポツダムに統合される

九月
ドイツがポーランドに侵攻。第二次世界大戦がはじまる

一九四一年六月
ドイツがソ連に侵攻。独ソ戦はじまる

一二月八日
真珠湾攻撃

一九四二年六月
ミッドウェー海戦

一九四三年九月
理化学研究所仁科芳雄を中心とした原爆開発研究を陸軍直轄とし、「二号研究」はじまる（開催時期にはいろいろ説あり）

一一月二八日―一二月一日
テヘラン会談

一九四四年三月二六日
昭和通商がイエローケーキ一〇〇〇kgを発注

三月二九日と七月九日
朝日新聞がドイツでのマッチ箱原爆について報道

五月
日独軍事技術協力開始

六月六日
ノルマンディー作戦
昭和通商が発注したイエローケーキ一〇〇〇kgが納入される

六月二四日
仏ロリアン港を目指す日本の伊号第五二潜水艦沈没か

七月二〇日
ヒトラー暗殺未遂事件

九月五日
ドイツの潜水艦U234を輸送用に改造開始

一〇月一二日
ドイツ北東部リューゲン島でドイツ最初の原爆実験

一九四五年二月四日―一一日
ヤルタ会談

二月一三日―一五日
ドレスデン大空襲

三月三日
ドイツ南部テューリンゲン地方オーアドルーフで二回目の原爆実験

三月一〇日
(最大の) 東京大空襲

三月二四日
ドイツの潜水艦U234、イエローケーキを積んでドイツのキール港を出航

三月三〇日
ソ連核開発計画科学長イゴール・クルチャトフがスターリン書記長宛てに、ナチス・ドイツが核実験に成功したとの手紙を送る
ヨーロッパ地域連合国遠征軍最高司令官ドワイト・D・アイゼンハワーに、ナチス・ドイツが核実験に成功したことが伝えられた可能性も大

四月
福島県石川町の中学生、ウラン採掘に動員開始

四月一四日
ポツダム空爆
東京大空襲で文京区にあった理研の熱拡散分離塔が破壊される

四月一六日
ドイツの潜水艦U２３４、ノルウェーのクリスチャンサンから日本に向けて出航

四月一六日─一九日
ゼーロウ高地の戦い

四月三〇日
ヒトラー自殺

五月八日
ドイツ降伏批准文書に調印

五月一四日
イエローケーキを日本に輸送途中のドイツの潜水艦U２３４、米海軍護衛駆逐艦サットンに投降

五月一七日
ドイツの潜水艦U２３４、米国ポーツマスに入港

六月
日本、二号研究の仁科芳雄が断念したのに基づき原爆開発を諦める

七月一五日
米国トルーマン大統領と英国チャーチル首相ポツダム着

七月一六日
トルーマン大統領とチャーチル首相が会談
米国、ニューメキシコで初の原爆試験に成功

七月一七日
ソ連スターリン書記長ポツダム着
ポツダム会談開始

七月二二日
トルーマン大統領とスティムソン陸軍長官がリトルホワイトハウスで、原爆投下の候補地として京都を外すことで合意

七月二三日
チャーチル首相、ポツダムで最後の晩餐会

七月二四日
トルーマン大統領、スターリン書記長に「新しい爆弾」について報告
トルーマン大統領、リトルホワイトハウスで軍の要人

とともに広島と小倉、新潟、長崎を原爆投下の候補地とすることを決定。軍の原爆投下命令書に承諾

七月二五日
米軍の原爆投下命令発令
チャーチル首相帰国

七月二六日
米国、ポツダム宣言発表。日本に無条件降伏を最後通牒

八月二日
ポツダム会談終了

八月六日
広島に原爆投下

八月九日
長崎に原爆投下

八月一五日
福島県石川町のウラン採掘解除
玉音放送。日本、無条件降伏することに

一九四六年三月
ソ連ドイツ占領軍最高司令官ゲオルギー・ジューコフ元帥退任

一九四九年五月二三日
ドイツ連邦共和国（西ドイツ）発足

一〇月七日
ドイツ民主共和国（東ドイツ）発足

一九六一年
トルーマンハウス、第三三理工学校の校舎の一部となる

八月一三日
東西ドイツ国境封鎖、ベルリンの壁建設開始

一九七四年
第三三理工学校、新校舎に移転
トルーマンハウスは学校用家具の倉庫となる

一九八九年一一月九日
ベルリンの壁崩壊

一九九〇年一〇月一日
東西ドイツ統一

二〇〇五年八月
ポツダム市、平和首長会議に加盟
八月六日
トルーマンハウス前を仮に「ヒロシマ広場」とする。
仮の銘文も設置
一二月
ポツダム市議会、トルーマンハウス前の広場をヒロシマ広場と命名することを決議
二〇〇六年六月一五日
ヒロシマ広場記念碑設置のための募金活動開始
七月二四日
ヒロシマ広場で原爆ポスター展、原爆投下追悼式典
二〇〇七年七月二五日
ポツダム広場をつくる会を創立
二〇〇八年七月
ポツダムの路面電車（トラム）で移動ピカドン（黒田征太郎作品）展

二〇〇九年七月二五日
トルーマンハウス近くで灯籠流し
二〇一〇年四月
ポツダム市庁舎で、ヒロシマ広場記念碑の構想をプレゼンテーション
六月一一日、一二日
ポツダム市庁舎でドイツ支部の平和首長会議
七月一日
ポツダムとベルリンの地方紙に、ポツダムのヒロシマ広場記念碑を批判する記事が投稿される
七月中旬
ヒロシマ広場で記念碑の工事がはじまる
七月二五日
ヒロシマ広場記念碑を除幕。夜、近くで灯籠流し
二〇一一年八月六日
広島原爆体験者外林秀人、ヒロシマ広場でポツダム市の金の本に記帳。名誉市民となる
一二月

ポツダム市議会、ヒロシマ広場をヒロシマ・ナガサキ広場に改名することを決議

一二月二八日
原爆体験者外林秀人死去

二〇一二年一月一二日
ヒロシマ・ナガサキ広場への改名に伴い、広場の標識を交換

二〇一五年七月二五日
ヒロシマ・ナガサキ広場で追悼式典、灯籠流し

二〇一六年五月二七日
米国オバマ大統領、広島を訪問

二〇一九年六月三日
石彫家藤原信死去

一二月一一日
ハーン・マイトナー研究所研究炉最終停止

二〇二〇年七月二五日
ヒロシマ・ナガサキ広場で追悼式典

二〇二二年二月二四日
ロシア、ウクライナへの攻撃開始

二〇二三年一〇月七日
パレスチナ・ガザ地区を支配するイスラム主義組織ハマスがイスラエル侵攻

外林秀人講演記録

本人から連絡のあったものだけを以下に記録する。実際には、その他にもあったと思われる。

二〇〇七年一一月一日
「広島への未来」、外林秀人、原爆の体験を語る
場所：ベルリン日独センター
将来研究技術評価研究所（IZT）、ベルリン独日協会主催

一一月七日
外林秀人講演「原爆体験者」
場所：ベルリン技術専門大学
アイヒホーン教授平和講座「ヒロシマ・ナガサキ・ピーススタディコース」

二〇〇八年二月一四日
「広島への未来」、外林秀人、原爆の体験を語る
場所：ハノーファー新市庁舎
ハノーファー独日協会、ハノーファー・広島友好協会主催

四月八日
「広島への未来」、外林秀人、原爆の体験を語る
場所：リューネブルク、貯水塔
リューネブルク独日協会主催

四月九日
外林秀人、原爆の体験を語る
場所：リューネブルク、ヘルダー・ギムナジウム（中高統合校）

五月七日
外林秀人講演「原爆体験者」
場所：ベルリン技術専門大学
アイヒホーン教授平和講座「ヒロシマ・ナガサキ・ピーススタディコース」

六月二五日
「広島、長崎への追悼」、外林秀人、原爆の体験を語る
場所：ハンブルク商工会議所
ハンブルク商工会議所、ハンブルク独日協会主催

六月二七日
「広島、長崎への追悼」、外林秀人、原爆の体験を語る
場所：オルデンブルク
オルデンブルク独日協会主催

八月一日
「広島、長崎への追悼」、外林秀人、原爆の体験を語る
場所：ヴュルツブルク・シーボルト博物館
シーボルト協会、ヴュルツブルク独日協会主催

八月三日
「広島、長崎への追悼」、外林秀人、原爆の体験を語る
場所：ボン、ルター教会
ボン独日協会主催

八月二八日
「広島、長崎への追悼」、外林秀人、原爆の体験を語る
場所：チューリヒ（スイス）、アーラウ旧県立学校講堂
「生き証人達のフォーラム・関心と忘却に対抗して」主催

九月一日
「広島、長崎への追悼」、外林秀人、原爆の体験を語る
場所：オスナブリュック、大学図書館ホール
オスナブリュック独日協会主催

九月八日
「広島、長崎への追悼」、外林秀人、原爆の体験を語る
場所：ミュンヒェン国際科学交流センター
バイエルン独日協会主催

九月九日
「広島、長崎への追悼」、外林秀人、原爆の体験を語る
場所：レーゲンスブルク
レーゲンスブルク独日協会主催

九月一一日
「広島、長崎への追悼」、外林秀人、原爆の体験を語る
場所：ブレーメン
ブレーメン独日協会主催

一〇月四日
「広島、長崎への追悼」、外林秀人、原爆の体験を語る
場所：ユトレヒト（オランダ）、Nieuwoord、Houten
独蘭対話の会主催

一〇月一六日
「広島、長崎への追悼」、外林秀人、原爆の体験を語る
場所：カールスルーへ
カールスルーへ独日協会主催

一一月三日
「広島、長崎への追悼」、外林秀人、原爆の体験を語る
場所：ハレ商工会議所

ハレ独日協会主催

一一月四日
「広島、長崎への追悼」、外林秀人、原爆の体験を語る
場所：ウェスティン・ホテル・ライプツィヒ
ライプツィヒ独日協会主催

一一月二六日
「広島、長崎への追悼」、外林秀人、原爆の体験を語る
場所：フライブルク
フライブルク独日文化協会主催

一一月二七日
「広島、長崎への追悼」、外林秀人、原爆の体験を語る
場所：ドナウエッシンゲン
ドナウエッシンゲン独日協会主催

一二月一六日
「広島、長崎への追悼」、外林秀人、原爆の体験を語る
場所：ハイデルベルク
ハイデルベルク大学日本研究所主催

二〇〇九年
二月一二日、一三日
原爆体験者、外林秀人とのプロジェクト「広島と平和」
場所：ニュルンベルク、モンテッソーリ学校、市民センター
ニュルンベルク市文化レジャー局主催

二月二七日
「広島、長崎への追悼」、外林秀人、原爆の体験を語る
場所：リップシュタット、
リップシュタット独日協会ヤワラ、リップシュタット教区主催

四月三日
「広島、長崎への追悼」、外林秀人、原爆の体験を語る
場所：シュツットガルト
バーデン・ヴュルテムベルク独日協会主催

五月六日
外林秀人講演「原爆体験者」
場所：ベルリン技術専門大学
アイヒホーン教授平和講座「ヒロシマ・ナガサキ・ピーススタディコース」

六月二七日
「広島、長崎への追悼」、外林秀人、原爆の体験を語る
場所：リップシュタット、高校

八月一二日
「広島、長崎への追悼」、外林秀人、原爆の体験を語る
場所：フュルト、貯蓄金庫フュルト支店
ユング・フュルト市長からの招聘

八月一六日
外林秀人、原爆の体験を語る
場所：ハノーファー
二〇〇九年音楽ニューフェスティバルにて

九月一日
「広島、長崎への追悼」、外林秀人、原爆の体験を語る
場所：エッセン
中心からの人生プログラム主催

一〇月一二日
"Hiroshima Happy New Ear V"
ヒロシマの響き・イタリアへ発信
外林秀人、原爆の体験を語る
場所：広島、アステールプラザオーケストラ等練習場
ひろしまオペラ・音楽推進委員会、（財）広島市文化財団　アステールプラザ主催

1945年6月から9月の新聞記事
Berliner Zeitung
Tägliche Rundschau

インタビュー
アンドレアス・シェフター：2015年2月13日
ノーラ・ランク：2019年5月23日、2025年2月14日
ハンスユルゲン・シュルツェエッゲルト：2019年9月24日
シュテファーン・ヴォルゼク：2019年11月16日
ヘルガ・シュルテ：2019年11月19日
ニールス・ナーバー：2019年11月25日
ライナー・カールシュ：2019年12月10日
永瀬ライマー桂子：2020年1月5日
ウーヴェ・フレーリヒ：2020年1月22日
クラウス・アールト：2020年1月29日
マルフィン・ドナート：2020年2月11日
グンター・デムニク：2020年2月26日
マルコ・コレンベルク：2020年3月20日（メールでのインタビュー）
石川町歴史民俗資料館、前田邦輝：2023年11月17日
山崎正勝：2023年11月24日

・Atomic Heritage Foundation: *Warning Leaflets*, National Museum of Nuclear Science and History https://ahf.nuclearmuseum.org/ahf/key-documents/warning-leaflets/
・山崎正勝：『日本の核開発：1939~1955』績文堂、2011年
・中日新聞社会部編集：『日米同盟と原発　隠された核の戦後史』東京新聞　2013年、第1章　幻の原爆製造　1940 ~ 1945
https://www.chunichi.co.jp/article/188287/2?rct=nichibei_feature_shinsai10
・ロスアラモス研究所に勤務していたトム・クンクルとのメールのやりとり、2021年3月3日から2021年11月28日
・奥住喜重、工藤洋三：『米軍資料　原爆投下の経緯 – ウェンドーバーから広島・長崎まで』東方出版、1996年
・奥住喜重、工藤洋三：『ティニアン・ファイルは語る　原爆投下暗号電文集』、2002年
・Karl Bruckner: *Sadako will leben*. G & G Verlagsgesellschaft, Wien 2005
・Heisenberg-Gesellschaft e.V., https://www.heisenberg-gesellschaft.de/
・朝永振一郎著、江沢洋編：『量子力学と私』岩波文庫　1997年
・ふくもとまさお：『ドイツ・低線量被曝から28年、チェルノブイリはおわっていない』言叢社　2014年
・Volker Koop: *Himmlers letztes Aufgebot. Die NS-Organisation »Werwolf«*. Böhlau, Köln / Weimar / Wien 2008.
・*Achtung Grenze Das Sperrgebiet der DDR in Potsdam 1961 – 1989*, https://www.grenze-potsdam.de Zentrum für Zeithistorische Forschung Potsdam e.V.
・Hans-Hermann Hertle, Konrad Jarausch, Christoph Kleßmann: *Mauerbau und Mauerfall*. Ch. Links Verlag, Berlin 2002
・Bundesinstitut für Risikobewertung: https://www.bfr.bund.de/de/start.html
・ふくもとまさお：『ドイツ・ドレスデンの空襲体験者の試み——戦争加害国・被害国の確かな交流』岩波書店、雑誌「世界」2015年9月号
・Stolpersteine: http://www.stolpersteine.eu/
・Romy Starke: *Hiroshima-Platz（Potsdam）–Geburt eines Mnemotops*. Bachelorarbeit an der westfälischen Wilhelms-Universität Münster, Juni 2009
・Holocaust-Mahnmal, https://www.berlin.de/sehenswuerdigkeiten/3560249-3558930-holocaust-mahnmal.html

・深井佑造：『「マッチ箱一個」の噂を検証する（前編）』昭和史を語り継ぐ会　昭和史講座第9号　2003年2月
・佐竹金次：『科学戦の様相（下）』1944年3月29日の朝日新聞
・『科学新語欄』1944年3月29日の朝日新聞
・富永孝子：『深海からの声、Uボート234号と友永英夫海軍技術中佐』新評論　2005年
・Wolfgang Hilschfeld: F*eindfahrten Das Logbuch eines U-Bootfunkers.* Neuer Kaiser Verlag, Klagenfurt 1991
・山本洋一：『日本製原爆の真相』創造発行、陽樹社発売、1976年
・山崎正勝：『省資源化の核エネルギー評価：理化学研究所における玉木英彦によるウラン臨海条件の研究1943年』科学史研究60巻、2021年
・Georgi K. Schukow: *Erinnerungen und Gedanken*. Deutsche Verlags-Anstalt, Stuttgart 1969
・Winston S. Churchill: *Der Zweite Weltkrieg*. FISCHER Taschenbuch, Frankfurt am Main, Oktober 2003
・長谷川毅：『暗闘　スターリン、トルーマンと日本降伏』中央公論新社　2006年
・Gerhard Piper: *Hiroshima: Angriffsbefehl kam aus Deutschland Über die Entscheidung während der Potsdamer Konferenz.* Telepolis 15. August 2015, https://www.bits.de/public/articles/heise_150805.htm
・Roberts Mackay: *Potsdam hilft Japan bei Geschichtsklitterung Gedenkort für Hiroshima verschweigt Tokios Kriegsschuld*. Potsdamer Neueste Nachrichten / Der Tagesspiegel, 01. Juli 2010, https://www.tagesspiegel.de/meinung/positionen-potsdam-hilft-japan-bei-geschichtsklitterung/1872594.html
・H・S・トルーマン／堀江芳孝訳　加瀬俊一監修：『トルーマン回顧録』恒文社　1992年
・The Manhattan Project: *Order to Drop Atomic Bombs*, War Department Office of the Chief of the Staff, TO: Carl Spaatz Commanding General United States Army Strategie Air Forces, 25 July 1945, U.S. Department of Energy – Office of history and Heritage Resources, https://www.osti.gov/opennet/manhattan-project-history/Resources/order_drop.htm
・The Geroge C. Marshall Foundation: *Gen. Marshall and Gen. Groves August 1945 „Not to Be Released … Without Express Authority from the president“*, https://www.marshallfoundation.org/articles-and-features/gen-marshall-and-gen-groves-august-1945/

Auflage. Beck, München 2005
・大木毅：『独ソ戦、絶滅戦争の惨禍』岩波新書　2019年
・ふくもとまさお：『戦争加害国ドイツの話をしよう』、龍谷大学講演録、2015年8月1日
https://taiwakobo.de/neu/dialog/vortrag_fukumoto_01082015.pdf
・Ulrich Sander: *Mörderisches Finale. NS-Verbrechen bei Kriegsende*. PapyRossa Verlag. Köln 2008
・ふくもとまさお：『小さな革命、東ドイツ市民の体験』言叢社　2015年
・田沢吾郎：『ドイツ政治経済法制辞典』郁文堂　1990年
・外林秀人：『1945日8月6日の外林の日記』ヒロシマ広場をつくる会ホームページ
（http://www.hiroshima-platz-potsdam.de/jp/zeitzeugenberichte/sotobayashijp.htm）
・Frank Dübert, Rainer Karlsch: *Hans Kammler, Hitler's Last Hope, in American Hands*. COLD WAR INTERNATIONAL HISTORY PROJECT WORKING PAPER 91, Woodrow Wilson International Center for Scholars, August 2019
・Wiener Zeitung: *Warum Hitler kein Giftgas einsetzte*. vom 01.10.2001, https://www.wienerzeitung.at/archiv/199494-Warum-Hitler-kein-Giftgas-einsetzte.html
・Rainer Karlsch: *Stalin, der Bluff und die Bombe Verwirrspiel um den ersten sowjetischen Atomtest*. Osteuropa 12/2007
・Manifest of Cargo for Tokyo on Board U-234, translated from Germany, 23 May 1945
・Rechnung von der ROGES Rohstoff-Handelsgesellschaft m.b.H. an Showa Tsusho Kaisha Ltd. vom 14.6.1944, Betr.: Auftrag B 1109 vom 28.3.44, Kopie aus dem Bundesarchiv
・Brief von der ROGES Rohstoff-Handelsgesellschaft m.b.H. an Showa Tsusho Kaisha Ltd. vom 29.3.44, Betr.: Uranoxyd – Ihr Auftrag B 1109, Kopie aus dem Bundesarchiv
・Bestellung von Showa Tsusho Kaisha Ltd. an die ROGES Rohstoff-Handelsgesellschaft m.b.H. vom 26. März 1944, Betrf.: 1000 kg Unranoxyd für Kaiserl. Jap. Armee, Unsere Anfrage BE151 jetzt Auftrag B 1109 Ihr Angebot vom 3. 3. 44, Kopie aus dem Bundesarchiv
・Joseph M. Scalia: *In geheimer Mission nach Japan*: U 234. Ullstein, Berlin 2005

・レオンス・ペイヤール（Léonce Peillard）：『潜水艦戦争 1939-1945』早川書房、1973 年
・Berthold Seewald: *Hitlers Panzer, Warum „Panther“ und „Tiger“ so anfällige Motoren hatten*. Die Welt, 3.12.2023
・*Kaufkraftäquivalente historischer Beträge in deutschen Währungen*. Deutsche Bundesbank, 19.01.2024（https://www.bundesbank.de/de/statistiken/konjunktur-und-preise/-/kaufkraftaequivalente-historischer-betraege-in-deutschen-waehrungen-615162）
・ヨースト・デュルファー：『ドイツと三国軍事同盟』防衛研究所、2010 年
・関野満夫：『第２次世界大戦機の戦争財政、米英独と日本の比較』経済学論纂（中央大学）第 59 巻第 1・2 合併号（2018 年 9 月）
・『昭和史の天皇４』読売新聞社、1968 年 8 月
・*U234*, U-Boot-Archiv-Wiki, http://www.ubootarchiv.de/ubootwiki/index.php/U_234
・*Das Protokoll der Bombennacht in Potsdam Die Nacht von Potsdam / Alliierter Angriff am 14. April 1945 zerstört Innenstadt*. Märkische Allgemeine, April 2019, https://www.maz-online.de/Lokales/Potsdam/Bombenentschaerfungen-in-Potsdam/Die-Nacht-von-Potsdam/Potsdam-Timclinc-der-Bombardierung-am-14.04.1945
・Hans-Werner Mihan: *Die Nacht von Potsdam: der Luftangriff britischer Bomber vom 14. April 1945; Dokumentation und Erlebnisberichte*. Vowinckel, Berg am Starnberger See 1997
・Dieter Schulte, Hartmut Knitter: *Potsdam im Bild der Geschichte, Teil 1 Von den Anfängen bis zum Jahre 1945*. Hrsg. Direktion des Bezirksmuseums Potsdam 1979
・Gerd-Ulrich Herrmann: *Die Schlacht um die Seelower Höhen*. Erinnerungsorte beiderseits der Oder（= Orte der Geschichte）. Links, Berlin 2015
・Museumsverband des Landes Brandenburg e.V.: *Spurensicherung 1945*. Ein Katalog zur Ausstellung des brandenburgischen Museumsverbandes im Potsdam Museum, 7. August bis 4. Oktober 2015
・Fritz Kohlase: *Küstrins Untergang im Jahre 1945*. Verein für die Geschichte Küstrins e.V., https://www.vfdgkuestrins.de/texts/kohlase/kunt1945.html?showall=&limitstart=
・Johannes Kunisch: *Friedrich der Große – der König und seine Zeit*. 5.

参考文献

・Paul Sigel, Silke Dähmlow, Frank Seehausen, Lucas Elmenhorst: *Architekturführer Potsdam*. Reimer, Berlin 2006
・山田侑平訳・監修:『「ポツダム宣言」を読んだことがありますか?』共同通信社出版センター編集　共同通信社社　2015年
・Christa und Johannes Jankowiak: *Babelsberg – Ein Ortsteil Potsdams*. 2. Auflage. Stapp, Berlin 1999
・Gar Alperovitz: *The Decision to Use the Atomic Bomb and the Architecture of an American Myth* (New York: Alfred A. Knopf, 1995). Other editions: German, Japanese, Korean, British
・Helmut Caspar: *Fürsten, Helden, große Geister, Denkmalgeschichten aus der Mark*. Brandenburg, Berlin Edition 2004
・*Schloß Cecilienhof und die Potsdamer Konferenz 1945 von der Hohenzollernwohnung zur Gedenkstätte*, Chronos-Film und Stiftung Preußische Schlösse und Gärten Berlin-Brandenburg 1995
・Rainer Karlsch: *Hitlers Bombe Die geheime Geschichte der deutschen Kernwaffenversuche*. Deutsche Verlags-Anstalt München 2005
・S.A.ハウトスミット／山崎和夫・小沼通二訳:『ナチと原爆、アルソス科学情報調査団の報告』海鳴社　1977年
・『獨『原子爆彈?』を使用』1944年12月29日の毎日新聞
・『原子爆彈使用』1944年12月29日の読売報知新聞
・『軍艦も二キロ上空へ　マッチ一つの容量で吹ッ飛ばす』1944年12月29日の朝日新聞
・Robert Jungk: *Heller als tausend Sonnen Das Schicksal der Atomforscher*. rowohlt repertoire (Taschenbuch), Hamburg 2016
・外林秀人　外山茂樹　訳著編:『ドイツの原子力物語 – 幕開けから世紀をこえて - P.アウアー原著「ダーレムからヒロシマへ」より』総合工学出版会　2003年
・中村真人　インタビュー、構成:『独日なひと　外林秀人　工学博士』ドイツニューズダイジェスト　2010年10月1日
・Division of Navy Intelligence: *German Technical Aid to Japan, A Servay*. June 15 1945
・Keiko Nagase-Reimer: *Forschungen zur Nutzung der Kernenergie in Japan, 1938 – 1945*. Marburger Japan-Reihe Band 30, Förderverein Marburger Japan-Reihe, Marburg 2002

ラ行

ラウファー 、ヨッヒェン（ポツダム現代史研究所研究者）141
ランク、ノーラ（ドレスデン空襲体験者）126, 161, 213, 218, 238-239, 291
劉少奇（中国副主席）31
ルーズベルト（米国大統領）116, 118, 122-123
レーヒー（米軍統合参謀総長）118-119, 121

ワ行

和田耕一（長崎原爆体験者）85
和田礼治郎（石彫家、藤原信の弟子）147, 150

フリードリヒ一世（プロイセン王）50
フリードリヒ二世（プロイセン王）50
フリードリヒ大王（フリードリヒ二世）50
古堅太郎（アーティスト、藤原信の弟子）147
ブルックナー 、カール（オーストリアの児童文学作家）157, 169
フレーリヒ 、ウーヴェ（ポツダム・ヒロシマ広場をつくる会）21, 33, 43-44, 252, 291
フレロフ 、ゲロルギー（ソ連の核物理学者）81
ヘス 、ルドルフ（ナチス党副総統）78
ヘッケンドルフ、エレノーレ（ポツダム空襲体験）37-38
ホール、キサンテ（IPPNW（核戦争防止国際医師会議）ドイツ支部）22, 32, 125
ボアマン、マルティン（ヒトラーの側近）78
ホフマン、パウル（アーティスト、藤原信の弟子）150

マ行

マーシャル、ジョージ（米国陸軍参謀総長）15, 121, 132, 136-140
マイトナー、リーザ（オーストリアの物理学者、核分裂を共同発見した一人）160, 199
マウアースベルガー、ルドルフ（ドレスデン聖十字架教会聖歌隊長）163
前田邦輝（ウラン採掘学徒動員生き証人）102, 291
マエダ、T（昭和通商ベルリン支店）94
マティアス（ポーランド人の若者）264-265
マッカイ、ロバーツ（元ベルリン米国商工会議所会長）112-116, 177-178, 203
マンハイマー、マックス（ユダヤ人、ホロコースト生き証人）259, 268
ミュラー 、エローナ（ポツダム市長代理）177-178
ミュラーグローテ、カール（ドイツの出版業）17, 281
メアリー（英国チャーチル首相の末娘）119, 124
モーラン（卿、英国チャーチル首相侍医）120

ヤ行

ヤコブス、ヤン（ポツダム市長）43-44, 206, 209-210
山崎正勝（東京工業大学名誉教授）27, 90, 103, 291-293
山本洋一（元陸軍技術少佐、元日本大学教授）99, 102, 293
ヨーン、アニータ（ドレスデン空襲体験者、ランクの幼馴染）249

橋本悦雄（福島県石川町鉱物保護収集委員会顧問、石川町文化財保護審議会副会長）99
橋本佳美（石彫家、ベルリン芸大の藤原信の後任）228
長谷川毅（カリフォルニア大学教授）135, 143, 293
ハセガワ（長谷川毅）141
パットン、ジョージ（米国第三軍将軍）81
ハリソン、ジョージ（米国特別補佐官）120-121, 137
ハンディー、トーマス（米国参謀副総長）132, 136
ピカソ、パブロ（スペインの画家）218
日高六郎（社会学者）32
ヒトラー、アドルフ（ナチス・ドイツ総統）16-17, 49, 51, 78-80, 87, 91, 97, 120, 281-283
ヒムラー 、ハインリヒ（ナチス・ドイツ親衛隊全国指導者）57, 78-79, 171
平野薫（女性芸術家）84
ヒルシュフェルト、ヴォルフガング（ドイツ潜水艦U234通信士）96
ファンデルローへ、ミース（ドイツ・バウハウス建築家）119
フェーラー、ヨハンハインリヒ（ドイツ潜水艦U234艦長）97
フォンシーラッハ 、バルドゥール（ナチス・ドイツ全国青少年指導者）181
フォンシュタウフェンベルク 、クラウス（ドイツ陸軍国内予備軍参謀長）16
フォンターネ、テオドーア（ドイツの作家）17
フォントレスコウ、ヘニング（ドイツ軍少将）16-17
フォンプロイセン、ヴィルヘルム（プロイセン王国皇太子）19
フォンヴァイツゼッカー、リヒャルト（ドイツ軍大尉、後の西ドイツ大統領）36, 165
深井佑造（原子力研究者）90, 293
藤江竜太郎（アーティスト、藤原信の弟子）150
藤田伸也（在ドイツ日本大使館一等書記官）177
藤原信（石彫家）70, 112, 146, 151, 178, 212, 217, 227, 229, 233, 271, 273, 286
二荒芳徳（伯爵、少年団日本連盟理事長）187, 189
ブラーゼク、クリスティーネ（ポツダム折り紙グループ）158, 178
ブラウン、エファ（ヒトラーの愛人）120
プラットナー、ハッソー（ドイツのソフトウエアメーカーSAP共同創立者）71-72, 74
プラントル、カール（オーストリアの石彫家）227

外山茂樹（元名古屋大学工学部教授）47-48, 296

タ行

ダーゲンバッハ、ウード（造園建築家、藤原信の友人）150, 228-229
田上富久（長崎市長）84
高原孝夫（明治学院大国際平和研究所教授）135
田中舘愛橘（貴族院議員）90, 102
玉木英彦（原爆開発二号研究）103, 293
チャーチル（英国首相）17, 35, 72, 79, 109, 116, 118-124, 154, 196, 283-284
ツェツィーリエ（プロイセン王国皇太子妃）19
坪井直（被団協代表委員）82, 214
ディートリヒ 、マレーネ（ドイツの女優）16
デムニク、グンター（ドイツの芸術家、つまずきの石発案者）224-225, 291
ドェーニッツ、カール（元帥、ドイツ海軍総司令官）97
ドナート、マルフィン（ポツダム高校生、ポツダム大学教育学部学生）262-263, 291
朝永振一郎（物理学者、ライプツィヒ大学に留学）160, 292
友永英夫（海軍技術中佐）96-97, 293
トルーマン、ハリー・S.（米国大統領）8, 11, 14-15, 17, 20-22, 24, 112, 116-124, 131-132, 134-137, 141-142, 154-156, 174, 185, 192, 202-204, 206, 253-254, 283, 293

ナ行

ナーバー、ニールス（ポツダム・ヒロシマ広場をつくる会）19, 291
永瀬ライマー桂子（在ドイツ日本原爆開発研究者）82, 86, 90-91, 291
仁科浩二郎（名古屋大学名誉教授）48
仁科芳雄（原爆開発二号研究の中心人物）48, 86, 91, 101-102, 281, 283
ノイツナー、マティアス（ドレスデン空襲を記録する会代表）246

ハ行

ハーン、オットー（ドイツの化学者、物理学者、核分裂を共同発見した一人）160, 199
バーンズ、ジェームズ（米国国務長官）15, 118-120
ハイゼンベルク、ヴェルナー（ドイツの物理学者、ドイツの原爆開発中心人物）25, 29, 80-81, 86, 160
葉佐井博巳（広島大学元教授）170

サ行

嵯峨根亮吉（東大教授）138
佐々木愛子（広島原爆体験者、日本での募金活動）82, 214
佐々木禎子（広島で被爆した少女、千羽鶴物語のモデル）157
佐竹金次（陸軍中佐）91-92, 101, 293
サダコ（佐々木禎子）157-159, 164, 169, 223, 246
シェフター、アンドレアス（スペインのゲルニカ平和研究センター）219, 291
静間清（広島大学教授）169-170
ジューコフ、ゲオルギー（元帥、ソ連赤軍第一白ロシア正面軍司令官、ソ連ドイツ占領軍最高司令官）51-52, 107, 110, 121, 192-193, 284
シューベルト、ヤーナ（ドレスデンの若者）243
シュタルケ、ロミー（ドイツ・ミュンスター大学女子学生）252
シュトラスマン、フリッツ（ドイツの物理学者、核分裂を共同発見した一人）160
シュペーア、アルベルト（ナチス・ドイツの建築家）91
シュミットヒェン、ヨルゲン（東ドイツ国境警備隊兵士）194, 198
シュルツェ、ラインホルト（ハンスユルゲン・シュルツェエッゲルトの父）180, 189
シュルツェエッゲルト、ハンスユルゲン（戦中日本で生まれたドイツ人戦争体験者）180, 183, 185, 291
シュルテ 、ヘルガ（ポツダム空襲体験者）170-171, 291
庄司元三（技術中佐）96-97
シンドラー、オスカー（ポーランド・クラクフに工場を持っていたドイツ人実業家）264
神余隆博（在ドイツ日本大使）178
スターリン（ソ連書記長）17, 26-27, 31, 77, 81, 113, 121-124, 135, 282-283, 293
スティムソン、ヘンリー（米国陸軍長官）118, 120-121, 132, 134, 136-137, 156, 283
スパーツ、カール（将軍、米国陸軍戦略空軍司令官、原爆投下司令官）125, 132, 134, 136
ソームズ、ニコラス（英国保守党議員、チャーチルの孫）119
ゾチェク、アンネリーゼ（ポツダム空襲体験）38-39
外林秀人（ベルリン在住広島原爆体験者）41, 44, 54, 60, 126, 178-179, 188, 205, 207, 209, 213, 233, 252, 271, 273, 285-290, 294, 296

ヴェンツェル（ドレスデンの空襲体験者）240
ヴォルゼク、シュテファーン（ハーン・マイトナー研究所研究炉反対運動）194, 196, 291
大島浩（駐独大使）95
オッペンハイマー（ロスアラモス研究所所長）139
オバマ（米国大統領）213-216, 286
オリオンド、ルイス（スペイン・ゲルニカ空襲体験者）250

カ行

カールシュ、ライナー（ドイツの歴史家）25-32, 76-81, 87-88, 91-92, 100, 291
カッテ（少尉、プロイセン王国フリードリヒ皇太子親友）50
カドガン（英国外務次官）118, 120
金子哲夫（社民党選出元衆議院議員、日本での募金活動、被爆石埋め込み発案者）83, 169, 179, 222
カムラー 、ハンス（ナチス・ドイツ親衛隊大将）78
川島虎之輔（少尉、陸軍航空本部総務部長）95
カンター、ベアント（東ドイツの市民運動家、平和図書館・反戦博物館創立者）271
グテェレス、フアン（スペインのゲルニカ平和研究センター創立者）238-239
久保薫（金子哲夫の友人）179
クルチャトフ、イゴール（ソ連核開発計画科学長）26-27, 77, 81, 282
黒田征太郎（ピカドンの作者）44, 285
グローヴス、レスリー・R.（准将、マンハッタン計画の軍部司令官）136, 138
グロムイコ、アンドレイ（在米国ソ連大使）118
クンクル、トム（ロスアラモス研究所元職員）98, 138, 292
ゲアテマーカー、マンフレード（ポツダム大学ドイツ現代史教授）8-10, 205
ゲアラッハ、ヴァルター（ウランプロジェクト最後のプロジェクト長）78
ゲクス、シェンヤ（ドレスデンの若者）243
コツロウスキー、ヨアヒム（ドイツ戦没者埋葬地管理援護事業国民連合職員）52
小林敏明（ライプツィヒ大学日本学科教授）160
コレンベルク、マルコ（ポツダム大学修士課程、その後講師）8, 255, 291
ゴルツ、ホルスト（ポツダムの少年、空襲体験）36

人名さくいん

以下では、西洋名も日本名と同じように、姓、名の順に列挙している。本文では、著者の個人的な知合いや友人は通常、最初にフルネームで挙げた後、名（ファーストネーム）で呼んでいる。それに対し、歴史的な人物などは、フルネームないしセカンドネームで呼んでいる。その他、ファーストネームないしセカンドネームだけで呼んでいる人物もある。

ここでは、フルネームとファーストネームで呼んだ人名は、フルネームで呼んでいる部分だけを挙げ、フルネームないしセカンドネームで呼んでいる人名は、いずれの部分も列挙している。ファーストネームないしセカンドネームだけで呼んだ人名はもちろん、ファーストネームないしセカンドネームの部分を挙げている。

カッコ内に入っている所属、役職は、当時のものである。本文中に記載されているものを基本にした。

ア行

アーノルド、ヘンリー（米国将軍）136-137
アールト、クラウス（ポツダムの生き字引）34, 56, 67, 106, 122, 192, 202, 291
アイゼンハワー、ドワイト・D.（米国ヨーロッパ地域連合国遠征軍最高司令官）81, 117, 282
アイゼンマン、ペーター（米国の建築家）258
アイヒホーン、オイゲン（独日平和フォーラム代表、ベルリン技術専門（ボイト）大学教授）207, 212, 232, 287, 289
アウアー、ペーター（ドイツのノンフィクション作家）46-47, 296
東敬生（時事通信ベルリン支局長）84
アストリート（外林秀人の妻） 42, 46, 55-56, 65-66, 209-210, 213
アトリー（英国首相、チャーチルの後任）123
アムブロース、オットー（ドイツの化学者、ナチス・ドイツ毒ガス製造工場監督者）79
アルヴァレズ、ルイス・ウォルター（米国の物理学者）138
アルペロビッツ、ガー（米国の歴史学者）20
アントーノフ 、アレクセイ（ソ連赤軍総司令部（スタフカ）参謀総長）77
イーデン（英国外相）118, 120

ふくもと まさお

ジャーナリスト、ライター。ドイツ・ベルリン在住。

1985年から在独。はじめの6年間は東ドイツで生活した。

著書に『ドイツ・低線量被曝から28年　チェルノブイリはおわっていない』、『小さな革命　東ドイツ市民の体験』（いずれも言叢社刊）、電子書籍に『きみたちには、起こってしまったことに責任はない　でもそれが、もう繰り返されないことには責任があるからね 「小さな平和」を求めて　ポツダム・トルーマンハウスとヒロシマ・ナガサキ広場の記録』、『検証：ドイツはなぜ、脱原発できたのか？』など。

ホームページ：ベルリン@対話工房（https://taiwakobo.de）

ミックス
紙｜責任ある森林管理を支えています
FSC® C170691

「小さな平和」を求めて　ポツダム・トルーマンハウスとヒロシマ・ナガサキ広場の記録

2025年4月11日　初版1刷発行 ©

著　者　ふくもとまさお

カバーデザイン　井本麻衣

発行者　岡林信一

発行所　あけび書房株式会社

〒167-0054　東京都杉並区松庵3-39-13-103
☎ 03.-5888- 4142　FAX 03-5888-4448
info@akebishobo.com　https://akebishobo.com

ISBN978-4-87154-280-7　C3022